Kartoffel-Tomaten-Auflauf S. 212

KARTOFFELN

KARTOFFELN

Rezepte für jede Gelegenheit

ALEX BARKER MIT REZEPTEN VON SALLY MANSFIELD

monte von DUMONT

Die Deutsche Bibliothek - CIP-Einheitsaufnahme

Kartoffeln : Rezepte für jede Gelegenheit / Alex Barker. Mit Rezepten von Sally Mansfield. [Aus dem Engl. von Irene Spreitzer]. - Köln : DuMont, 2000
(Monte von DuMont)
Einheitssacht.: Potato <dt.>
ISBN 3-7701-8544-7

Hermes House
88–89 Blackfriars Road
London SE1 8HA

Titel der englischen Originalausgabe: Potato
Abbildungen: Steve Moss (Kartoffeln) und Sam Stowell (Rezepte)
Zusätzliche Rezepte von: Roz Denny, Jacks Clarke, Joanna Farrow, Shirley Gill, Sarah Gates, Steven Wheeler, Hilaire Walden, Christine France, Rosamund Grant, Sheila Kimberley, Liz Trigg, Carla Capalbo, Carole Clements, Judy Jackson, Ruby Le Bois, Chris Ingram, Matthew Drennan, Elisabeth Wolfe-Cohen, Shehzad Hussain, Rafi Fernandez, Manisha Kanini, Laura Washburn, Andi Clevely, Katherine Richmond, Jennie Shapter

Aus dem Englischen von Irene Spreitzer
Produktionsbetreuung der deutschsprachigen Ausgabe:
Print Company Verlagsgesellschaft mbH, Wien

Umschlaggestaltung: Boros, Wuppertal
© Umschlagabbildung: Picture Press, Bodo A. Schieren
© Abbildung auf S. 149: Food Archiv, C. P. Fischer BFF

Printed and bound in Singapur

ISBN 3-7701-8544-7

INHALT

DIE GESCHICHTE DER KARTOFFEL

Es gibt kaum ein wichtigeres Nahrungsmittel als die Kartoffel. Ihre wechselhafte Geschichte geht bereits auf die Anfänge der Menschheit zurück. Die Kartoffel galt schon vor vielen Jahrhunderten als eines der nahrhaftesten Lebensmittel der Menschheit, und sie wird ihren Ruf auch in Zukunft verteidigen können.

Die Kartoffel wurde schon lange vor der Inkazeit im Andenhochland Südamerika entdeckt. An den Ufern des Titicaca-Sees in Bolivien und an der peruanischen Küste zeugen archäologische Funde aus der Zeit um 400 v. Chr. von ihrer Existenz. Im Inkareich bestimmte die Kartoffel das Leben der Menschen. Man bildete die peruanische Kartoffelgöttin mit einer Pflanze in jeder Hand ab. Die südamerikanischen Indianer richteten ihre Zeiteinteilung nach der Dauer, die eine Kartoffel zum Garen benötigte. In Nazca und auf Tonwaren aus Chimu fand man Darstellungen der Kartoffel. Zudem schrieb man der Kartoffel heilende Wirkung bei Knochenbrüchen und rheumatischen Beschwerden zu.

Diese frühen Kartoffeln, die im gemäßigten Klima des Anden-Hochlands wuchsen, hatten die Größe einer Nuß oder eines kleinen Apfels und waren rot bis goldgelb oder blauschwarz gefärbt. Den ersten Bericht überlieferte 1553 der spanische Eroberer Pedro Cieza de León, und schon bald nahmen die Spanier auch die Kartoffel mit nach Europa. Auf den Schiffen entdeckte man, daß die Matrosen, die Kartoffeln aßen, nicht an Skorbut erkrankten.

1573 kaufte ein Krankenhaus in Sevilla die ersten Kartoffeln, und schon rasch breitete sich die Pflanze durch Entdecker wie Sir Francis Drake, der sie nach Großbritannien gebracht haben soll, über ganz Europa aus. Es heißt, daß Königin Elizabeth I. Sir Walter Raleigh 16.000 Hektar Land in Irland mit der Auflage zuschrieb, darauf Kartoffeln und Tabak zu pflanzen. Auch Botaniker und Wissenschaftler waren von der neuen Pflanze begeistert. Sie wurde 1597 in John Gerards Kräuterliste aufgenommen, und es ist möglich, daß sie zuerst vor allem für Forschungszwecke gepflanzt wurde. Mitte des 17. Jahrhunderts erkannte die Königlich-Britische-Gesellschaft, daß die Kartoffel nahrhaft und billig war, und die Regierungen in Europa versuchten die Bauern zu überzeugen, diese wertvolle Pflanze anzubauen, da ständig Hungersnöte und Kriege drohten.

Allerdings glaubte man auch, daß die Kartoffel, die zur Familie der Nachtschattengewächse zählt, giftig wäre, Lepra und Syphillis verursachen könnte oder ein gefährliches Aphrodisiakum darstellte. In Frankreich machte sich der junge Chemiker Antoine Augustin Parmentier daran, die Franzosen und König Ludwig XVI. mit seinen Köstlichkeiten zur Kartoffel zu bekehren, und Marie Antoinette trug Kartoffelblüten im Haar. Aber in einigen Fällen war mehr

Oben: Ein Keramikteller der Inkas, der zum Servieren von Kartoffeln diente.

Oben: Die Golden Hind*, mit der Sir Francis Drake Kartoffeln nach England brachte*

Oben: Die Kartoffelblüte

nötig als reine Überzeugungskraft. König Friedrich von Preußen verordnete 1756 im berühmten „Kartoffelbefehl" den Bauern den Anbau der nahrhaften Knolle, um Hungersnöte zu verhindern, doch mußte er drohen, die Nasen und Ohren jener abzuschneiden, die dieser Verordnung nicht nachkamen, um sich durchzusetzen. Europäische Immigranten brachten die Kartoffel nach Nordamerika, wo sie erst 1719 in größeren Mengen gepflanzt wurde, als Iren sie nach Londonderry, New Hampshire, brachten. Zu Beginn des 19. Jahrhunderts emigrierte Lord Selkirk mit einer Gruppe Gefolgsleute nach Orwell Point auf Prince Edward Island in Kanada. Dort ernährten sie sich viele Jahre lang von Kartoffeln und Kabeljau.

Ende des 18. Jahrhunderts zählte die Kartoffel vor allem in Deutschland und Großbritannien zu den Grundnahrungsmitteln. Mit einem Verbrauch von zehn Kartoffeln pro Person und Tag machte die Knolle in Irland 80 Prozent der Ernährung aus. Zudem wurden auch die Tiere, die Milch, Fleisch und Eier lieferten, mit Kartoffeln gefüttert. Diese Abhängigkeit führte zur Katastrophe, als um 1845 die Kartoffelfäule *Phytophthora infestans* die Ernte in drei aufeinanderfolgenden Jahren vernichtete. Über eine Million Menschen verhungerten, und so überrascht es nicht, daß die Pflanze als weiße oder irische Kartoffel im Unterschied zur Süßkartoffel bekannt wurde.

Die Iren nahmen die Kartoffel mit, als sie in großer Zahl vor der Hungersnot nach Nordengland, Europa und Amerika flohen. Die britische Regierung förderte den Anbau der Kartoffel als nahrhaftes, billiges und leicht zu pflanzendes Nahrungsmittel und stellte „Kartoffelfelder" zur Verfügung. Aus Angst vor einer neuen Katastrophe durch den Ausfall der Ernte und aus neuer Liebe zu dem Nahrungsmittel begann man in ganz Europa, neue Sorten zu züchten. Bei der Internationalen Kartoffelausstellung im Londoner Alexandra Palace im Jahr 1879 wurden angeblich mehrere hundert Sorten präsentiert. Zur Jahrhundertwende war die Kartoffel die wichtigste Gemüsesorte und wurde nach ganz Europa exportiert.

DIE KARTOFFEL HEUTE

Heute ist die Kartoffel das Grundnahrungsmittel von zwei Dritteln der Weltbevölkerung und die drittwichtigste Nahrungspflanze. Sie enthält mehr Nährwert als alle anderen Nahrungsmittel. Nur Eier verfügen über mehr Protein als Kartoffeln, die sogar proteinreicher als Sojabohnen sind. Der Anbau von Kartoffeln ist auch die effizienteste Methode, um aus Land, Wasser und Arbeit ein Nahrungsmittel zu zaubern. Ein Kartoffelfeld produziert an einem Tag mehr Energie als jedes andere Feld.

Statistiken über den Kartoffelanbau in aller Welt weisen viele interessante

Oben: Die große Ausstellungshalle im Londoner Alexandra Palace

Oben: Die Blüte der Süßkartoffel oder Batate

Fakten auf. So ist Rußland noch immer der größte Kartoffelproduzent der Welt, gefolgt von Polen, China und den USA.

Allerdings führt das veränderte Konsumverhalten der Menschen zu neuen Herausforderungen für die Kartoffelbauern. Grund dafür ist vor allem die steigende Beliebtheit der Mittelmeerküche, die auf alternativen Stärkeprodukten wie Pasta und Reis basiert. Zwar werden Kartoffeln noch immer in großer Menge verkauft, doch ist der Anteil an Fertigprodukten wie Pommes frites stark gestiegen. Pommes frites werden zum Teil als Tiefkühlkost angeboten und sind in der ganzen Welt, vor allem jedoch in Amerika und dem Fernen Osten beliebt. Dennoch sind gefriergetrocknete Kartoffeln keine Erfindung unserer Zeit, bereits vor 2000 Jahren froren und trokkneten die Inkas mit natürlichen Methoden Kartoffeln ein, um die Haltbarkeit zu erhöhen. Diese verarbeiteten Produkte wurden als *chuños* bezeichnet.

Die Kartoffel ist in der Welt unter vielen Namen bekannt: *pomme de terre, potato, patata, aardappel, brambor, batateirs, batala surrato, pompiterre, bombiderre, castanhola* (Kastanie aus Spanien) sind einige europäische Namen. Zu den chinesischen Bezeichnungen zählen unter anderem *shanyao* (Bergmedizin), *didan* (Erdei), *fanzaishu* (Kartoffel mit vielen Kindern) und *aierlanshu* (irische Kartoffel).

ANBAU UND ERNTE

Die Kartoffel gehört zur selben Familie wie die Tomate und der Tabak. Ihr botanischer Name lautet *Solanum tuberosum* aus der Familie der *Solanaceae*. Von der buschigen, grünen Pflanze ist nur die Knolle genießbar. Die Blüten können weiß bis dunkelviolett, ja sogar gestreift sein. Manchmal bilden sich gelbgrüne Früchte, die 100 bis 300 nierenförmige Samen enthalten. Wird die Kartoffel aus einem Samen gezogen, bildet sie erst einen Trieb und Wurzeln. An dem Trieb entwickeln sich erst Blätter, dann Blüten. Wenn die Blüten absterben, wird die überschüssige Energie in Stärke umgewandelt, die sich in den Knollen am Ende der Wurzeln sammelt. Diese Knollen werden umso größer, je mehr Stärke erzeugt wird.

Kartoffelknollen haben mehrere kleine Einkerbungen oder Triebe (die wir als Augen bezeichnen und wegschneiden, bevor wir die Kartoffel essen). Läßt man diese Triebe wachsen, bilden sich daraus neue Stämmchen oder Triebe. Daraus entstehen durch die Energie in den Knollen neue Pflanzen. Diese ursprüngliche Knolle wird als Saatkartoffel bezeichnet und jedes Jahr von privaten und industriellen Züchtern gekauft. Tatsächlich benötigt man nur eine Saatkartoffel mit einer Knospe, um daraus eine neue Kartoffelpflanze zu ziehen.

Viel schwieriger ist es, eine Kartoffel aus einem Samen zu ziehen. Die Blüte, die aus diesem Samen wächst, muß in einer kontrollierten Umgebung bestäubt werden, bevor man sicher sein kann, was aus der neuen Pflanze wird. In allen Ländern, in denen der Kartoffelanbau in großem Maßstab betrieben wird, gibt es Zentren, in denen Forscher beständig Neuzüchtungen entwickeln. Hier sind die wichtigsten Länder die

Oben: Eine Auswahl an seltenen Kartoffeln. Im Uhrzeigersinn von oben Mr. Bressee, International Kidney, Blue Catriona, Champion, Edgecote Purple, Arran Victory

Niederlande, die USA, Peru und Großbritannien. Wie auch bei der Tierzucht konservieren die Forscher die Sorten, die unmodern werden, um Genmaterial für künftige Züchtungen zu sammeln. Das Hauptziel ist jedoch, neue Sorten zu entwickeln, die in den verschiedenen Klimazonen besser gedeihen. Dazu gehören Sorten, die virus- oder krankheitsresistent sind oder Sorten, die länger eingelagert werden können sowie Züchtungen für spezielle Produkte wie Pommes frites und Fertiggerichte. Natürlich findet man alle gewünschten Eigenschaften nur selten in einer Pflanze, und tatsächlich schafft es nur durchschnittlich einer von 100.000 Kartoffelsämlingen, als Neuzüchtung eingetragen zu werden.

Erst dann wird ein Samen in Feldversuchen getestet, und es dauert noch weitere drei bis vier Jahre, bevor die Pflanze auf den Markt kommt. Heute gibt es in der ganzen Welt mehrere tausend Sorten, doch wird nur ein kleiner Teil davon auch regelmäßig angepflanzt. In den Ländern, die über Forschungszentren verfügen, werden jedes Jahr wichtige Informationen für die Züchter gesammelt. In Großbritannien sind in der Douglas M. MacDonald-Liste des Ministeriums für Landwirtschaft und Fischerei etwa 700 Sorten eingetragen. Die amerikanische Kartoffelvereinigung erkennt etwa 4000 Sorten an, aber über die größte genetische Datenbank verfügt mit 3.694 Sorten das Internationale Kartoffelzentrum (CIP) in Peru.

Zwar sind manche Sorten wie Blue Don, Elephant, King Kidney, Perthshire Red, The Howard and Victoria, die teilweise bereits aus dem 16. Jahrhundert stammen, heute ausgestorben, doch gelang es bei anderen Sorten, sie in Sammlungen für die Nachwelt zu erhalten. Dazu gehören Congo, eine leuchtend blaue Kartoffel aus dem 19. Jahrhundert, Edgecote Purple und Champion. Andere alte Sorten werden heute wieder neu gezüchtet. Zu den Namen, die heute wieder in den Läden zu finden sind, zählen Mr. Bressee, Blue Catriona und Arran Victory. So ist es möglich, daß Hobbygärtner, die ihre Pflanzen aus Gartenkatalogen bestellen, heute mit einem noch größeren Sortiment an neuen Gattungen experimentieren können.

VOM FELD AUF DEN TISCH

Die Kartoffel wächst in 180 Ländern der Erde vom Meeresniveau bis auf eine Höhe von 4.500 Meter unter vielfältigeren klimatischen Bedingungen als jedes andere Nahrungsmittel. Zudem verfügt sie über eine Reifezeit von nur 90 bis 140 Tagen. Dennoch hängt viel von der richtigen Wahl und Pflege ab. Es ist eine eigene Wissenschaft, die richtige Kartoffel für den Markt zu finden und das Beste aus den Umweltbedingungen zu machen.

Von der Aussaat bis zur Ernte ist die Kartoffelindustrie stark mechanisiert. In das Feld werden mit Maschinen lange Furchen gezogen, in die Saatmaschinen die Saatkartoffeln legen. Computer berechnen die Tiefe der Furchen, den Abstand zwischen den Kartoffeln und die Düngung des Bodens, sie prüfen, ob die Pflanzen von Krankheiten befallen sind und der Einsatz von Pestiziden notwendig ist. Dann läßt man die Pflanze reifen, bevor sie maschinell geerntet wird. Die Kartoffeln werden maschinell von Erde und Steinen gesäubert, kurz luftgetrocknet und in isolierten Kisten in klimatisierten Lagerhäusern aufbewahrt. Die Knollen, die auf lokale Märkte geliefert werden, werden nach der Größe sortiert und in Säcke gepackt.

Oben: Sortieren der Kartoffeln nach der Größe mit Hilfe einer Siebmaschine

Nach der Ernte werden die Kartoffeln bei 15–18 °C aufbewahrt, bevor sie bei Temperaturen knapp über dem Gefrierpunkt langfristig eingelagert werden. Zwar kann man so ein Austreiben verhindern, doch werden die Kartoffeln, die bis zu zehn Monate eingelagert werden, auch besprüht. Da sich die Kartoffelstärke bei niedrigen Temperaturen in Zucker verwandeln kann, werden die Kartoffeln kurz vor der Verarbeitung wieder bei höherer Temperatur gelagert, um den Zucker in Stärke zurückzuverwandeln. In kleineren Bauernhöfen und Gebieten mit einem hohen Anteil an Landarbeitern wird diese Arbeit noch teilweise von Hand erledigt. In ländlichen Regionen findet man manchmal noch Kartoffelmieten, in denen die Knollen unter Stroh und Erde eingelagert werden, damit sie trocken bleiben.

Oben: Die Yanaimilla und die Compis (siehe unten) stammen von der südamerikanischen Urkartoffel ab.

Die Kartoffeln werden nach ihrer Reifezeit unterschieden, die aber auch vom Wetter und Klima abhängen kann. Die sehr frühen Kartoffeln werden zu Frühlingsbeginn gepflanzt und nach 100 bis 110 Tagen im Frühsommer geerntet. Die mittelfrühen Sorten werden gegen Frühlingsende gepflanzt und nach 110 bis 120 Tagen im August oder September geerntet. Die Spätkartoffeln setzt man dagegen im Frühling, erntet sie aber erst nach mindestens 125 bis 140 Tagen im Spätsommer. Sie eignen sich für eine längere Lagerung und werden erst in der nächsten Saison verkauft, während die Frühkartoffeln sofort in den Handel gelangen.

Wenn die Kartoffel jung ausgegraben wird, ist ihre Schale zart und noch nicht glatt. Erst mit zunehmender Reife wird die Schale fester, bis sie schließlich ganz stabil und das Fleisch stärkehaltiger ist. Die späten Sorten müssen so lange in der Erde bleiben, bis die Schale dick genug ist, daß die Kartoffel eingelagert werden kann. Sie können zur gleichen Zeit neue Maris Piper mit dünner Schale kaufen und auch die großen, festen Maris Piper, da diese Sorte von verschiedenen Züchtern in verschiedenen Gebieten angepflanzt wird.

NÄHRWERT

Die Kartoffel ist weltweit der wichtigste Lieferant von Vitamin C. Das gilt vor allem für die ärmeren Länder, wo es wenig Obst und keine Nahrungsergänzungen gibt. Wir brauchen Vitamin C, um unsere Abwehrkräfte sowie Muskeln, Haut und Knochen zu stärken. Anders als andere Gemüsesorten ist die gesamte Kartoffel genießbar und nahrhaft. Sie enthält Proteine, Vitamine und Mineralien und kann je nach Klima, Traditionen und Kochkünsten auf sehr unterschiedliche Weise zubereitet werden. Hinzu kommt, daß die Kartoffel im westlichen Kulturkreis, wo gute Nahrung im Überfluß vorhanden ist, eines der wichtigsten Elemente liefern kann, das jede gesunde Ernährung enthalten muß: Ballaststoffe.

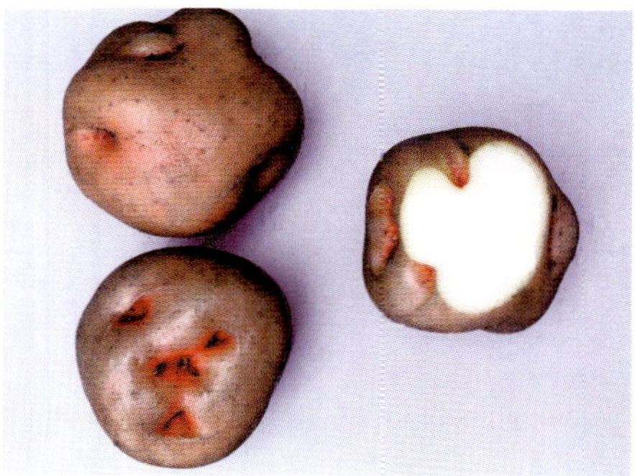

Oben: Die Compis wird wie die Yanaimilla nur in den Anden angebaut.

Etwa 75 Prozent der Kartoffel besteht aus Wasser, und ein großer Teil des Rests, nämlich 17 Prozent, aus Stärke oder Kohlehydraten. Laut neuesten Erkenntnissen der westlichen Ernährungslehre soll zumindest 40 Prozent unserer täglichen Kalorienration aus stärkereicher Nahrung wie Kartoffeln bestehen. Eine große Ofenkartoffel mit ungefähr 300 Gramm enthält etwa 250 Kalorien. Kartoffeln enthalten zudem 2,1 Prozent Protein, 1,3 Prozent Ballaststoffe, Vitamin C, beinahe kein Fett, jedoch andere wichtige Spurenelemente wie Folsäure (für die roten Blutkörperchen), Kalium (zur Beruhigung der Nerven) und Eisen (das die Sauerstoffzufuhr im Körper ankurbelt). Frühkartoffeln enthalten so viel Vitamin C, daß mit 100 Gramm Kartoffeln bereits 23 Prozent des täglichen Bedarfs abgedeckt werden können.

Oben: Ofenkartoffeln enthalten wichtige Proteine, Ballaststoffe und Vitamin C.

Der Nährwert der Kartoffeln hängt außerdem von der Lagerung und der Zubereitung ab. Wenn man Kartoffeln zu lange an einem Ort einlagert, an den zu viel Tageslicht dringen kann, geht ebenso Vitamin C verloren, wie wenn man die Kartoffeln vor dem Kochen in Wasser legt oder in Wasser kocht. Pommes frites sind überraschenderweise nicht so ungesund wie häufig angenommen wird. Sie enthalten mehr Vitamin C, da sie weniger mit Wasser in Berührung kommen. Wenn man Pommes frites zudem im Ofen zubereitet, so enthalten 100 Gramm weniger Kalorien als 100 Gramm einer Mischung aus Trockenfrüchten und Nüssen.

KARTOFFELANBAU

Für gewöhnlich gedeihen Kartoffeln unabhängig von der Bodenbeschaffenheit, der Beetgröße und der Erfahrung des Gärtners gut. Das Gemüse verspricht mit relativ wenig Aufwand eine gute Ernte. Bereits 900 Gramm Saatkartoffeln können einen Ertrag von 23 Kilogramm Kartoffeln bringen. Man benötigt also nur eine geringe Menge Saatkartoffeln, wenn man nicht sehr viel Lagerraum oder eine sehr große Familie hat. Spätkartoffeln versprechen eine reichere Ernte als Frühkartoffeln und benötigen somit auch weniger Platz.

VORBEREITUNG

Man bereitet das Beet im Herbst vor, bevor die Erde zu hart wird. Jäten Sie Unkraut und düngen Sie den Boden mit gutem Kompost oder Dung (1 Kübel pro m^2). Graben Sie die Erde einige Wochen vor dem Pflanzen um und düngen Sie den Boden wie empfohlen. Kartoffeln brauchen sehr viel Platz. Ein Sack mit 900 Gramm Saatkartoffeln erfordert etwa eine Fläche von 0,9–1,2 m^2. Die Saatkartoffeln können Ende Januar in einem kühlen Raum oder Glashaus vorgekeimt werden, damit sie früher sprießen und reichere Ernte geben.

PFLANZEN

Frühkartoffeln können im April oder Mai gepflanzt werden. Nur in kälteren Klimazonen muß man bis zum Juni warten.

1 Mit einer Hacke flache Mulden (10 cm) in einem Abstand von 45 cm oder bis zu 60 cm bei Spätkartoffeln ziehen. Die Saatkartoffeln mit dem Trieb nach oben hineinlegen.

2 Die Mulden mit Erde auffüllen, die Erde um die Pflanze aufhäufeln, damit die Triebe geschützt sind.

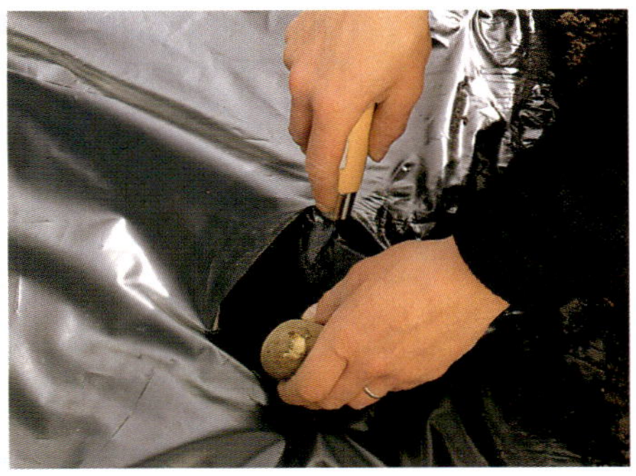

3 Um die Saatpflanzen vor Unkraut und Frost zu schützen, mit Plastikfolien abdecken. Die Enden der Folie mit Erde beschweren.

4 Kreuzförmige Schlitze in die Folie ritzen, damit die Pflanzen austreiben können. Die Saatkartoffeln müssen mit mindestens 5 cm Erde abgedeckt sein.

SCHÜTZEN

Wenn die Pflanzen austreiben, mehr Erde darüberhäufeln, um sie vor Frost zu schützen. Alle zwei Wochen erneut aufhäufeln, bis die Reihen unter den Blättern verschwinden oder die Erdreihen 15 cm hoch sind. Bei großer Trockenheit das Beet gelegentlich gießen, Frühkartoffeln häufiger wässern.

ERNTE

In milden Klimazonen sollten Frühkartoffeln im Frühsommer geerntet werden (etwa 12–14 Wochen nach der Aussaat). Man kann prüfen, ob die Kartoffeln erntebereit sind, indem man vorsichtig Erde von den höheren Reihen entfernt. Sind sie groß genug, werden sie ausgegraben, sonst wird wieder Erde aufgehäufelt.

Spätkartoffeln müssen in der Erde bleiben, bis die Blätter einziehen, damit die Knollen größer werden und die Schale so fest wird, daß man die Kartoffeln einlagern kann. Um festzustellen, ob die Kartoffeln reif sind, eine ausgraben und die Schale reiben. Löst sie sich, sind die Kartoffeln nicht reif.

1 Die Kartoffeln mit einer großen Forke ausgraben und nach der Größe sortieren. Ein oder zwei Stunden liegen lassen, damit sie trocknen.

2 In großen Jutesäcken oder Netzsäcken einlagern. Es eignen sich auch Holzkisten, die mit Stroh ausgelegt werden, um die Kartoffeln vor Frost und Feuchtigkeit zu schützen. In einem dunklen, kühlen, trockenen Raum wie der Garage lagern. Allerdings darf es nicht zu kalt werden.

ZUBEREITUNGSTECHNIKEN

Der Mineral- und Vitamingehalt der Kartoffeln hängt von der Zubereitungstechnik und der Kochmethode ab.

KARTOFFELN WASCHEN

Heute sind vor allem die Kartoffeln aus dem Supermarkt und die abgepackten Knollen sehr sauber. Deshalb reicht es meist, sie vor dem Kochen kurz abzuspülen. Kauft man die Kartoffeln dagegen direkt beim Bauern oder in einem Bioladen oder pflanzt man seine eigenen Kartoffeln, werden sie noch voll Erde sein und müssen vor dem Kochen leicht abgeschrubbt werden. Gewaschene Kartoffeln müssen sofort verarbeitet werden, da sie durch Wärme oder Feuchtigkeit leicht schimmeln.

1 Für sehr schmutzige Kartoffeln und das Entfernen der Schale von Frühkartoffeln nimmt man eine kleine Bürste oder einen weichen Scheuerschwamm.

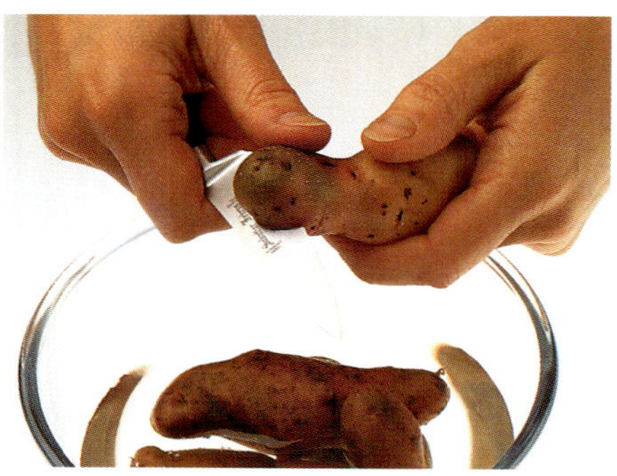

2 Grüne Flecken, Verfärbungen und schwarze Augen werden mit einem spitzen Messer oder Kartoffelschäler entfernt, wenn man die Kartoffeln nicht nach dem Kochen schält. Gekochte Kartoffeln lassen sich leicht schälen.

KARTOFFELN SCHÄLEN

Es ist bekannt, daß in und direkt unter der Schale die meisten Nährstoffe und der beste Geschmack stecken. Die Kartoffeln schmecken viel frischer und erdiger, wenn sie mit der Schale gekocht und nach dem Abkühlen geschält werden und lassen sich wunderbar pur oder mit leichter Garnierung essen. Ungeschälte Kartoffeln schmecken nicht nur besser und machen die Gerichte vielfältiger, sie enthalten auch wertvolle Ballaststoffe und Fasern. Aus übrig gebliebenen Schalen können Sie sehr gesunde Chips zubereiten.

Man schält die Kartoffeln mit einem sehr scharfen Kartoffelschäler (von dem es viele verschiedene Arten gibt) möglichst dünn in langen, gleichmäßigen Streifen und gibt sie in einen Topf. Die Kartoffeln mit Wasser bedecken und sofort kochen, damit sie kein Vitamin C verlieren. Will man die Kartoffeln sofort

nach dem Kochen schälen und noch heiß essen, hält man sie mit einer Gabel hoch und zieht vorsichtig die Schale ab. Sie lassen sich heiß leichter schälen.

KARTOFFELN BÜRSTEN

Bei Frühkartoffeln geht die Schale oft schon ab, wenn man sie mit den Händen reibt. Man kann bereits beim Kauf feststellen, ob die Kartoffeln gut sind, die Schale muß leicht abgehen.

Man kratzt die zarte Schale mit einem kleinen, scharfen Messer ab und bedeckt die Kartoffeln in einem Topf gerade mit Wasser.

SCHWENKEN

Dieses Gerät enthält eine große drehbare Schüssel mit rauhen Wänden, die an eine Reibe erinnern. Darin werden die Kartoffeln geschwenkt, bis die Schale abgeht. Im Einzelhandel ist ein Gerät erhältlich, das die Kartoffeln auf diese Weise schält.

Man legt die gewaschenen Kartoffeln in die Schältrommel, in die man wie angegeben Wasser füllt und läßt die Maschine einige Minuten auf Stufe 2–3 eingeschaltet. Dann nimmt man die geschälten Kartoffeln heraus und fährt fort, bis alle Knollen geschält sind. Nun legt man die Kartoffeln zum Kochen in einen Topf mit kaltem Wasser.

MIT EINER REIBE ARBEITEN

Die Kartoffeln können je nach Art der Verarbeitung vor oder nach dem Kochen gerieben werden. Leichter zu reiben sind gekochte, abgekühlte Kartoffeln, die direkt in eine Schüssel oder eine Bratpfanne gerieben werden können. Vor allem mehlige Kartoffeln dürfen nicht zu lange gekocht werden, da sie sonst zerfallen. Mehlige Kartoffeln sind ideal für Pürees, festkochende Kartoffeln eignen sich besser für Röstis und Eintöpfe.

Rohe Kartoffeln sondern eine überraschend große Menge an stärkehaltiger Flüssigkeit ab, die unerläßlich ist, damit manche Gerichte nicht zerfallen. In dem Rezept sollte deshalb angegeben sein, ob man die Stärke abspülen oder die Kartoffeln nur mit Küchenkrepp trocken tupfen darf. Man sollte die Kartoffeln nie zu früh reiben, da sich das Fleisch leicht braun verfärbt.

Rohe Kartoffeln schneidet man mit einer Standardreibe auf ein Brett.

Benötigt man die Flüssigkeit, reibt man die Kartoffeln mit der mittleren oder breiten Reibe in eine Schüssel und drückt die Flüssigkeit aus.

IN STÜCKE SCHNEIDEN

Für Salate oder Gerichte aus Resten müssen die Kartoffeln häufig in Stücke geschnitten werden. Dafür eignen sich am besten festkochende Kartoffeln, die nach dem Kochen geschält, abgekühlt und danach in Stücke geschnitten werden.

Man halbiert die Kartoffel und schneidet die Stücke in die gewünschte Größe.

IN WÜRFEL SCHNEIDEN

Benötigt man für ein Rezept würfelig geschnittene Kartoffeln, muß man viel genauer arbeiten und die Kartoffeln in gleichmäßige Stücke schneiden. Das ist nötig, damit alle Seiten gleichmäßig gar werden oder bräunen.

1 Man scheidet die Kartoffeln erst in gleichmäßige Rechtecke (und bewahrt die Reste für ein Püree oder als Suppeneinlage auf) und schneidet die Rechtecke in dicke, gleichmäßige Scheiben.

2 Danach dreht man die Scheiben um und scheidet daraus dicke Stifte und schließlich gleichmäßige Würfel in der gewünschten Größe.

IN SCHEIBEN SCHNEIDEN

Bei manchen Gerichten ist es erforderlich, die Kartoffeln in gleichmäßige Scheiben zu schneiden, da davon das Aussehen des fertigen Gerichts und die Kochzeit abhängen. Man sollte die Scheiben möglichst gleich dick schneiden, damit sie gleichmäßig gar werden. Am besten macht man dies mit einem scharfen, großen Messer, mit dem man nicht abrutscht. Rundere Scheiben erhält man, wenn man die Kartoffeln längs durchschneidet, länglichere Scheiben, wenn man sie quer schneidet. Gekochte Kartoffeln lassen sich am besten schneiden, wenn sie abgekühlt und nicht ganz gar sind, da sie sonst leicht zerfallen. Für die meisten Eintöpfe und Aufläufe benötigt man 3 mm dicke Scheiben.

Gleichmäßige Scheiben erhält man, indem man die Messerspitze auf die Arbeitsfläche stellt und dann das Messer fest nach unten drückt.

MIT EINEM GEMÜSEHOBEL ARBEITEN

Der Gemüsehobel besitzt mehrere verschiedene Messer, die sich in Form und Größe unterscheiden. Die Messer sind auf einem Metall-, Kunststoff- oder Holzrahmen befestigt. Man kann damit sehr dünne bis sehr dicke Scheiben oder auch Kartoffelwaffeln herstellen. Dieses Gerät ist nicht ungefährlich und muß vorsichtig bedient werden, da die Messer sehr scharf sind. Die Stärke der Schlitze kann entsprechen eingestellt werden. Mitteldicke Scheiben sind 2–3 mm dick und werden meist gebraten, Chips werden dagegen in ganz dünne Scheiben gehobelt.

Einfache Scheiben

Man stellt das Messer auf die gewünschte Scheibenstärke ein und bewegt die Kartoffel fest über das Messer hin und her. Dabei hält man den Hobel nach Möglichkeit am Griff oder der Haltevorrichtung.

Gerillte Scheiben

Man bewegt die Kartoffeln von oben nach unten über das gezackte Messer. Es ist aber Vorsicht geboten, da man sich leicht schneidet, wenn die Kartoffel kleiner wird.

Kartoffelwaffeln

Für die Kartoffelwaffeln (*pommes gaufrettes*) bewegt man die Knolle von oben nach unten über das gezackte Messer und dreht sie nach jedem Schnitt.

CHIPS SELBST MACHEN ...

Selbstgemachte Chips sind zwar immer noch die leckersten, doch benötigt man die richtigen Geräte, um sie herzustellen. Große Mengen Kartoffeln kann man in der Küchenmaschine, kleinere Mengen mit einer normalen Reibe in Scheiben schneiden. Wenn man sorgfältig arbeitet, werden sie fein genug. Man kann Chips auch vorsichtig mit einem scharfen Messer schneiden.

... mit dem Gemüsehobel

Für feine Chips legt man ein feuchtes Tuch auf ein Schneidbrett und stellt den Hobel darauf, damit er nicht abrutschen kann. Dann hobelt man die Kartoffeln vorsichtig über das Messer. Das Messer muß sehr scharf und auf die richtige Scheibenstärke, d.h. auf ca. 2 mm, eingestellt sein. Wenn es nicht verstellbar ist, kann man die Scheibenstärke durch den Druck der Hand regulieren.

... mit dem Messer

Diese Methode eignet sich am besten, wenn man kleine Mengen von Chips machen möchte. Man hält die Kartoffel fest an einem Ende und schneidet mit einem scharfen Messer die Knolle auf einem Brett in 3 mm dicke Scheiben. Mit einem Messer kann man die Stärke der Scheiben leichter variieren. Allerdings sollte man daran denken, daß die Kartoffeln beim Fritieren umso weniger Fett aufnehmen je dicker sie sind.

KARTOFFELRINGE SCHNEIDEN

Dünne Streifen lassen sich ebenfalls zu hervorragenden Chips fritieren und können einfach mit einem Kartoffelschäler

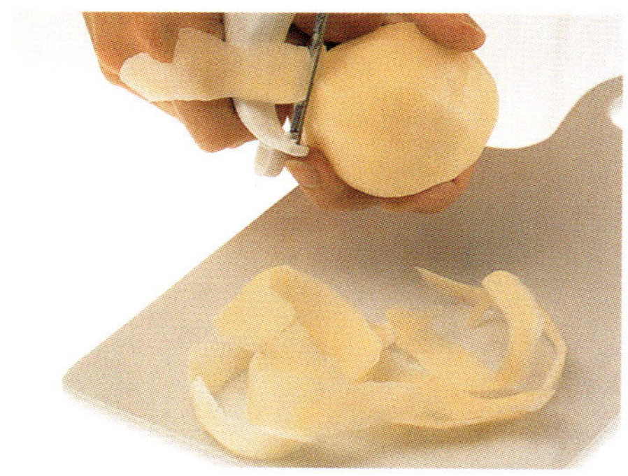

geschnitten werden. (Alle Überreste in den Suppentopf geben.) Man entfernt für diese Zubereitungsart die Kartoffelschale wie bei einem Apfel und schneidet das Fleisch dann in lange Streifen. Allerdings sollte man rasch arbeiten oder die Streifen in eine Schüssel mit kaltem Wasser geben, damit sie sich nicht verfärben.

POMMES FRITES

In Frankreich sind die Pommes frites je nach Stärke der Stäbchen unter verschiedenen Namen bekannt. Je größer sie sind, desto gesünder sind sie auch, da sie während des Fritierens weniger Fett aufnehmen. Man kann auch ungeschälte Kartoffeln fritieren.

Pommes frites – Hausmannsart

Man schneidet besonders große Kartoffeln in mindestens 1,5 cm dicke Scheiben. Danach dreht man die Scheiben um und schneidet daraus etwa 1,5 cm dicke Stäbchen.

Kartoffelspalten

Gesünder als Pommes frites sind sehr dicke Spalten. Man halbiert die Kartoffeln erst der Länge nach und schneidet dann lange, dünne Spalten.

Pommes frites

Man schneidet mit dem Messer oder der Maschine 1,5 cm dicke Scheiben, daraus dann etwa 6 mm dicke Stäbchen.

Strohkartoffeln (Pommes pailles)

Die Kartoffeln wie bei den *Streichholzkartoffeln,* jedoch in feinere Streifen schneiden und fritieren.

Streichholzkartoffeln (Pommes allumettes)

Die Kartoffel zu einem gleichmäßigen Rechteck schneiden, dann dünne Scheiben und etwa 3 mm dicke Stäbchen schneiden.

Maschinell geschnittene Pommes frites

Man kann die Pommes frites auch mit einem speziellen Schneider oder einem Hobel zerkleinern. Dafür die Kartoffeln zuvor in die richtige Größe schneiden.

Links: Pommes frites in vier verschiedenen Größen: Pommes frites – Hausmannsart (li.), Strohkartoffeln (u. mi.), Pommes frites (o. mi.), Streichholzkartoffeln (re.)

HASSELBACK- UND FÄCHERKARTOFFELN

Hasselbackkartoffeln sind nach einem schwedischen Restaurant benannt, wo sie gerne serviert werden. Dabei wird lediglich der Rücken der geschälten und abgetrockneten Kartoffeln wie abgebildet eingeschnitten. Danach mit Öl bepinseln und backen, bevor sie sich verfärben.

Legen Sie dazu eine große Kartoffel mit der Schnittfläche nach unten auf ein Brett und schneiden Sie sie mit einem scharfen Messer in sehr dünne Scheiben, die man aber nicht ganz durchtrennt.

Für Kartoffelfächer eignen sich mittelgroße, lange oder ovale Kartoffeln, die man fächerförmig schneidet, wobei der Schnitt nicht ganz durchgezogen wird, so daß ein Teil nicht durchtrennt wird. Man drückt die Kartoffel sanft flach, bis sie sich fächerförmig öffnet. Ist der Schnitt nicht tief genug, wird sie sich kaum öffnen, ist er zu tief, wird sie zerfallen. In beiden Fällen sollten die Kartoffeln mit zerlassener Butter und Öl gekocht und im vorgeheizten Ofen bei 190 °C/Gasstufe 5 40–50 Minuten überbacken werden.

DEKORATIVE FORMEN SCHNEIDEN

Manchmal macht es Spaß, die Kartoffeln in die verschiedensten Formen zu schneiden. Das ist eine Möglichkeit, Kinder mehr in die Vor- und Zubereitung der Speisen einzubeziehen. Die Reste kann man für Pürees oder zum Eindicken von Suppen verwenden.

Für Kartoffelbällchen eignen sich große Knollen am besten. Man schält die Kartoffel und sticht mit einem großen Kugelausstecher Bällchen aus, indem man den Ausstecher fest in das Gemüse sticht, dreht und herauszieht. Bis zum Kochen in Wasser legen, mit Küchenkrepp abtupfen und zubereiten.

Für eierförmige Kartoffeln kleine bis mittelgroße, feste Knollen (oder geviertelte große Kartoffeln) schälen, die Enden flach schneiden und mit einem kleinen Messer in 2,5–5 cm große Ovale schneiden.

Für Kartoffelspalten die Kartoffeln längs halbieren, dann vierteln und achteln. Mit Öl bepinseln und im Ofen backen oder fritieren. Je größer die Stücke sind, desto weniger Fett saugen sie auf.

KARTOFFELN MASCHINELL ZUBEREITEN

Viele Arbeiten wie Schälen, Reiben, Schneiden, Hacken und Pürieren sind mit Maschinen sehr rasch, aber nicht so genau zu erledigen. Die besten Ergebnisse wird man erzielen, wenn man alle Kartoffeln in gleich große Stücke schneidet und auf der niedrigsten Stufe arbeitet. Die Kartoffeln sofort kochen oder abspülen und mit Küchenkrepp trocknen, damit sie sich nicht braun verfärben.

Zwar schmecken selbstgemachte Pommes frites besonders gut, doch kann es sehr zeitaufwendig sein, sie von Hand zu schneiden. Dafür eignet sich eine Maschine hervorragend. Man setzt das entsprechende Messer in die Maschine, füllt die empfohlene Kartoffelmenge ein und schaltet die Maschine auf die niedrigste Stufe ein. Mit einem Stößel drückt man die Kartoffeln nach unten. Je stärker man drückt, desto

dicker werden die Stäbchen. Sie werden vielleicht leicht gekrümmt sein. Gleichmäßige Stäbchen erhält man, wenn man das entsprechende Messer einsetzt und die Kartoffeln gleichmäßig einlegt.

KOCHTECHNIKEN

Es gibt unzählige Möglichkeiten, Kartoffeln zuzubereiten. Wie gut oder schlecht geeignet eine Zubereitungsart ist, hängt von der Kartoffelsorte und dem Gericht ab.

BLANCHIEREN

Kartoffeln werden blanchiert (halb gekocht), damit sich die Schale leichter entfernen läßt und um bei manchen Rezepten sowie vor dem Braten die überschüssige Stärke auszulaugen. Man seiht große Kartoffeln mit einem Schaumlöffel ab und blanchiert kleinere Knollen in einem Fritierkorb, damit sie

leicht aus dem Wasser genommen werden können. Dann die vorbereiteten Kartoffeln in einen Topf mit kaltem Wasser legen, langsam zum Kochen bringen, je nach Größe 2–5 Minuten kochen, abseihen und zubereiten oder im Wasser liegen lassen.

KOCHEN

Die einfachste Garmethode. Ganze oder zerkleinerte Kartoffeln mit oder ohne Schale (Süßkartoffeln sollten mit der Schale gekocht werden, damit sie ihre Farbe behalten) in einen Topf legen und gerade mit Wasser abdecken. Mit 1–2 TL Salz nach Geschmack würzen und langsam zum Kochen bringen. Mehligkochende Kartoffeln müssen sehr vorsichtig gekocht werden, damit sie nicht außen zerfallen, bevor sie innen gar sind. Frühkartoffeln haben einen höheren Vitamin-C-Gehalt und sollten direkt in kochendes Wasser gelegt, etwa 15 Minuten gekocht und sofort aus dem Wasser genommen werden. Sehr feste Salatkartoffeln können in kochendes Wasser gelegt, 5–10 Minuten bei geringer Hitze gekocht und weitere 10 Minuten im heißen Wasser gegart werden, bis man sie weiterverarbeitet.

1 Die Kartoffeln in einen großen Topf mit Salzwasser geben und mit einem Deckel fest verschließen. Zum Kochen bringen und bei geringer Hitze je nach Größe und Sorte 15–20 Minuten kochen lassen. Kocht man die Kartoffeln zu schnell, zerkochen sie außen, bevor sie innen gar sind.

2 Die gar gekochten Kartoffeln in ein Sieb abseihen und wieder in den Topf geben, damit sie trocknen können. Nasse, durchweichte Kartoffeln sind nicht sehr appetitanregend.

3 Sehr trockene, geschälte Kartoffeln (etwa für Pürees) bei kleinster Hitzezufuhr auf dem Herd stehen lassen, damit die Feuchtigkeit entweichen kann. Gelegentlich werden die Kartoffeln gesalzen und geschüttelt, bis sie einen Rand am Topf bilden.

4 Man kann die Kartoffeln auch in ein sauberes Geschirrtuch eingeschlagen, damit sie trocken und locker werden.

DÄMPFEN

Diese Zubereitungsart ist für alle Kartoffeln, besonders aber für sehr mehlige Sorten geeignet, die leicht zerfallen. Kleine Kartoffeln und Frühkartoffeln sind besonders schmackhaft, wenn sie mit der Schale gedämpft werden. Die Knollen sollten in gleichmäßige kleine Stücke oder Scheiben geschnitten werden. Läßt man gegarte Kartoffeln in einem Sieb über dampfendem Wasser, kann man sie warmhalten.

1 Die vorbereiteten Kartoffeln in ein Sieb oder einen Dämpfaufsatz geben und über einem tiefen Topf mit kochendem Salzwasser dämpfen. Das Gefäß möglichst fest verschließen und Scheiben oder Stücke 5–7 Minuten, große Kartoffeln bis zu 20 Minuten dämpfen.

2 Gegen Ende der Garzeit einige Kartoffeln mit einem scharfen Messer anstechen. Sind die Kartoffeln gar, vom Herd nehmen und bis zum Servieren im Topf lassen.

3 Als Alternative vor dem Dämpfen frische Kräuter in das Wasser geben. Die Kartoffeln werden beim Kochen ihren Geschmack annehmen.

BRATEN

Der Schlüssel zum Erfolg ist beim Braten das Fett. Eine Mischung aus Öl und Butter sorgt für guten Geschmack und erlaubt eine höhere Brattemperatur.

Braten in der Pfanne

Man verwendet eine tiefe Bratpfanne mit schwerem Boden, in der sich die Wärme gut verteilt und genug Platz ist, um die Kartoffeln zu wenden.

1 2 EL Butter und 2 EL Öl erhitzen und eine gleichmäßige Schicht gekochte oder vorgekochte Kartoffeln in das heiße Fett legen und 4–5 Minuten goldbraun braten.

2 Die Kartoffeln ein- oder zweimal vorsichtig mit einem Bratenwender umdrehen, bis sie gleichmäßig gebräunt sind.

Fritieren

Das Öl oder Fett zum Fritieren muß immer frisch und sauber sein. Die Kartoffeln sollen trocken sein, da Wasser das Fett gefährlich zum Aufschäumen bringen kann. Man sollte sie immer in kleinen Mengen fritieren, damit die Temperatur nicht zu sehr absinkt und die Kartoffeln gleichmäßig bräunen können. Verbrannte Stückchen immer aus dem Fett nehmen, damit es sich nicht verfärbt.

Zum Fritieren die Kartoffeln in eine Fritierpfanne, eine tiefe, schwere Pfanne mit gut sitzendem Deckel oder eine Friteuse geben, die halb mit frischem Fett gefüllt ist. Vorwärmen und die Temperatur mit einem Stückchen Brot prüfen.

Pommes frites sollte man vor dem Fritieren in heißem Fett »blanchieren«, bis sie gar und versiegelt, nicht aber gebräunt sind. Die Kartoffeln können dann aus dem Fett genommen, abgeseiht, abgekühlt und eingefroren oder kurz vor dem Servieren knusprig und goldbraun gebraten werden.

1 Die Pommes frites vor dem Fritieren gut mit einem Tuch oder Küchenkrepp trocknen, da das Fett spritzt, wenn es mit Wasser in Berührung kommt.

2 Den Korb erst im Fett erhitzen, dann die Pommes frites in den Korb geben (nicht zu viel einfüllen, damit sie gleichmäßig gar werden) und langsam in den Topf absenken. Sprudelt das Fett zu stark, den Korb heben und das Fett ein wenig abkühlen lassen.

3 Den Topf mit den Pommes frites hin und wieder schütteln, damit sie gleichmäßig knusprig und braun werden. Die Pommes frites mit einer Schaumkelle oder Fritierkorb aus dem Fett nehmen.

4 Die Pommes frites vor dem Servieren auf Küchenkrepp gut abtropfen lassen. Mit Salz bestreut servieren.

Fritiertemperaturen

- Zum Blanchieren und Versiegeln 160 °C
- Zum Fritieren feiner Strohkartoffeln und zum Nachfritieren von Pommes frites 190 °C

Kartoffel-Körbchen

1 Die Kartoffeln in dünne, gleichmäßige Scheiben schneiden und mit Küchenkrepp trocken tupfen. Man benötigt zwei unterschiedlich große Drahtkörbe oder Kellen. Das größere Körbchen gut überlappend mit Kartoffeln auslegen, dann mit der kleineren Kelle festdrücken.

2 Langsam in sehr heißes Fett tauchen und 3–4 Minuten fritieren, bis die Kartoffeln zu bräunen beginnen.

3 Die Körbe aus dem Fett nehmen und die Kartoffeln vorsichtig aus der Form lösen. Nochmals in das Fett tauchen und 1–2 Minuten goldgelb fritieren.

4 Mit Gemüse, Fleisch oder Garnelen servieren.

Sicher fritieren

- Den Topf nie zu voll mit Fett oder Speisen füllen.
- Fest mit einem Deckel bedecken.
- Ein großes, dickes Tuch bereitlegen, das im Fall eines Feuers über den Topf geworfen wird.
- NIE Wasser in einen Topf mit heißem oder brennendem Fett geben, da es sonst explodiert.

OFENKARTOFFELN

Zu den besten und preiswertesten Speisen zählen Ofenkartoffeln mit knuspriger Schale und weichem Fleisch, die mit zerlassener Butter und Käse serviert werden.

Auch Süßkartoffeln können so zubereitet werden. Man serviert sie mit etwas Zucker, saurer Sahne und knusprigem Speck.

Man rechnet pro Person mit 275–350 g Kartoffeln und wählt eine feuchtere, festkochende oder vorwiegend festkochende Sorte. Große Kartoffeln werden im Ofen bei 220 °C/Gasstufe 7 1–1½ Stunden, mittelgroße Kartoffeln 40–60 Minuten gebacken. Um zu überprüfen, ob die Kartoffeln gar sind, drückt man sie mit den Fingern leicht zusammen. Sind die Kartoffeln weich, sind sie zum Verzehr bereit.

1 Die Kartoffeln gründlich waschen und trocknen, mit hochwertigem Öl einreiben und kräftig salzen. Wie oben abgebildet auf ein Backblech legen.

2 Die Kartoffeln werden rascher und gleichmäßiger gar, wenn man sie auf einem Spieß oder auf einem speziellen Backgitter brät.

3 Sind die Kartoffeln wirklich weich, schneidet man sie kreuzförmig ein und läßt sie etwas abkühlen.

4 Die heißen Kartoffeln mit einem sauberen Tuch halten und leicht von unten drücken, damit sie sich öffnen.

5 Die offenen Kartoffeln auf Tellern anrichten und mit ein wenig Butter servieren.

6 Eine rasche, einfache Garnierung erhält man, wenn man die Kartoffeln mit geriebenem, kräftigem Hartkäse oder saurer Sahne und gehackten frischen Kräutern wie Schnittlauch, Petersilie oder Koriander serviert. Kräftig mit Salz und schwarzem Pfeffer würzen.

Gebackene Kartoffelschalen

Große Kartoffeln bei 220 °C/Gasstufe 7 1–1½ Stunden, mittelgroße Knollen 40–60 Minuten backen. Halbieren und aushöhlen. Sie können diese Kartoffelmasse für Püree verwenden.

Die Schalen mit zerlassener Butter, Margarine oder einer Mischung aus Butter und Öl einreiben und im Ofen bei gleicher Temperatur nochmals 20 Minuten knusprig und goldgelb backen.

Folienkartoffeln

Man gart die Kartoffeln in einer Folie, in Backpapier oder einem Backbeutel. Die Kartoffeln werden mit dieser einfachen Zubereitungsart sehr schmackhaft. Bereitet man die Kartoffeln in der Schale zu, kann man sie schon früher vorbereiten und dann bei Bedarf rasch auf-

backen. Kleine Kartoffeln waschen, bürsten und trocknen, würzen, mit Butter und etwas Schnittlauch, Estragon oder Minze, in Folien wickeln. Rechnen Sie für 450 g bei 190 °C/Gasstufe 5 mit etwa 40–50 Minuten Garzeit.

KARTOFFELN IM TONTOPF

Diese Kartoffeln schmecken, als hätte man sie im offenen Feuer oder unter heißer Erde gegart. Sie nehmen ein sehr holziges Aroma an, ohne aber verkohlt und rauchig zu schmecken. Der Tontopf faßt leicht 450 g Kartoffeln. Er sollte vor jeder Verwendung 10–20 Minuten in Wasser gestellt werden. Man verwendet ungeschälte kleine, etwa gleich große Kartoffeln und stellt den Topf immer in den kalten Ofen, damit die Temperatur langsam auf 200 °C/Gasstufe 6 steigen kann. 40–50 Minuten garen und mit einem spitzen Messer die Festigkeit prüfen.

1 Die vorbereiteten Kartoffeln in den Tontopf geben, mit 2–3 EL gutem kaltgepreßtem Olivenöl oder zerlassener Butter übergießen und mit grob geriebenem Salz und Pfeffer würzen. Nach Geschmack eine große ungeschälte Knoblauchzehe, eine dicke Scheibe gehackten Räucherspeck oder frische Kräuter hinzufügen.

2 Den zugedeckten Topf in den kalten Ofen stellen und auf 200 °C/Gasstufe 6 erhitzen. Nach 40–50 Minuten prüfen und direkt aus dem Topf servieren.

KARTOFFELN AUS DER MIKROWELLE

Man kann sehr viel Zeit sparen, wenn man die Kartoffeln in der Mikrowelle gart, doch sollte man nicht erwarten, daß die Schale knusprig wird. Frühkartoffeln und Kartoffelstücke lassen sich sehr gut auf diese Weise zubereiten. In beiden Fällen sollte man erst die Schale einschneiden, damit sie nicht platzt. Die Mikrowelle auf eine hohe Stufe einstellen. Für jede Kartoffel 4–6 Minuten Garzeit rechnen, und für jede zusätzliche Kartoffel die Garzeit um 2–4 Minuten erhöhen. Als Richtwert gilt, daß 450 g geschnittene Kartoffeln 10–12 Minuten benötigen.

Große Kartoffeln in einem Kreis auf Backpapier auf dem Boden der Mikrowelle anordnen und einschneiden, damit die Schale während des Garprozesses nicht aufplatzt.

Kleine Kartoffeln in eine Mikrowellenschüssel geben und mit 30–45 ml/ 2–3 EL Wasser übergießen. Fest mit Mikrowellenfolie abdecken und die Folie zwei- bis dreimal einstechen, damit der Dampf entweichen kann. 3–5 Minuten garen, das Wasser abgießen, würzen, mit etwas Butter und Kräutern anrichten.

Man kann die Schüssel auch mit einem Deckel abdecken und ebenso garen wie vorher angegeben.

Stehzeit

Die Kartoffeln sollten nach dem Garen lange genug stehen, damit sie gleichmäßig garen. Große Ofenkartoffeln sollten 10 Minuten in Servietten eingewickelt werden, damit sie warm bleiben und gleichmäßig garen.

KARTOFFELN AUS DEM SCHNELLKOCHTOPF

Sollen Ofenkartoffeln oder große Kartoffeln rasch gar werden oder will man schnell und einfach Püree bereiten, so ist diese Methode ideal. Allerdings darf man die Kartoffeln nicht zu lange garen, damit sie nicht trocken und mehlig werden. Man sollte die Anweisungen in der Bedienungsanleitung befolgen und große, ganze Kartoffeln bis zu 12 Minuten garen, kleine entsprechend kürzer. Kocht man die Kartoffeln in der Schale, werden sie noch rascher gar. Sind die Kartoffeln gar, muß man den Dampf vorsichtig ablassen, damit sie nicht zerkochen.

BRATKARTOFFELN

Bratkartoffeln, die auf der Zunge zergehen, kann niemand widerstehen. Damit sie wirklich gelingen, sollte man folgendes beachten.

Für zarte Bratkartoffeln mit flaumigem Kern benötigt man große festkochende Sorten. Man kann Bratkartoffeln auch in der Schale garen, doch werden sie dann nicht so knusprig. Kartoffeln schälen, in gleichmäßige Stücke schneiden und 5 Minuten blanchieren, dann weitere 5 Minuten im Kochwasser ziehen lassen, um sie gleichmäßig vorzukochen. Gut abseihen und in den Topf zurückgeben, damit sie völlig trocknen. Nur trockene Kartoffeln mit aufgerauhter Oberfläche werden wirklich knusprig.

Das Ergebnis hängt auch von dem Fett und der Temperatur ab. Rinderfett garantiert den besten Geschmack, Gänsefett macht die Kartoffeln dagegen zart knusprig. Es eignen sich auch Schmalz oder Bratenfett. Für Vegetarier empfiehlt sich ein leichtes Olivenöl oder eine Mischung aus Oliven- und Sonnenblumenöl.

Das Fett in der Pfanne muß so heiß sein, daß die Kartoffeln sofort versiegelt werden. Man sollte eine große Bratpfanne verwenden, damit man genug Platz hat, um die Kartoffeln zumindest einmal zu wenden. Die vorgekochten Kartoffeln dürfen aber nicht in Fett ertränkt werden, da sie sich sonst vollsaugen. Die fertigen Kartoffeln sofort servieren, damit sie knusprig bleiben.

1 Die geschälten Kartoffelstücke blanchieren und abseihen, schwenken oder mit einer Gabel aufrauhen.

2 Etwas Fett in eine Backform mit schwerem Boden gießen und in den auf 220 °C/Gasstufe 7 vorgeheizten Ofen stellen. Die trockenen, aufgerauhten Kartoffeln hinzufügen und sofort im heißen Öl schwenken. Auf die höchste Schiene im Ofen stellen und bis zu einer Stunde backen.

3 Die Kartoffeln zwischendurch ein- bis zweimal aus dem Ofen nehmen und mit einem Spachtel wenden, um sie gleichmäßig mit Fett zu bedecken. Danach überschüssiges Fett abgießen, damit die Kartoffeln knusprig werden.

Gesunde Kartoffelspalten

Eine gesündere Alternative zu den Pommes frites und Bratkartoffeln sind gebratene, unterschiedlich gewürzte Kartoffelspalten. Bei 190 °C/Gasstufe 5 goldbraun garen und häufig wenden.

1 Große Kartoffeln in lange, dünne Spalten schneiden. In einer Backform in wenig heißem Sonnenblumenöl wenden.

2 Die Kartoffeln würzen, 30–40 Minuten garen. Währenddessen weitere ein- oder zweimal prüfen, ob sie gar sind.

Gewürze

Versuchen Sie:

- Currymischungen
- geriebene Haselnüsse oder andere Nüsse
- Trockengewürze wie italienisches Knoblauchpulver oder Cajun-Mischung
- Sesamsamen
- Semmelbrösel mit Knoblauch und Kräutern
- geriebenen Parmesan

STAMPFEN UND PÜRIEREN

In den letzten Jahren erlebte das Kartoffelpüree neuen Aufschwung. Durch die einfache Zugabe von Olivenöl und Parmesan entstand daraus eine Modespeise. Jeder Küchenchef und jedes Trendrestaurant haben heute ihre eigene Version in der Speisekarte. Das beweist, was mit einfachen Zutaten durch gute Verarbeitung erreicht werden kann. Bei der Auswahl der Kartoffeln sollte man nie vergessen, daß mehligkochende Kartoffeln ein lockeres Püree ergeben, festkochende dagegen ein dickes, eher klebriges Püree, das stark aufgelockert werden muß. Man kocht gleich große Kartoffeln gut durch, ohne daß sie aber zerfallen, und trocknet sie gut ab, da feuchte Kartoffeln ein wäßriges, schweres Püree ergeben. Am besten lassen sich kalte Kartoffeln pürieren. Auch Süßkartoffeln eignen sich gut für würzige und süße Speisen.

Püriert man Kartoffeln mit einem Handstampfer, erhält man ein sehr glattes Püree; drückt man die Kartoffeln durch ein Sieb, ein Passiergerät oder eine Kartoffelpresse, wird das Püree sehr locker und leicht. Mit einer Gabel oder einem Stößel wird das Püree etwas klumpig und unregelmäßig. Man kann auch einen Handmixer, nicht jedoch eine Küchenmaschine verwenden, wenn man kein festes, klebriges Püree möchte.

Kartoffelpüree

Es sind verschiedene Kartoffelstampfer auf dem Markt, doch eignen sich am besten die Geräte mit einem starken, offenen Sieb. Man drückt damit einfach so lange auf die gekochten Kartoffeln, bis man ein glattes Püree erhält.

Mit einer Kartoffelpresse läßt sich problemlos ein lockeres, leichtes Püree herstellen. Für ein kalorienarmes Gericht drückt man die Kartoffeln ohne

weitere Zutaten direkt in eine vorgewärmte Schüssel. Man kann das Püree aber auch mit Butter, Milch und Gewürzen verfeinern und solange stampfen, bis die Mischung cremig und locker ist.

Schnelle, phantasievolle Auflagen

Es gibt viele einfache Methoden, um das Püree zu verfeinern und aufregender zu machen, so daß sogar Kinder

gerne etwas Neues versuchen. Rauhen Sie die Püreeauflage auf einem Auflauf

mit einer Gabel auf. Ebenso dekorativ wirkt es, wenn man mit dem Löffelrücken kleine Vertiefungen in die Kartoffelmasse drückt.

Eine gröbere Auflage erhält man, wenn man mit zwei gleich großen Löffeln Bälle oder Klößchen formt. Ein rasches und einfaches Muster ist

das Gittermuster. Man fährt dafür mit einer Gabel über die Kartoffelschicht und bestreicht diese mit Ei, bevor man das Gericht im Ofen auf der obersten Schiene überbackt.

Kartoffeln aus der Spritztülle

Mit einem glatten, cremigen Püree lassen sich wunderbare, sehr professionelle Muster spritzen. Allerdings benötigt man dafür ganz glattes Püree, da Klümpchen das Ergebnis zunichte machen und den Spritzsack verstopfen. Man füllt einen Spritzbeutel mit Sterntülle zu zwei Dritteln mit Püree, hält den Beutel in einer Hand und drückt mit der anderen das Püree durch die Tülle. Üben Sie erst auf einem Brett, bevor Sie sich an Arbeit machen!

Herzogin-Kartoffeln und Rosetten

Diese dekorativen Beilagen werden häufig in Hotels serviert. Rosetten werden auf ein Backblech gespritzt, mit einem verquirlten Ei bepinselt und goldbraun gebacken. Man serviert sie als Beilage zu einem Hauptgericht. Sie sind jedoch auch sehr einfach zu Hause zuzubereiten, und man kann damit leicht Freunde bei einem Abendessen beeindrucken. Für die Masse rührt man Eigelb anstatt der Milch unter die Kartoffeln und vermischt sie gut. Vor dem Backen bepinselt man die Rosetten mit einer Eierglasur, für die man 1 kleines Ei mit 1–2 EL Wasser vermischt. Die Herzogin-Kartoffeln werden im Ofen bei 190 °C/Gasstufe 5 goldgelb gebacken.

1 Man stellt einen großen, sauberen Spritzbeutel mit Sterntülle in einem Krug bereit und füllt den Beutel zu zwei Dritteln mit dem dicken Püree.

2 Zunächst spritzt man die Kartoffelmasse in einem kleinen Kreis auf das Blech.

3 Dann wird der Ring ausgefüllt und anschließend zu einem Kegel aufgetürmt.

Dekorative »Hauben«

1 Mit einer kleineren Sterntülle kann man eine professionelle »Haube« auf einen Auflauf zaubern.

2 Die Kartoffelhaube wird 10–15 Minuten im vorgeheizten Ofen bei 190 °C/ Gasstufe 5 überbacken.

Kartoffelnester

Dieses attraktive Gericht, das vor allem Kinder lieben, ist sehr gut für ein Abendessen geeignet. Die Nester können mit Spargelspitzen, Erbsen, Mais, Bohnen, Frischkäse, Huhn, Fisch oder Pilzen in cremiger Sauce aufgefüllt werden.

1 Mit einer großen Sterntülle einen großen Kreis oder ein Oval auf ein Backblech oder auf Backpapier spritzen.

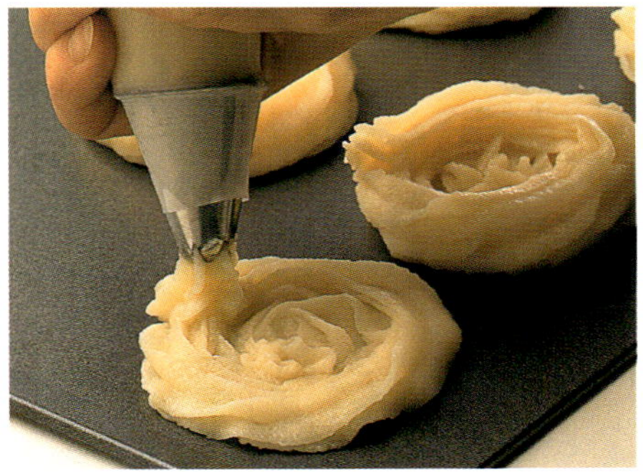

2 Die Form auffüllen und den Rand mit einer Schicht Püree erhöhen. Glasieren und wie die Herzogin-Kartoffeln backen.

Kartoffelränder

Viele Gerichte lassen sich mit einem Rand aus Kartoffelpüree hübsch dekorieren. Das bekannteste Gericht sind die Jakobsmuscheln. Hier werden Muschel und Sauce vom Kartoffelrand in der Schale gehalten.

Wie bei den Kartoffelnestern einen Rand um die saubere Muschelschale spritzen. Mit einem Ei bestreichen, die Muschelmischung einfüllen und goldgelb backen.

Püree verfeinern

Mediterranes Flair erhält das Püree, wenn man Salz, Pfeffer und gutes Olivenöl einrührt, bis die Mischung glatt ist. Mit viel fein geriebenem Parmesan servieren.

Für ein sehr reichhaltiges Püree kann man Sahne oder Crème fraîche und geriebene Muskatnuß einrühren. Gut durchmischen und servieren.

Eine wunderbar cremige Mischung erhält man, wenn man das Püree mit hochwertigem kaltgepreßtem Olivenöl und heißer Milch verrührt. Dann mit Salz und schwarzem Pfeffer abschmecken und gehacktes, frisches Basilikum oder Petersilie zugeben.

Auch gehackter, gekochter Kohl, Frühlingszwiebeln und Porree sind sehr beliebt, um zusätzlichen Geschmack zu verleihen.

Für eine würzige Variante kann man Chilipulver oder gehackte Chilischoten einrühren und mit Schnittlauch garnieren.

Will man eine kusprige Garnierung, einige Speckscheiben knusprig anbraten, fein hacken und über das Püree streuen.

Ein Püree mit Nußgeschmack erhält man, wenn man geröstete Mandelsplitter oder grob gehackte Nüsse einrührt.

GEKOCHTE KARTOFFELN

Kartoffeln gehören zu den Speiseresten, die man besonders vielfältig verarbeiten kann. Deshalb zahlt es sich aus, mehr Kartoffeln zu kochen, als man benötigt. Das gilt vor allem, wenn ein Familienmitglied gegen Weizen oder Getreide allergisch ist. Man kann Kartoffelpüree in Fischpasteten, zum Eindicken von Suppen und für leichten Kartoffelteig verwenden, der zu schmackhaften Quiches verarbeitet wird. Geriebene, gekochte Kartoffeln lassen sich zu Rösti und Omeletts verarbeiten.

Kartoffelteig

1 100 g Bratenfett, Schmalz oder Butter in 450 g gesiebtes Mehl einrühren. 450 g gestampfte Kartoffeln, 2 TL Salz, 1 verquirltes Ei und Milch nach Bedarf zugeben und zu einem glatten, festen Teig verrühren. Den Teig vor dem Weiterverarbeiten 10 Minuten in den Kühlschrank stellen.

2 Den Teig auf einer bemehlten Fläche gleichmäßig ausrollen und damit eine Backform auslegen. Nochmals 1 Stunde kühl stellen, mit einer Gabel anstechen und nach Wunsch füllen.

Kartoffelkroketten

1 Die Kartoffeln stampfen, wie für die Herzogin-Kartoffeln mit einem Ei vermischen, nach Geschmack würzen und zu kleinen Zylindern formen. Mit etwas Mehl ausrollen, damit sie nicht kleben.

2 Mit einem verquirlten Ei bepinseln und nach Geschmack mit Mandelsplittern oder geriebenem Käse und Semmelbröseln bestreuen.

3 Die Kroketten so lange in Butter und Öl braten, bis sie gleichmäßig gebräunt und heiß sind. Man kann sie auch fritieren oder im Ofen goldgelb backen. (Eine köstliche Vorspeise oder einen attraktiven Snack erhält man, wenn man die Kroketten mit Käse füllt.)

Rösti

1 Kalte, vorgekochte, festkochende Kartoffeln grob raspeln, in eine Schüssel geben und nach Geschmack würzen.

2 Eine Mischung aus Butter und Öl in einer schweren, beschichteten Pfanne stark erhitzen und die geraspelten Kartoffeln mit einem Löffel zu Häufchen formen. In eine Pfanne geben und flach drücken. Bei schwacher bis mittlerer Hitze 7–10 Minuten goldgelb braten.

3 Jedes Rösti mit dem Pfannenwender vorsichtig wenden, damit es nicht zerfällt und nochmals 5 Minuten sehr knusprig braten.

4 Für ein großes Rösti die Kartoffelmischung in heißes Fett geben, glattstreichen und bei mittlerer Hitze etwa 10 Minuten goldgelb braten. Das Rösti läßt sich leicht umdrehen, wenn man einen Teller in der entsprechenden Größe über die Pfanne legt und das Rösti darauf kippt.

5 Pfanne und Teller vorsichtig umdrehen, damit das Rösti auf dem Teller zu liegen kommt, ohne zu zerbrechen.

6 Vorsichtig wieder in die Pfanne gleiten lassen und wenn nötig noch etwas Butter hinzufügen. Weitere 10 Minuten knusprig braten. In großen Stücken servieren.

KAUF UND LAGERUNG

Da wir heute aus einer großen Vielzahl von Kartoffeln für die unterschiedlichsten Zubereitungsarten wählen können, sollte man sich überlegen, wofür man die Kartoffeln verwenden will, bevor man sie kauft. Kleine, cremefarbene International Kidney oder helle Pink Fir Apple mögen zwar sehr verführerisch aussehen, doch eignen sie sich nicht für dicke Suppe oder die Auflage für einen Auflauf.

Lesen Sie das Kapitel über die Kartoffelsorten genau durch, damit Sie das nächste Mal die richtigen Sorten auswählen, wenn Sie einkaufen gehen. Ißt man gerne die Schale, sollte man wissen, ob sie gespritzt wurde. In diesem Fall empfiehlt es sich, Bio-Kartoffeln zu kaufen oder selbst Kartoffeln anzupflanzen.

Beim Kauf von Frühkartoffeln kann man den Frischegrad überprüfen, indem man an der Schale reibt, die sich problemlos ablösen sollte. Frühkartoffeln haben einen hohen Vitamin-C-Gehalt und sollten frisch gegessen werden.

Spätkartoffeln dürfen nie weich oder schwammig sein, austreiben oder mit weißem Schimmel überzogen sein.

Grüne Flecken sind ein Zeichen, daß die Kartoffeln bei zu viel Licht gelagert wurden. Sie müssen weggeschnitten werden, da sie giftig sind. Der Rest der Kartoffel ist jedoch genießbar.

LAGERUNG

Kartoffeln wachsen im Dunkeln und sollten auch dunkel gelagert werden, damit sie lange halten. In einer warmen Küche können sie austreiben, in einem feuchten, kalten Kühlschrank beginnen sie zu schwitzen und zu schimmeln und an einem zu hellen Ort verlieren sie ihre Nährstoffe und werden grün. Vor allem Frühkartoffeln sollten nicht länger als zwei oder drei Tage aufbewahrt werden, damit sie nicht zu schimmeln beginnen. Hat man keinen dunklen Lagerraum für die Kartoffeln, sollte man lieber öfter kleine Mengen kaufen und diese rasch aufbrauchen.

Wer Kartoffeln auf Vorrat kaufen möchte, sollte eine dunkle, trockene Speisekammer oder Garage zur Verfügung haben, wo die Temperatur so niedrig ist, daß die Kartoffeln nicht auszutreiben beginnen.

Im Haus sollten die Kartoffeln in einem offenen Regal, einem Korb oder einem gut belüfteten Behälter in einem trockenen, dunklen Raum lagern.

Abgepackte Kartoffeln sollte man sofort nach dem Einkauf aus der Plastiktüte nehmen und sie an einem geeigneten Ort einlagern.

Achten Sie bei abgepackten Kartoffeln darauf, wie lange sie eingelagert werden können und halten. Einige Kartoffeln sind bereits geschält, Kartoffeln im Glas sind kochfertig und tiefgefrorene Kartoffeln sind schon gewürzt. Achten Sie daher immer auf das Verfalldatum.

VORAUSPLANUNG

Man sollte Kartoffeln nie im voraus schälen. Wenn man geschälte Kartoffeln in Wasser legt, geht das Vitamin C verloren. Wenn man sie dagegen fest zugedeckt im Kühlschrank aufbewahrt, werden sie sich sehr rasch schwarz verfärben.

Viel besser ist es, die Kartoffeln mit der Schale fast gar zu kochen. So können sie 2–3 Tage im Kühlschrank aufbewahrt werden. Vor der Verwendung werden die Kartoffeln geschält. In der Mikrowelle aufwärmen oder noch einmal 3–5 Minuten mit Kräutern kochen bzw. nach Rezept verwenden. Mit dieser Methode bewahren die Kartoffeln den Geschmack viel besser.

Pürierte Kartoffeln können mit Frischhaltefolie zudeckt aufbewahrt und später weiterverarbeitet werden.

KARTOFFELN EINFRIEREN

Rohe Kartoffeln werden beim Einfrieren matschig, doch gekochte Kartoffeln lassen sich gut einfrieren, wenn sie auch leicht wäßrig werden. Die Kartoffeln deshalb immer gut abtrocknen.

Herzogin-Kartoffeln oder Rosetten auf dem Backblech einfrieren, dann in Behälter geben. Gefroren zubereiten.

Kroketten, Rissolen, Kartoffelkuchen und Rösti sollten einzeln verpackt oder zu vier bis acht Stück mit Backpapier getrennt eingefroren werden. Fleisch- oder fischhaltige Gerichte antauen und nach Rezept zubereiten.

Pommes frites können vorgekocht und zuletzt in einer Minute in sehr heißem Öl knusprig fritiert werden. Man kann sie auf einem Tablett einfrieren und danach in Behälter füllen. Vor dem Fritieren auf Küchenkrepp antauen und in kleinen Mengen fritieren.

KARTOFFELPRODUKTE

Heute werden die verschiedensten Kartoffelprodukte verkauft. Püree in Pulver- oder Flockenform ist sehr leicht zu verwenden und in verschiedenen Geschmacksrichtungen erhältlich. Kartoffelmehl ist eine gesunde Alternative zu Weizen, und aus Kartoffeln im Glas läßt sich mit wenigen Handgriffen ein Salat zubereiten. Es sind auch Fertiggerichte mit Kartoffeln erhältlich, die sehr lange halten, und neue Gewürze können die Kartoffeln interessanter machen.

KÜCHENGERÄTE

Das richtige Gerät für den richtigen Zweck macht das Leben leichter. Manche der hier besprochenen Utensilien mögen neu sein, andere wie Kartoffelschäler sind dagegen altbekannt. Hat man sich an ein Gerät gewöhnt, wird man sich nur ungern umstellen. Doch wenn man die große Vielfalt an Küchengeräten betrachtet, ist es schwer, die richtige Wahl zu treffen. Das wäre einfacher, wenn man einige Utensilien wie ein Kleid vor dem Kauf probieren könnte. Die folgende Liste soll Ihnen die Auswahl erleichtern.

Oben: Sparschäler

Schäler

Sparschäler: Der traditionelle Schäler hat einen soliden Holz- oder Metallgriff und zwei feststehende Klingen. Er eignet sich auch zum Entfernen unbrauchbarer Stellen.
Schäler aus Edelstahl: Leichtes, preiswertes Utensil; je schärfer die Klinge desto dünner schält sie. Hüten Sie sich deshalb vor sehr billigen Geräten, deren Edelstahlklinge sich verbiegt oder abbricht.

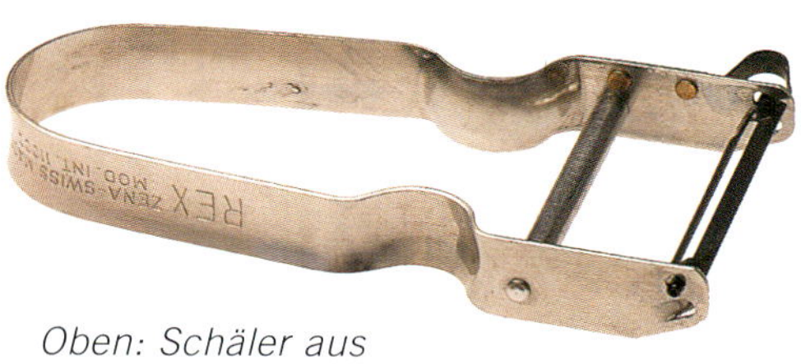

Oben: Schäler aus Edelstahl

Pendelschäler: Diese Schäler sind für Rechts- und für Linkshänder erhältlich, doch sind sie nicht sehr stabil. Die horizontal verankerte Klinge eignet sich gut zum Schälen großer Kartoffeln.
Schäler mit Bürste: Bei schmutzigen Kartoffeln leistet der Pendelschäler mit Bürste gute Dienste.
Schäler mit dickem Griff: Viele moderne Schäler haben einen stabilen Griff, der die Arbeit erleichtert und vor allem bei Muskel- oder Gelenkproblemen zu empfehlen ist.
Zweiklingiger Schäler: Es dauert etwas, bis man sich an diesen Schäler gewöhnt, doch empfiehlt er sich sehr, wenn man viele große Kartoffeln schälen muß.
Farbiger Schäler: Diese bunte Variante ist heute sehr beliebt, doch muß sie deshalb nicht zwangsläufig gut sein. Sie bringt einfach Abwechslung in die Küche, und man kann hoffen, daß die Schäler auch funktionieren.

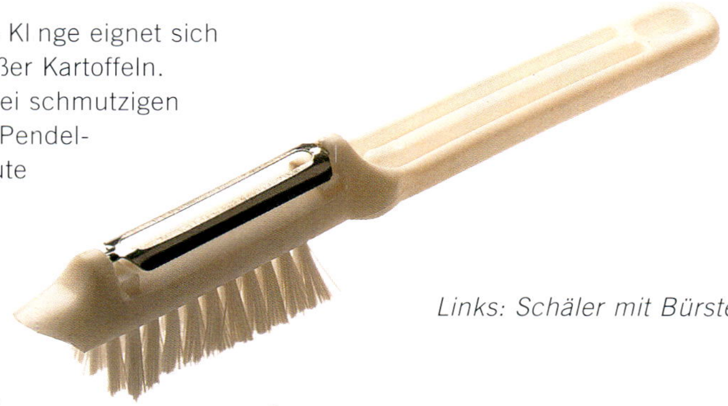

Links: Schäler mit Bürste

Oben: Schäler mit dickem Griff

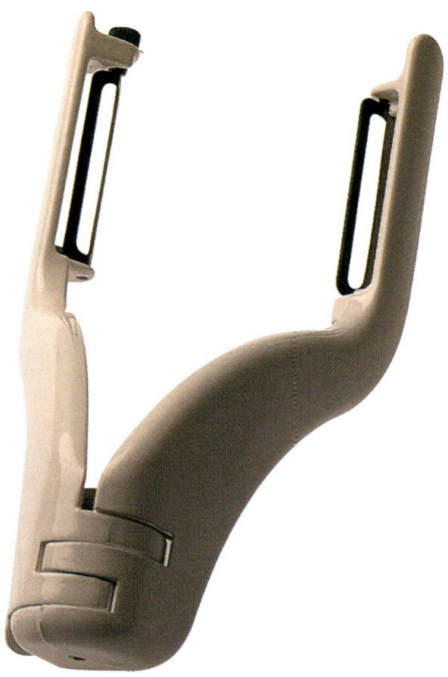

Oben: Zweiklingiger Schäler

Oben: Farbige Schäler

Oben: Eine Auswahl an Reiben in den verschiedensten Formen

Reiben

Für harte Arbeiten wie das Reiben großer roher Kartoffeln eignen sich nur stabile Werkzeuge. Die Standardreiben in Kastenform sind ideal, da sie vier verschiedene Reib- und Schneidflächen haben und oft auch einen Schlitz, um Scheiben zu schneiden. Einige sind mit einem Behälter ausgerüstet, so daß man beim Arbeiten weder ein Brett noch einen Teller benötigt. Die flachen Reiben können wegrutschen, wenn man sie nicht mit einem feuchten Tuch festhält, doch sind sie ideal, wenn man direkt in eine Schüssel arbeitet. Will man die Reibe im Geschirrspüler waschen, sollte man ein Modell aus Edelstahl wählen, das kaum Kunststoff enthält.

Gemüse- und Schälmesser

Diese Messer zählen zu den wichtigsten Küchenutensilien. Die Klinge des Messers sollte kurz genug sein, daß man auch noch den Daumen zu Hilfe nehmen kann, aber lang genug, daß man damit arbeiten kann. Das Messer sollte gebogen und spitz sein, aber keine Sägezähne haben. Lassen Sie sich nicht von Messern mit Wechselklinge verführen, da diese zu dick schälen und die Klingen leicht verloren gehen.

Oben: Gemüse- und Schälmesser

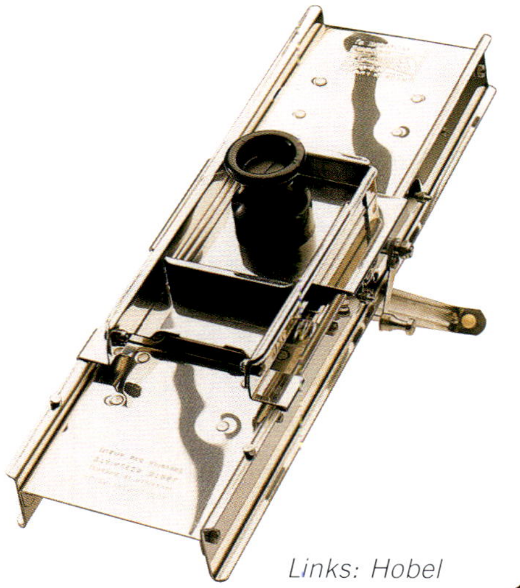

Links: Hobel

Gemüsehobel

Einst war der Hobel ein einfaches Holzgerät mit verstellbaren glatten und geriffelten Klingen. Er dient dazu, Kartoffeln zu Chips oder Pommes frites zu schneiden oder andere Rohkost wie Möhren zu raspeln und zu hobeln. Vorsicht vor den scharfen Klingen!

Moderne Gemüsehobel: Diese Utensilien sind oft mit einem Kunststoffrahmen oder -kasten ausgestattet, manchmal auch mit einem Raspel- oder Hackmesser. Ein Hobel hat zwei oder drei glatte oder gezackte Messer, bei denen die Scheibenstärke eingestellt werden kann. Einige Plastikhobel sind spülmaschinenfest oder sind zusätzlich mit einer Haltevorrichtung für das Gemüse ausgestattet.

Für größere Mengen an Pommes frites und Chips gibt es professionellere Hobel, die aber sehr teuer sind.

Drahtkörbe

Mit einem Drahtkorb lassen sich Pommes frites am einfachsten aus dem heißen Fett oder Kartoffeln aus dem kochenden Wasser holen. Gibt man die Kartoffeln mit dem Korb in das heiße Fett, sollte man den Korb vorwärmen, damit er nicht schwarz wird.

Drahtkörbe mit langem Griff: Sie sind zum Blanchieren oder Fritieren geeignet und in verschiedenen Größen erhältlich. Auf die Topfgröße achten!
Kleine Körbe: Für kleine Mengen Kartoffeln oder Kartoffelstücke. Sie werden mit einem speziellen Korb für Kartoffelnester verkauft.

Dämpfeinsätze

Durch das Dämpfen bleiben die Kartoffeln sehr zart und nährstoffreich, da viel weniger Vitamine verloren gehen als beim Kochen. Elektrische Dämpfer sind für große Mengen ideal. In China gibt es spezielle Dämpfer mit eigenem Deckel, die sich sehr gut stapeln lassen, so daß man verschiedene Speisen zubereiten kann. Die Kartoffelstärke läßt sich am besten abwaschen, solange der Dämpfeinsatz noch warm ist.
Dämpfeinsatz aus Edelstahl: Sie können mit dem passenden Topf oder einzeln gekauft werden und sollten auch einen Deckel haben, damit man die gekochten Kartoffeln warm halten kann.
Zusammenklappbare Dämpfeinsätze: Sie passen in die meisten Töpfe. Man kann aber auch ein Sieb in den Topf hängen.

Oben: Dämpfeinsatz aus Edelstahl

Oben: große Drahtkörbe

Oben: Korbeinsätze

Unten: Kartoffelpresse

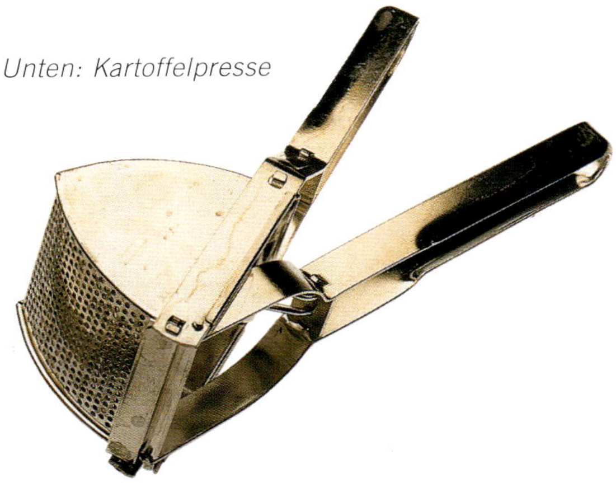

Unten: Flotte Lotte

Pressen und Stampfer

Eine Kartoffelpresse besteht aus einem festen Sieb mit einem Hebel, mit dem die gekochten Kartoffeln durch das Sieb gedrückt werden. Sie haben eine grobe Konsistenz. Früher wurden die Kartoffeln einfach gepreßt serviert, ohne mit Butter oder Milch püriert zu werden. – Eine gesunde Variante! Püree läßt sich auf diese Weise sehr einfach zubereiten, da sich in die gepreßte Kartoffelmasse leicht Gewürze und andere Zutaten einrühren lassen. Man kann die Kartoffeln auch mit einem Stampfer oder Holzstößel im Topf zerstampfen.

Kartoffelpresse: Geräte mit dreieckigen Behältern sind sehr stabil. Die runde Variante hat weniger Fassungsvermögen.

Plastikpresse: Sie ist spülmaschinenfest und enthält zwei Schneidblätter.

Stampfer: Sie sind in unterschiedlicher Form und mit verschieden großen Löchern erhältlich, so daß man damit feines oder grobes Püree machen kann. Einige sind spülmaschinenfest.

Holzstößel: Ein stabiles Gerät für feines oder grobes Püree.

Flotte Lotte: Damit kann man sehr fein pürieren und außer Püree auch Babybrei machen.

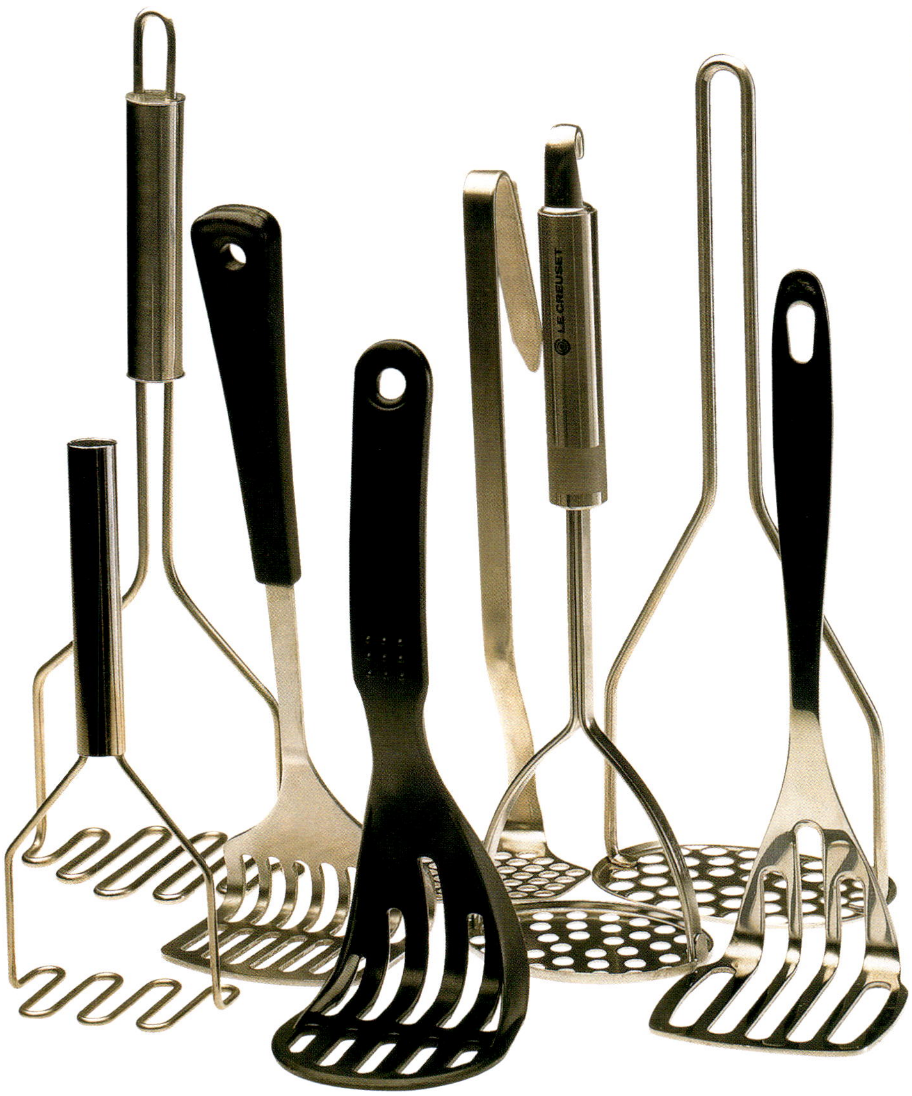

Links: Stampfer

Elektrogeräte

Küchenmaschine: Wenn man häufig Kartoffeln schneidet, raspelt oder reibt, kann eine Küchenmaschine mit diesen Einsätzen eine große Hilfe sein. Da die unterschiedlichen Modelle verschiedene Einsätze haben, zahlt es sich aus, sich vor dem Kauf genau zu erkundigen. Die meisten sind mit einem Schneid- und einem Raspelmesser ausgestattet, manche haben Messer in verschiedenen Größe, andere auch Hackmesser.
Kartoffelschäler: Damit lassen sich Kartoffeln in wenigen Minuten schälen, in denen man andere Dinge erledigen kann. Die Oberfläche der Kartoffeln wird in der Maschine leicht aufgerauht, so daß sie zum Braten perfekt geeignet sind.

Oben: Küchenmaschine

Friteusen

Da beim Fritieren von Pommes frites bereits viele Häuser in Flammen aufgegangen sind, ist es von großer Bedeutung, eine gute Friteuse zu kaufen, wenn man Pommes frites liebt. Das Gerät sollte aber nicht zu klein sein. Die Pommes frites werden besser, wenn man sie in kleinen Mengen fritiert, doch sollte man nie zu viele einfüllen, damit das Fett nicht überkocht. Billige Friteusen halten oft weniger lang und entsprechen häufig nicht den Sicherheitsstandards. Die Friteuse muß immer gut gereinigt werden, und das Öl sollte immer nur einmal verwendet werden. Eine gute Friteuse sollte schwer sein, starke, hitzebeständige Griffe, einen guten Fritierkorb und Deckel besitzen.

Oben: Friteuse

Elektrische Friteusen: Da sie mit einem Temperaturthermostat ausgestattet sind, werden die Pommes frites besonders knusprig. Häufig werden sie mit Temperaturtabellen geliefert, damit man weiß, was mit welcher Temperatur fritiert wird. Da das Fett und die Pommes frites in einem abgeschlossenen Behälter fritiert werden, werden Geruch, Fettspritzer und Brandgefahr vermieden. Die meisten Geräte können zerlegt und gereinigt werden. Und einige haben Glasdeckel, durch die man die Pommes frites in dem Behälter sehen kann.

Backkartoffelhalterung

Backkartoffeln sind schneller gar, wenn man sie auf Spieße steckt oder aufrecht auf eine spezielle Backkartoffelhalterung stellt. Damit kann die Garzeit bis zu einem Drittel reduziert werden.

Oben: Backkartoffelhalterung

Pommes-frites-Schneider

Mit diesen Geräten sind die Pommes frites viel rascher zubereitet, doch muß man die Kartoffeln immer erst in Form schneiden, bevor man sie einlegt. Es wäre sehr hilfreich, wenn man diese Geräte vor dem Kauf testen könnte, da sie ausschließlich mit Kraft betätigt werden. Die Messer sollten einfach entfernbar sein, damit man sie gut waschen kann.
Flache Pommes-frites-Schneider: Für hübsche, kleine Pommes frites, doch ist das Gerät schwer zu bedienen.
Stehender Pommes-frites-Schneider: Etwas einfacher niederzudrücken. Der Schneider hat zwei Messer, doch nur für Kartoffeln in einer Größe geeignet.

Oben: Bürsten

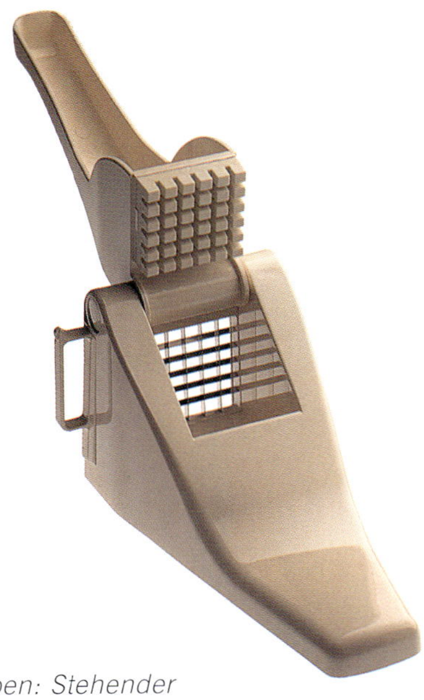

Oben: Stehender Pommes-frites-Schneider

Kartoffeltöpfe

Die abgebildeten Terrakotta- und Tontöpfe wurden speziell für Kartoffeln entwickelt. Darin sind die Knollen leicht zu garen und erhalten einen erdigen Geschmack. Die Töpfe müssen vor jeder Verwendung in Wasser ziehen, da die Feuchtigkeit wichtig für das Garen ist.

Kartoffelausstecher

Möchte man Kartoffeln zum Garnieren verwenden, ist ein großer Ausstecher ideal, wenn man genug Kraft hat.

Bürsten

Eine kleine Bürste ist ideal, um die Kartoffeln von Erde zu befreien. Die Borsten sollten fest, aber nicht zu spitz sein, um nicht die Schale der Kartoffeln zu beschädigen.

Rechts: Kartoffeltöpfe

LIMITED

Kartoffeln aus aller Welt

DURCH DIE NEUZÜCHTUNG ALTER und vieler neuer, ungewöhnlicher Sorten sind die Kartoffeln heute in aller Munde. Wir können zwischen kleinen Frühkartoffeln mit buttersüßem Geschmack, traditionellen Sorten mit erdig schmeckendem, mehligem Fleisch, Sorten mit samtiger Struktur, kleinen, seltsam geformten Spezialzüchtungen, die Salaten, Omeletts und Eintöpfen eine besondere Note verleihen, und immer mehr leuchtend roten, rosa, violetten und blauen Kartoffeln wählen, die sich auf den Speisekarten vieler Restaurants finden. Darüber hinaus wird unterschieden nach festkochenden Sorten, die beim Kochen nicht aufspringen; sie sind feinkörnig und fest. Vorwiegend festkochende Sorten springen beim Kochen wenig auf und sind mäßig feinkörnig. Mehlige Kartoffeln springen leicht auf, sind lockerer und grobkörnig.

In diesem Kapitel werden die verschiedenen Kartoffelsorten nach Herkunft, Verfügbarkeit, Eignung für verschiedene Gerichte vorgestellt, ihre charakteristischen Eigenschaften beschrieben und der Hinweis auf die Tauglichkeit einer Sorte für die Selbstzucht gegeben. Die Sorten sind alphabetisch nach ihrem gebräuchlichsten Namen geordnet. Nach ihrer Reifezeit unterscheidet man sehr frühe, frühe, mittelfrühe sowie mittelspäte bis späte Sorten. Die Frühkartoffeln kommen als erste im Jahr auf den Markt und sollten frisch gegessen werden. Die mittelfrühen Sorten sind theoretisch noch Frühkartoffeln, doch haben sie bereits eine festere Schale. Die mittelspäten bis späten Sorten sind das ganze Jahr über im Handel, da sie viele Monate eingelagert werden können. Allerdings sollte man nicht vergessen, daß einige Kartoffeln sowohl als frühe Sorten geerntet werden als auch danach als späte Sorten in voller Größe auf den Markt kommen. Andere werden dagegen über den halben Erdball transportiert und in der Saison der Spätkartoffeln als Frühkartoffeln angepriesen. Die folgende Liste soll Ihnen helfen, sich einen Überblick zu verschaffen.

Ailsa
spät
Herkunft: Schottland, 1984
Erhältlich in: Großbritannien
Eignung: Kochen, Reiben, Verarbeiten
Beschreibung: rundovale mittelgroße Kartoffel mit weißer Schale und hellem, cremefarbenem Fleisch, angenehmem Geschmack, mehliger Struktur.
Selbstzucht: möglich

Alcmaria
früh
Herkunft: Niederlande, 1970
Erhältlich in: Großbritannien, Italien
Eignung: Backen, Kochen und die meisten anderen Methoden
Beschreibung: lange, ovale Kartoffel mit gelber Schale, festem Fleisch und flachen Augen.

Oben: Ailsa
Oben links: Alcmaria
Unten: Alex

Accent
früh
Herkunft: Niederlande, 1989
Erhältlich in: Deutschland, Niederlande
Eignung: Kochen, Salate
Beschreibung: vorwiegend festkochende rundovale Sorte mit glatter, hellgelber Schale. Sehr feucht, schwach mehlig und von mildem Geschmack. Gut zu schälen.
Selbstzucht: möglich

Agria
mittelfrüh
Herkunft: Deutschland, 1985
Erhältlich in: Deutschland, Großbritannien, Kanada, Neuseeland, Schweiz
Eignung: Backen, Kochen, Reiben, Verarbeiten, Braten
Beschreibung: vorwiegend festkochende langovale Sorte mit tiefgelbem Fleisch, gelber genetzter Schale und gutem Geschmack.

Aiko
mittelfrüh
Herkunft: Deutschland, 1989
Erhältlich in: Deutschland
Beschreibung: Ovale Früchte, das Fleisch ist hellgelb, die Schale ist gelb und genetzt, flache bis mitteltiefe Augen.

Alex
mittelfrüh
Herkunft: Dänemark, 1995
Erhältlich in: ganz Europa
Eignung: Salate
Beschreibung: bläuliche Schale, glasig-cremige Struktur und milder Geschmack.
Selbstzucht: gut

Anya
mittelfrüh
Herkunft: Schottland, 1997
Erhältlich in: Großbritannien
Eignung: Kochen, Salate, Spezialitäten
Beschreibung: kleine, längliche Kartoffel mit knolliger, ovaler Form, hellrosa bis beiger Schale, weißem Fleisch, festkochend und von angenehm nussigem Geschmack.

Oben: Ambo

Ambo
spät
Herkunft: Irland, 1993
Erhältlich in: Großbritannien, Irland, Neuseeland, Schweiz
Eignung: Backen, Kochen, sehr gute Vielzweckkartoffel
Beschreibung: cremefarbene Schale mit großen hellroten Augen und sehr weißem, mildem, mehligem Fleisch.

Aminca
früh
Herkunft: Niederlande, 1977
Erhältlich in: Dänemark, Großbritannien, Italien
Eignung: Backen, Kochen, Reiben
Beschreibung: ovale, mittelgroße bis große Kartoffel mit hellgelber Schale und hellgelbem Fleisch, mitteltiefen Augen, trocken. Für Pommes frites sehr gut.

Arran Banner
spät – früh
Herkunft: Schottland, 1927
Erhältlich in: Großbritannien, Neuseeland, Portugal, Zypern
Eignung: Kochen
Beschreibung: runde Kartoffel mit tiefen Augen, weißer Schale und festem Fleisch.

Oben: Anya
Ganz oben rechts: Aminca

Arran Comet
sehr früh
Herkunft: Schottland, 1957
Erhältlich in: Großbritannien
Eignung: Kochen, Reiben
Beschreibung: rundovale Sorte mit weißer Schale und cremefarbenem Fleisch. Hervorragende Frühkartoffel, die nicht leicht zu finden ist.

Arran Consul
spät – früh
Herkunft: Schottland, 1925
Erhältlich in: Großbritannien
Eignung: Kochen, Backen, Pürieren, Braten und vieles mehr
Beschreibung: runde Kartoffel mit weißer Schale und cremefarbenem Fleisch. Sie wird in England auch als »Kartoffel, die den Krieg gewinnen half« bezeichnet, da sie gut und preiswert ist.

Arran Victory *Irish Blues*
mittelspät – spät
Herkunft: Schottland, 1918
Erhältlich in: England (selten), Nordirland, Schottland
Eignung: Backen, Kochen, Rösten und vieles mehr
Beschreibung: ovale Sorte mit dunkelvioletter Schale und weißem Fleisch. Die älteste Sorte unter den Arran-Kartoffeln ist heute noch erhältlich. Sie ist sehr schmackhaft und hat eine mehlige Struktur.
Selbstzucht: möglich

Atica
mittelfrüh
Herkunft: Deutschland, 1971
Erhältlich in: Deutschland
Eignung: Kochen und Braten
Beschreibung: vorwiegend festkochend, langovale Sorte mit hellgelbem, mittelfestem Fleisch. Schwach mehlig mit etwas Feuchtigkeit. Die Schale ist gelb und glatt, flache bis mitteltiefe Augen.

Oben: Arran Victory
Unten (von links nach rechts): Arran Banner, Arran Comet, Arran Consul

Atlantic
spät – früh bis Saisonmitte
Herkunft: USA, 1978
Erhältlich in: Australien, Kanada, Neuseeland, USA (North Carolina)
Eignung: Backen, Kochen, Reiben, Pürieren, Verarbeiten, Braten
Beschreibung: rundovale Sorte mit dünner, genetzter Schale und weißem Fleisch. Sie wird für Chips und Pommes frites verwendet.
Selbstzucht: möglich

Aula
mittelspät bis sehr spät
Herkunft: Deutschland, 1974
Erhältlich in: Deutschland
Eignung: Pürees, Suppen, Klöße, Eintöpfe
Beschreibung: mehlig kochend mit kräftigem Geschmack. Die rundovale Sorte hat mittelfestes, gelbes bis dunkelgelbes Fleisch, mehlig und mit wenig Feuchtigkeit. Die Schale ist rauhgenetzt und dunkelgelb, flache Augen.

Avalanche
spät – früh
Herkunft: Nordirland, 1989
Erhältlich in: Großbritannien
Eignung: Kochen, Pürieren
Beschreibung: rundovale mittelgroße Kartoffeln mit weißer Schale, festem, cremefarbenem Fleisch und süßlichem Geschmack.
Selbstzucht: möglich

Avondale
spät
Herkunft: Irland, 1982
Erhältlich in: Ägypten, Großbritannien, Israel, Kanaren, Marokko, Pakistan, Portugal, Spanien, Sri Lanka, Ungarn
Eignung: eine gute Vielzweckkartoffel
Beschreibung: rundovale Sorte mit gelber Schale und cremefarbenem Fleisch. Sie hat eine feuchte Struktur und einen angenehmen Geschmack.

Barna
mittelspät – spät
Herkunft: Irland, 1993
Erhältlich in: Großbritannien, Irland
Eignung: Kochen, Braten
Beschreibung: ovale Kartoffel mit roter Schale und weißem Fleisch. Warmer, nussiger Geschmack.
Selbstzucht: möglich

Oben: Atlantic
Links (von oben nach unten): Avalanche, Avondale, Barna

Belle de Fontenay *Boulangère Henaut*
spät – früh
Herkunft: Frankreich, 1885
Erhältlich in: Australien, Frankreich, Großbritannien
Eignung: Kochen, Pürieren, Salate
Beschreibung: längliche, leicht gekrümmte Kartoffel mit hellgelber Schale, gelbem, festem Fleisch und wunderbar buttrigem Geschmack. Eine der ältesten klassischen Sorten der französischen Küche, die innovative Köche schätzen. Sie wird mit der Lagerung besser und schmeckt hervorragend mit der Schale oder in Salatsaucen.
Selbstzucht: gut

BelRus
mittelspät – spät
Herkunft: USA, 1978
Erhältlich in: Kanada, USA
Eignung: Backen, Reiben, Pürieren
Beschreibung: längliche Kartoffel mit dunkler, dicker, rostbrauner Schale und cremefarbenem Fleisch. Außerordentliche Kochqualitäten, hervorragend für Gratins und zum Schmoren geeignet. Die dicke Schale wird beim Grillen wunderbar knusprig.

Berber
sehr früh
Herkunft: Niederlande, 1983
Erhältlich in: Deutschland
Eignung: Braten und Kochen
Beschreibung: vorwiegend festkochende, ovale Sorte mit hellgelbem Fleisch. Die Schale ist gelb und genetzt, flache Augen.

BF15
mittelfrüh
Herkunft: Frankreich, 1947
Erhältlich in: Frankreich (in anderen Ländern selten)
Eignung: Kochen, Salate
Beschreibung: längliche, leicht gekrümmte Kartoffel mit glatter, gelber Schale, festem, gelbem Fleisch und sehr gutem Geschmack. Aus der Belle de Fontenay gezüchtet, aber etwas früher.

Bintje
spät – früh
Herkunft: Niederlande, 1910
Erhältlich in: Australien, Brasilien, Dänemark, Deutschland, Finnland, Italien, Kanada, Niederlande, Neuseeland, Österreich, Schweden, Schweiz
Eignung: Backen, Kochen, Reiben,

Oben: BelRus
Großes Bild (von links nach rechts): BF15, Bishop, Bintje

Verarbeiten, Braten, Salate
Beschreibung: langovale Kartoffel mit hellgelber Schale, stärkereichem Fleisch und charakteristischem Geschmack. Meist zu Pommes frites verarbeitet.
Selbstzucht: möglich

Bishop (the)
mittelspät – spät
Herkunft: Großbritannien, 1912
Erhältlich in: Großbritannien
Eignung: Kochen, Braten, Salate
Beschreibung: langovale Kartoffel mit weißer Schale, gelbem Fleisch und nussigem Geschmack.
Selbstzucht: möglich

British Queen(s)
mittelfrüh
Herkunft: Schottland, 1894
Erhältlich in: Großbritannien
Eignung: Backen, Kochen, Braten, Verarbeiten, Salate
Beschreibung: nierenförmige Kartoffel mit glatter, weißer Schale, sehr weißem, trockenem, mehligem Fleisch und sehr gutem Geschmack. Geschält zerkocht sie schnell. Am besten in der Schale gekocht, um den Geschmack zu erhalten. War zur Jahrhundertwende sehr beliebt und erlebt jetzt ein Revival.

Cara White and Red
mittelspät – spät
Herkunft: Irland, 1976
Erhältlich in: Ägypten, Großbritannien, Irland, Israel, Zypern
Eignung: Backen, Kochen, Reiben und vieles mehr, vor allem für Kartoffelspalten
Beschreibung: rundoval, mit weißer Schale und rosa Augen, cremefarbenem Fleisch, mildem Geschmack und feuchter Struktur. Auch als rosa Sorte mit cremefarbenem Fleisch erhältlich.
Selbstzucht: gut, wenn der Boden nicht zu feucht ist

Carlingford
früh
Herkunft: Nordirland, 1982
Erhältlich in: Australien, Großbritannien
Eignung: Backen, Kochen, Reiben
Beschreibung: rundoval mit weißer Schale und weißem Fleisch, flachen bis mitteltiefen Augen, festem Fleisch und charakteristischem Geschmack. Eine hervorragende Frühkartoffel. Sehr gut zum Kochen, Dämpfen, Braten oder für die Zubereitung in der Mikrowelle geeignet.
Selbstzucht: möglich

Oben links: British Queen
Oben rechts: Carlingford
Unten: Cara White

Erhältlich in: Großbritannien
Eignung: Backen und Kochen
Beschreibung: große, nierenförmige Kartoffel mit violetten Tupfen um die Augen, hellgelbem Fleisch und sehr gutem Geschmack.
Selbstzucht: möglich

Centennial Russet
spät
Herkunft: USA, 1977
Erhältlich in: USA (California, Colorado, Idaho, Oregon, Texas, Washington)
Eignung: Backen, Kochen, Pürieren
Beschreibung: langovale Kartoffel mit dicker, dunkler Schale, flachen Augen und weißem, mehligem Fleisch.

Charlotte *Noirmoutier*
spät
Herkunft: Frankreich, 1981
Erhältlich in: Deutschland, Frankreich, Großbritannien, Italien, Österreich, Schweiz
Eignung: Backen, Kochen, Salate
Beschreibung: langoval mit hellgelber Schale, gelbem, festem Fleisch und einer Kastaniennote im Geschmack. Hervorragend zum Dämpfen und für Salate geeignet. Vor allem in Frankreich populär.
Selbstzucht: gut

Carola
sehr früh
Herkunft: Deutschland, 1999
Erhältlich in: Deutschland
Eignung: Braten und für Salate
Beschreibung: festkochende, ovale Sorte mit hellgelbem Fleisch. Die Schale ist gelb und genetzt, flache bis mitteltiefe Augen.

Catriona und Blue Catriona
mittelfrüh
Herkunft: Schottland, 1920; Blue Catriona, Großbritannien, 1979

Oben: Centennial Russet
Rechts: Catriona

Chieftain
spät
Herkunft: USA, 1966
Erhältlich in: Kanada, USA
Eignung: Backen, Kochen
Beschreibung: länglich bis rund mit glatter, roter Schale und weißem Fleisch. Für die meisten Zubereitungsarten außer zum Reiben geeignet.

Christa
sehr früh
Herkunft: Deutschland, 1975
Erhältlich in: Deutschland
Eignung: Kochen und Braten
Beschreibung: vorwiegend festkochende, langovale Sorte mit gelbem Fleisch, mild im Geschmack. Die Schale ist gelb und genetzt, flache Augen.

Cilena
früh
Herkunft: Deutschland, 1981
Erhältlich in: Deutschland
Eignung: Kochen und Braten
Beschreibung: festkochende, lange Sorte mit gelbem Fleisch. Die Schale ist ockergelb und genetzt, flache Augen.

Oben: Claret, Chieftain
Mitte: Cleopatra, Colmo

Claret
spät – früh
Herkunft: Schottland, 1996
Erhältlich in: Schottland
Eignung: gute Vielzweckkartoffel
Beschreibung: rundovale Kartoffel mit glatter, hellroter Schale und festem Fleisch.

Cleopatra
früh
Herkunft: Niederlande, 1980
Erhältlich in: Algerien, Ungarn
Eignung: Kochen
Beschreibung: oval mit hellroter Schale und hellgelbem, festem Fleisch.

Colmo
früh
Herkunft: Niederlande, 1973
Erhältlich in: Großbritannien, Niederlande
Eignung: Kochen, insbesondere Pürees, und alle anderen Methoden
Beschreibung: rundovale Kartoffel mit weißer Haut und hellgelbem, festem Fleisch.

Congo
mittelspät – spät
Herkunft: Republik Kongo
Erhältlich in: Australien, Großbritannien (nur in Gärtnerläden, nicht im Handel erhältlich)
Eignung: Kochen, Pürieren, Salate, Gnocchi
Beschreibung: auffallend kleine, dünne, knollenförmige Kartoffel mit dunkelvioletter Schale und violettem Fleisch. Überraschend milder Geschmack und zähe Struktur. Gekocht ist die Kartoffel trocken, doch behält sie ihre Farbe, die in Salaten und als Garnierung beeindruckt. Kurz kochen, danach schälen.
Selbstzucht: Vor allem als Kuriosum erhältlich. Da die Kartoffel klein und dunkel ist, sollte sie an einem sonnigen Tag geerntet werden.

Oben (rechts): Désirée
Unten: Congo

Désirée
spät
Herkunft: Niederlande, 1962
Erhältlich in: Algerien, Amerika, Argentinien, Australien, Chile, Deutschland, Iran, Irland, Kamerun, Malawi, Marokko, Niederlande, Neuseeland, Österreich, Pakistan, Portugal, Schweiz, Sri Lanka, Tunesien, Türkei
Eignung: Backen, Kochen, Reiben, Pürieren, Braten, für Salate und vieles mehr
Beschreibung: ovale Kartoffel mit flachen Augen und glatter, roter Schale, blaßgelbem Fleisch, fester Struktur und gutem Geschmack. Angeblich die beliebteste rote Kartoffel der Welt. Sie wird oft direkt ab Hof oder auf Märkten in großen Mengen oder auch offen oder vorgepackt verkauft. Läßt sich gut in Spalten oder Scheiben braten oder kochen, da sie die Form hält.
Selbstzucht: gut

Diamant
spät – früh
Herkunft: Niederlande, 1982
Erhältlich in: Ägypten, Kamerun, Kanada, Neuseeland, Pakistan
Eignung: Backen, Kochen
Beschreibung: langovale Kartoffel mit grober, weißer Schale, hellgelbem, festem Fleisch und nussigem, deutlichem Nachgeschmack. War in den 30er Jahren modern.

Unten: Duke of York
Ganz unten (von links nach rechts): Diamant, Ditta, Dr McIntosh

Delia
mittelfrüh
Herkunft: Deutschland, 1996
Erhältlich in: Deutschland, Österreich, Schweiz
Eignung: Kochen und für Salate
Beschreibung: festkochende langovale Sorte mit hellgelbem Fleisch. Die Schale ist gelb und glatt, flache bis mitteltiefe Augen.

Delikat
früh
Herkunft: Deutschland, 1995
Erhältlich in: Deutschland, Österreich, Schweiz
Eignung: Kochen, Braten, Fritieren
Beschreibung: vorwiegend festkochende ovale Sorte. Das Fleisch ist gelb, von fester Konsistenz und mittlerem Feuchtigkeitsgehalt, schwach mehlig. Die Schale ist gelb und genetzt, flache Augen.

Ditta
mittelfrüh
Herkunft: Österreich, 1950
Erhältlich in: Deutschland, Großbritannien, Niederlande, Österreich
Eignung: Kochen, Braten
Beschreibung: langovale Kartoffel mit grober, bräunlicher Schale, blaßgelbem Fleisch. Festkochend. Sie schmeckt gekocht sehr buttrig und schmilzt beinahe im Mund.

Donella
mittelspät bis sehr spät
Herkunft: Deutschland, 1990
Erhältlich in: Deutschland
Eignung: Kochen, Braten, Fritieren
Beschreibung: vorwiegend festkochende ovale Sorte. Das Fleisch ist gelb, fest, schwach mehlig und von mittlerem Feuchtigkeitsgehalt. Die Schale ist gelb und genetzt, flache Augen.

Dr McIntosh
spät – früh
Herkunft: Großbritannien, 1944
Erhältlich in: Großbritannien, Neuseeland
Eignung: Backen, Kochen, recht gute Vielzweckkartoffel
Beschreibung: ovale, recht längliche Kartoffel mit weißer Schale und hellem, cremefarbenem Fleisch.

Duke of York *Eersteling*
früh
Herkunft: Schottland, 1891
Erhältlich in: Frankreich, Großbritannien, Niederlande
Eignung: Kochen und vieles mehr
Beschreibung: langovale Kartoffel mit hellgelber Schale und hellgelbem Fleisch. Bleibt beim Kochen bißfest und hat einen vollen, süßen Geschmack.
Selbstzucht: sehr populär

Duke of York Red *Rode Eersteling*
früh
Herkunft: Niederlande, 1842
Erhältlich in: Großbritannien, Niederlande
Eignung: Kochen, Salate
Beschreibung: langovale, dunkelrote Kartoffel mit hellgelbem, geschmackvollem Fleisch. Sie verliert beim Kochen die Farbe.
Selbstzucht: möglich

Dunbar Standard
mittelspät – spät
Herkunft: Schottland, 1936
Erhältlich in: Großbritannien, Irland
Eignung: gute Vielzweckkartoffel
Beschreibung: langovale Kartoffel mit weißer Schale und weißem Fleisch. Durch den vollen Geschmack und die feste Struktur sehr vielseitig einsetzbar.
Selbstzucht: möglich. Gedeiht gut in schweren Böden.

Edzell Blue
mittelfrüh
Herkunft: Schottland, vor 1915
Erhältlich in: Schottland (heute sehr selten)
Eignung: Kochen, Pürieren
Beschreibung: runde Kartoffel mit blauer Schale und weißem, mehligem, geschmackvollem Fleisch. Muß vorsichtig gekocht werden, da sie leicht zerfällt. Sehr gut zum Dämpfen und für die Mikrowelle geeignet.
Selbstzucht: möglich

Eigenheimer
spät – mittelfrüh
Herkunft: Niederlande, 1893
Erhältlich in: Niederlande, Zaire (in anderen Ländern selten)
Eignung: Reiben
Beschreibung: ovale Kartoffel mit weißer Schale und gelbem Fleisch. Sie eignet sich hervorragend zum Fritieren und für Pommes frites und ist bei holländischen Gärtnern beliebt.

Oben (links): Duke of York Red
Oben (rechts): Edzell Blue
Links: Dunbar Standard

Estima
mittelfrüh
Herkunft: Niederlande, 1973
Erhältlich in: Algerien, Nordeuropa
Eignung: Backen, Kochen, Reiben, Braten und vieles mehr
Beschreibung: ovale Form mit flachen Augen, hellgelber Schale und hellgelbem, festem Fleisch. Milder Geschmack. Sie wird vor allem als mittelfrühe Sorte gezogen und ist ausgesprochen haltbar. Besonders geeignet für Ofenkartoffeln. Sie erfreut sich zur Zeit großer Beliebtheit. Eine der ersten Sorten, die beweist, daß auch gelbe Kartoffeln populär sein können.
Selbstzucht: gut

Elvira
Herkunft: nicht bekannt
Erhältlich in: Italien
Eignung: Kochen, Reiben
Beschreibung: mittelgroße, ovale Kartoffel mit flachen Augen, gelber Schale und cremefarbenem Fleisch.

Epicure
früh
Herkunft: Großbritannien, 1897
Erhältlich in: Großbritannien, Kanada
Eignung: Backen, Kochen
Beschreibung: runde Kartoffel mit weißer Schale und cremefarbenem Fleisch, fester Struktur, tiefen Augen und einem charakteristischen Geschmack. In schottischen Gärten noch immer weit verbreitet.
Selbstzucht: populär und leicht zu ziehen

Oben (links): Estima
Oben (rechts): Elvira
Rechts: Epicure

Fianna
spät – früh
Herkunft: Niederlande, 1987
Erhältlich in: Großbritannien, Niederlande, Neuseeland

Eignung: Backen, Reiben, Pürieren, Verarbeiten, Braten
Beschreibung: Kartoffel mit glatter, weißer Schale, festem Fleisch und angenehmer, mehliger Struktur.
Selbstzucht: möglich

Forty Fold
spät – früh
Herkunft: Großbritannien, 1893
Erhältlich in: Großbritannien
Eignung: recht gute Vielzweckkartoffel
Beschreibung: unregelmäßige Knollen mit tiefen Augen, weißem oder leuchtend violettem, feinkörnigem Fleisch und gutem Geschmack. Die Kartoffel war im viktorianischen Zeitalter beliebt und erlebt zur Zeit einen Aufschwung.
Selbstzucht: möglich

Oben: Forty Fold, weiß und violett
Links: Fianna

Francine
spät
Herkunft: Frankreich, 1993
Erhältlich in: Deutschland, Frankreich, Großbritannien
Eignung: Kochen, Salate
Beschreibung: rote Schale, weißes, cremefarbenes Fleisch, feine, doch feuchte Struktur und erdiger Geschmack. Hervorragend für Gratins und zum Dämpfen geeignet.

Frisia
spät – früh
Herkunft: Niederlande
Erhältlich in: Bulgarien, Europa, Kanada, Neuseeland
Eignung: Backen, Kochen, Braten, Salate
Beschreibung: ovale, cremefarbene Kartoffel mit weißem Fleisch und saftiger Struktur.

Gemchip
mittelspät – spät
Herkunft: USA, 1989
Erhältlich in: Kanada, USA (Colorado, Idaho, Oregon, Washington)
Eignung: Backen, Kochen, Reiben, Verarbeiten
Beschreibung: kleine, runde Kartoffel mit glatter, heller Schale, weißem Fleisch und gelegentlich schuppigen Flecken.

Gloria
sehr früh
Herkunft: Deutschland, 1972
Erhältlich in: Deutschland, Österreich, Schweiz
Eignung: Kochen, Braten, Fritieren
Beschreibung: vorwiegend festkochende, langovale bis lange Sorte. Das gelbe Fleisch ist schwach mehlig mit mittlerer Feuchtigkeit und kräftig im Geschmack. Glatte gelbe Schale, flache bis mitteltiefe Augen.

Granola
mittelfrüh – mittelspät
Herkunft: Deutschland, 1975
Erhältlich in: Australien, Deutschland, Indien, Indonesien, Nepal, Niederlande, Österreich, Schweiz, Türkei, Vietnam
Eignung: Backen, Kochen, Reiben
Beschreibung: oval mit rauher, ockerfarbener Schale und gelbem Fleisch.

Grata
mittelfrüh
Herkunft: Deutschland, 1955
Erhältlich in: Deutschland
Eignung: Kochen, Reiben, Braten, Dünsten, Fritieren
Beschreibung: vorwiegend festkochende, rundovale Sorte. Das Fleisch ist gelb bis tiefgelb, schwach mehlig von mittlerer Feuchtigkeit und angenehm kräftig im Geschmack. Die Schale ist rauh, mitteltiefe Augen.

Gunda
früh
Herkunft: Deutschland, 1999
Erhältlich in: Deutschland
Eignung: Salzkartoffeln, Suppen, Pürees, Klöße
Beschreibung: mehligkochende, ovale Sorte. Das Fleisch ist hellgelb, Mehligkeit und Feuchtigkeitsgehalt im mittleren Bereich. Die Schale ist gelb und genetzt, flache bis mitteltiefe Augen.

Hansa
mittelfrüh
Herkunft: Deutschland, 1956
Erhältlich in: Deutschland
Eignung: Kartoffelsalat, Pell- und Bratkartoffeln
Beschreibung: festkochende, langovale Sorte. Das Fleisch ist gelb, nur schwach mehlig, aber feucht. Der Geschmack ist fein, aber ausdrucksvoll. Die Schale ist glatt, flache Augen.

Hela
sehr früh
Herkunft: Deutschland, 1963
Erhältlich in: Deutschland
Eignung: Kochen, Braten, Backen
Beschreibung: vorwiegend festkochende, langovale Sorte mit gelbem Fleisch von mittlerer Konsistenz, das kaum mehlig aber sehr feucht ist. Die Schale ist gelb und genetzt, flache Augen.

Links: Francine
Oben: Gemchip

Irish Cobbler *America*
früh
Herkunft: USA, 1876
Erhältlich in: Kanada, Südkorea, USA
Eignung: Kochen, Reiben, Pürieren und viele andere Zubereitungsarten
Beschreibung: runde, weiße, mittelgroße bis große Kartoffel mit glatter, cremefarbener Schale und cremefarbenem Fleisch. Sie war zur Jahrhundertwende in Großbritannien stark verbreitet, da sie früher reift als andere Sorten, doch wird sie seit dem Zweiten Weltkrieg nur noch in den USA angebaut. Sie ist schwierig zu ziehen und verdirbt rasch.
Selbstzucht: möglich

Irmgard
mittelfrüh
Herkunft: Deutschland, 1960
Erhältlich in: Deutschland
Eignung: Eintöpfe, Suppen, Klöße, Pürees
Beschreibung: mehligkochende, rundovale Sorte mit gelbem Fleisch von mittlerer Konsistenz und Mehligkeit, wenig feucht. Die Schale ist gelb und genetzt, mitteltiefe Augen.

Juliver
mittelfrüh
Herkunft: Deutschland, 1975
Erhältlich in: Deutschland
Eignung: Eintöpfe, Klöße, Pürees
Beschreibung: mehligkochende, rundovale Sorte mit hellgelbem Fleisch. Lockere Konsistenz, stark mehlig mit wenig Feuchtigkeit. Die Schale ist gelb und rauh-genetzt, flache bis mitteltiefe Augen.

Karlena
früh
Herkunft: Deutschland, 1993
Erhältlich in: Ägypten, Deutschland, Frankreich, Großbritannien, Israel, Skandinavien, Ungarn
Eignung: Backen, Reiben, Pürieren, Braten
Beschreibung: eine mittelgroße Kartoffel mit gelber Schale, goldgelbem Fleisch und charakteristischem Geschmack, aber sehr mehlig. Als Frühkartoffel ist sie zum Kochen hervorragend geeignet. Die späte Ernte läßt sich gut in der Schale dämpfen, braten und fritieren, muß aber mit Vorsicht gekocht werden, da sie leicht zerfällt.

Karolin
mittelfrüh
Herkunft: Deutschland, 1990
Erhältlich in: Deutschland
Eignung: Kochen, Braten, Backen
Beschreibung: vorwiegend festkochende, runde Sorte von mittlerer Konsistenz, Mehlig- und Feuchtigkeit. Das Fleisch ist hellgelb, die Schale ist gelb und rauh-genetzt, flache Augen.

Katahdin
mittelspät – spät
Herkunft: USA, 1932
Erhältlich in: Kanada, Neuseeland, USA
Eignung: Backen, Kochen, Salate
Beschreibung: runde bis längliche Kartoffel mit glatter, dünner Schale und weißem, saftigem Fleisch.

Oben: Irish Cobbler
Unten: Katahdin

Kepplestone Kidney
mittelfrüh – mittelspät
Herkunft: Großbritannien, 1919
Erhältlich: nicht mehr im Handel
Eignung: Kochen
Beschreibung: klassisch geformte Kartoffel mit blauer Schale, gelbem Fleisch und reichem, buttrigem Geschmack.
Selbstzucht: gut

Kerr's Pink
mittelspät – spät
Herkunft: Schottland, 1917
Erhältlich in: Großbritannien, Irland, Niederlande
Eignung: Backen, Kochen, Reiben, Pürieren, Braten
Beschreibung: runde Kartoffel mit hellroter Schale, cremefarbenem Fleisch, recht tiefen Augen und mehliger Struktur.
Selbstzucht: möglich

Kennebec
spät
Herkunft: USA, 1948
Erhältlich in: Argentinien, Australien, Italien, Kanada, Neuseeland, Portugal, Südkorea, Taiwan, Uruguay, USA
Eignung: Backen, Kochen, Reiben, Pürieren, Braten, Verarbeiten und die meisten anderen Zubereitungsarten
Beschreibung: recht große, ovalrunde Kartoffel mit glatter, weißer Schale und weißem Fleisch. Sie wird heute in vielen Teilen der Welt angebaut, da sie anpassungsfähig und resistent ist. Sie hat an Popularität bei der Verarbeitung zu Pommes frites eingebüßt, obwohl sie eine gute Vielzweckkartoffel ist. In Nordamerika bei Gärtnern beliebt.

Oben (von links nach rechts): Kennebec, Kepplestone Kidney, Karlena
Unten: Kerr's Pink

King Edward und Red
spät
Herkunft: Großbritannien, 1902 (Neuzucht 1916)
Erhältlich in: Australien, Großbritannien, Kanaren, Neuseeland, Portugal, Spanien,
Eignung: Backen, Reiben, Pürieren, Braten und vieles mehr
Beschreibung: ovale bis nierenförmige Kartoffel mit weiß-rosa Schale, cremefarbenem bis blaßgelbem Fleisch und mehliger Struktur.
Selbstzucht: möglich

Kipfler
spät
Herkunft: Österreich, 1955
Erhältlich in: Australien (selten), Österreich
Eignung: Backen, Kochen, Reiben, Braten, Salate und vieles mehr
Beschreibung: gelbes Fleisch und gelbe Schale, klein bis mittelgroß, länglich. Gekocht ist diese Kartoffel speckig und hat einen buttrigen, nussigen Geschmack. Läßt sich nicht gut reiben, ist aber für die Mikrowelle geeignet und in Salaten ganz hervorragend.

Linda
mittelfrüh
Herkunft: Deutschland, 1974
Erhältlich in: Deutschland
Eignung: Kochen, Backen, Braten
Beschreibung: festkochende, langovale Sorte mit dunkelgelbem Fleisch. Von sehr fester Konsistenz, schwach mehlig und feucht. Die Schale ist gelb und genetzt, flache Augen. Feiner Geschmack.

Linzer Delikateß
mittelfrüh
Herkunft: Österreich, 1976
Erhältlich in: Großbritannien, Österreich
Eignung: Kochen, Salate
Beschreibung: kleine, ovale bis birnenförmige Kartoffel mit blaßgelber Schale und gelbem Fleisch, festkochend. Schmeckt ähnlich wie die Ratte (siehe S. 60), doch milder. Sie ist für kalte Gerichte gut geeignet und ebenso für die meisten Gerichte, die feste Kartoffeln erfordern.
Selbstzucht: möglich

Oben: King Edward
Links: Lumper

Lumper
spät – früh
Herkunft: Irland, 1806
Erhältlich: nur in Sammlungen
Beschreibung: Rundovale Kartoffel mit weißer Schale, weißem Fleisch und sehr tiefen Augen, die sie knollig wirken lassen. Wenig Geschmack. Zur Zeit der Hungersnot in Irland war sie weit verbreitet, doch wurde sie durch die Fäule fast völlig vernichtet. Aufgrund der schlechten Kocheigenschaften wurde die Lumper schließlich nicht mehr angebaut. Heute nur in Sammlungen zu finden.

Magnum Bonum
mittelspät – spät
Herkunft: Großbritannien, 1876
Erhältlich in: Großbritannien (nur in Sammlungen), Nepal
Eignung: Backen, Kochen, Pürieren, Braten
Beschreibung: langovale Kartoffel mit weißer Schale und trockenem, mehligem, weißem Fleisch. Sie hat einen exzellenten Geschmack und gehörte zu den ersten Kartoffeln, die gut wuchsen, hervorragend schmeckten und krankheitsresistent waren. Im viktorianischen Zeitalter war man begeistert über diese widerstandsfähige Knolle, aus der schließlich andere Sorten wie die King Edward gezüchtet wurden.

Majestic
spät – früh
Herkunft: Schottland, 1911
Erhältlich in: Großbritannien (heute nur in Schottland als Pflanzgut), Italien
Eignung: Backen, Kochen, Pürieren
Beschreibung: große, ovale Kartoffel mit weißer Schale, weichem, weißem Fleisch und mildem Geschmack. Sie zählte einst zu den verbreitetsten Sorten, ist heute aber aus der Mode geraten und wird vor allem von Hobbygärtnern angepflanzt. Sie liebt trockenes Klima.
Selbstzucht: möglich

Maori Chief
früh
Herkunft: Neuseeland
Erhältlich in: Neuseeland
Eignung: Kochen, Braten, Salate
Beschreibung: violette bis schwarze Schale, dunkelviolettes bis schwarzes Fleisch mit dem süßen Geschmack von Frühkartoffeln. Die zarte Schale muß nicht entfernt werden. Sie schmeckt gedämpft am besten und sollte spätestens zehn Tage nach der Ernte gegessen werden. In Neuseeland gibt es auch eine Sorte mit buttrigem, gelbem Fleisch, die eine Diskussion darüber ausgelöst hat, welche die echte Maori Chief ist.

Oben: Marfona
Rechts: Maori Chief

Marena
mittelspät bis sehr spät
Herkunft: Deutschland, 1995
Erhältlich in: Deutschland
Eignung: Kochen, Braten, Backen
Beschreibung: vorwiegend festkochende, rundovale Sorte mit hellgelbem Fleisch. Mittlere Konsistenz und Feuchtigkeit, schwach mehlig. Die Schale ist gelb und genetzt, flache Augen.

Marfona
mittelfrüh
Herkunft: Niederlande, 1975
Erhältlich in: Griechenland, Großbritannien, Israel, Niederlande, Portugal, Türkei, Zypern
Eignung: Backen, Kochen, Reiben, Pürieren
Beschreibung: rundovale Kartoffel mit hellbeiger bis gelber Schale und hellem Fleisch, feinkörniger Struktur. Festkochend und mit leicht scharfem Geschmack.
Selbstzucht: möglich

Maris Piper
spät – früh
Herkunft: Großbritannien, 1964
Erhältlich in: Großbritannien, Portugal
Eignung: Backen, Reiben, Verarbeiten, Braten
Beschreibung: ovale Kartoffel mit cremefarbener Schale und weißem Fleisch, mehliger Struktur und angenehmem Geschmack. Diese Kartoffel ist für Pommes frites beliebt, platzt aber auf, wenn sie zu lange gekocht wird.

Minerva
früh
Herkunft: Niederlande, 1988
Erhältlich in: Niederlande
Eignung: Kochen, Reiben
Beschreibung: ovale Kartoffel mit weißer Schale und gelblichem Fleisch. Als festkochende Kartoffel ist sie gut zum Kochen geeignet.

Miriam
früh
Herkunft: Deutschland, 1988
Erhältlich in: Deutschland
Eignung: Kochen, Braten, Backen
Beschreibung: vorwiegend festkochende, langovale Sorte mit dunkelgelbem Fleisch von fester Konsistenz, schwach mehlig und schwach feucht. Die Schale ist gelb und genetzt, flache Augen.

Mona Lisa
mittelfrüh
Herkunft: Niederlande, 1982
Erhältlich in: Frankreich Griechenland, Niederlande, Portugal
Eignung: Backen, Kochen, Reiben, Pürieren, Braten, Verarbeiten
Beschreibung: Langovale, manchmal nierenförmige Kartoffel mit gelber Schale und gelbem Fleisch, das beim Kochen mehlig wird. Sie hat einen guten nussigen Geschmack. Für eine Frühkartoffel ist sie recht groß und vielseitig verwendbar. Bisher wird sie noch nicht in großem Maßstab gezogen.
Selbstzucht: möglich

Mondial
spät – früh
Herkunft: Niederlande, 1987
Erhältlich in: Griechenland, Israel, Neuseeland, Niederlande
Eignung: Backen, Reiben, Pürieren
Beschreibung: länglich, Schale und Fleisch gelb, leicht mehlig.
Selbstzucht: meist gut geeignet

Oben: Maris Piper
Links (im Uhrzeigersinn von oben): Mondial, Mona Lisa, Morene

Monona
spät – früh
Herkunft: USA, 1964
Erhältlich in: Kanada, USA
Eignung: Backen, Kochen, Reiben
Beschreibung: rundovale Kartoffel mit weißer Schale und weißem Fleisch. Sie wird vor allem zu Pommes frites verarbeitet.

Morene
spät – früh
Herkunft: Niederlande, 1983
Erhältlich in: Großbritannien, Niederlande
Eignung: Backen, Kochen, Reiben, Verarbeiten
Beschreibung: große, langovale Kartoffel mit weißer Schale und cremefarbenem, mehligem Fleisch. Da die Kartoffel beim Kochen leicht zerfällt, sollte man sie nicht zu lange kochen lassen.
Selbstzucht: möglich

Nadine
mittelfrüh
Herkunft: Schottland, 1987
Erhältlich in: Australien, Großbritannien, Kanaren, Neuseeland, Spanien
Eignung: Backen, Kochen, Pürieren, Salate
Beschreibung: cremefarbene Schale und weißes Fleisch, feste, glänzende Struktur, doch etwas enttäuschender Geschmack. Wird manchmal als kleine Frühkartoffel mit dünner Schale angeboten, die leicht abgeht. Die größeren Knollen eignen sich für Ofen- und Bratkartoffeln.
Selbstzucht: möglich

Natalie
mittelfrüh
Herkunft: Deutschland, 1995
Erhältlich in: Deutschland
Beschreibung: ovale Sorte mit hellgelbem Fleisch. Die Schale ist gelb und genetzt, flache Augen.

Ganz oben: Nadine
Oben: Monona

Unten: Nicola

Nicola
mittelfrüh
Herkunft: Deutschland, 1973
Erhältlich in: Ägypten, Australien, Deutschland, Frankreich, Großbritannien, Israel, Marokko, Neuseeland, Österreich, Portugal, Schweiz, Tunesien, Zypern
Eignung: Backen, Kochen, Reiben, Pürieren, Braten, Salate und vieles mehr
Beschreibung: festkochende, langovale Sorte mit glatter gelber Schale, gelbem Fleisch und buttrigem Geschmack. Feucht und schwach mehlig. Ursprünglich wurde diese Kartoffel in den Mittelmeerländern angepflanzt, doch heute ist sie für Salate so populär, daß sie in viel größerem Maßstab gezogen wird. Sie ist eine Vielzweckkartoffel, die sich ebenso für Salate wie für gedämpfte und sautierte Kartoffeln eignet. In Scheiben geschnitten auch für Gerichte geeignet, die länger kochen müssen.
Selbstzucht: gut

Oben: Norchip

Nooksak
mittelspät – spät
Herkunft: USA, 1973
Erhältlich in: Kanada, Neuseeland, USA
Eignung: Backen, Kochen, Verarbeiten
Beschreibung: längliche, etwas flache Kartoffel mit sehr dunkler Schale und sehr weißem Fleisch. Eignet sich hervorragend zur Lagerung und für Ofenkartoffeln.

Oben: Norwis

Norchip
mittelfrüh
Herkunft: North Dakota, 1968
Erhältlich in: Kanada, USA (North Carolina, Dakota)
Eignung: Backen, Kochen, Reiben
Beschreibung: runde bis längliche Kartoffel mit glatter, weißer Schale und weißem Fleisch. Gut für Pommes frites.

Norland
früh
Herkunft: North Dakota, 1957
Erhältlich in: Großbritannien, USA
Eignung: Backen, Pürieren, Salate
Beschreibung: länglich, etwas flach, mittelrote Schale und cremefarbenes Fleisch. In Europa populär und erhältlich ist auch die Red Norland mit der sattroten Schale und dem hellen Fleisch.
Selbstzucht: möglich

Norwis
spät
Herkunft: USA, 1965
Erhältlich in: USA
Eignung: Backen, Kochen, Reiben, Verarbeiten
Beschreibung: große, ovale, leicht flache Kartoffel mit glatter, heller Schale und blassem, gelbem Fleisch.

Novara
früh
Herkunft: Deutschland, 1999
Erhältlich in: Deutschland
Eignung: Eintöpfe, Suppen, Klöße, Pürees
Beschreibung: mehligkochende, ovale Sorte mit hellgelbem Fleisch von mittlerer Konsistenz und Mehligkeit, aber kaum Feuchtigkeit. Die Schale ist gelb und genetzt, flache bis mitteltiefe Augen.

Onaway
früh
Herkunft: USA, 1956
Erhältlich in: Kanada, USA (Nordosten und Michigan)
Eignung: Backen, Kochen
Beschreibung: kurz, rund, glatt, Schale und Fleisch cremefarben.

Paola
mittelfrüh
Herkunft: Deutschland, 1989
Erhältlich in: Deutschland
Eignung: Kochen, Braten, Backen
Beschreibung: vorwiegend festkochende, runde Sorte mit dunkelgelbem Fleisch. Feste Konsistenz mit stärkerem Feuchtigkeitsgehalt, sehr schwach mehlig. Die Schale ist gelb und genetzt, flache Augen.

Penta
mittelspät
Herkunft: Niederlande, 1983
Erhältlich in: Kanada, Niederlande
Eignung: Backen, Kochen, Pürieren, Braten
Beschreibung: runde Kartoffel mit recht tiefen hellroten Augen, cremefarbener Schale und reichem, feinkörnigem Fleisch. Eine recht neue Spätkartoffel, die beim Kochen leicht zerfällt. Gut zum Dämpfen und für Mikrowellengerichte geeignet.

Oben: Penta
Links: Onaway

Pentland Crown
spät
Herkunft: Schottland, 1959
Erhältlich in: Großbritannien (Schottland, im Handel selten), Malawi
Eignung: Backen, Kochen, Braten
Beschreibung: rundovale Kartoffel mit weißer Schale und cremeweißem Fleisch. Die erste Pentland-Kartoffel wurde in den 70er Jahren vor allem in Ostengland populär, doch hat sie heute ihre Anhänger verloren, da sie nicht über die nötigen Kochqualitäten verfügt.
Selbstzucht: möglich

Pentland Dell
spät – früh
Herkunft: Schottland, 1961
Erhältlich in: Großbritannien, Neuseeland, Südafrika
Eignung: Backen, Reiben, Verarbeiten, Braten
Beschreibung: mittelgroße, ovale Kartoffel mit weißer Schale, cremefarbenem Fleisch und einer festen, recht trockenen Struktur. Sie zerfällt leicht beim Kochen, eignet sich aber gut für Ofenkartoffeln.
Selbszucht: möglich

Pentland Hawk
spät – früh
Herkunft: Schottland, 1966
Erhältlich in: Großbritannien
Eignung: Backen, Kochen, Reiben, Verarbeiten, Braten
Beschreibung: ovale Kartoffel mit weißer Schale, cremefarbenem Fleisch und gutem Geschmack. In Schottland sehr populär, da sie gute Kocheigenschaften aufweist. Sie eignet sich hervorragend zur Lagerung, neigt aber beim Kochen zu leichten Verfärbungen. Am besten spät im Jahr.
Selbstzucht: möglich

Pentland Javelin
früh
Herkunft: Schottland, 1968
Erhältlich in: Großbritannien
Eignung: Kochen, Salate
Beschreibung: mittelgroße, ovale Kartoffel mit weißer Schale, weißem Fleisch und zarter Struktur. Sie ist als Frühkartoffel hervorragend, eignet sich aber später im Jahr auch für Ofen- und Bratkartoffeln.
Selbstzucht: gut

Pentland Marble
früh
Herkunft: Schottland, 1970
Erhältlich in: Großbritannien
Eignung: Kochen, Salate
Beschreibung: rundovale Kartoffel mit weißer Schale und hellgelbem, glänzendem Fleisch. Diese kleine, festkochende Frühkartoffel eignet sich im Gegensatz zu den anderen Pentland-Sorten hervorragend für Salate. Sie kam erst vor kurzem wieder auf den Markt.
Selbstzucht: möglich

Pentland Squire
spät – früh
Herkunft: Schottland, 1970
Erhältlich in: Großbritannien
Eignung: Backen, Pürieren, Braten
Beschreibung: ovale Kartoffel mit weißer Schale, cremefarbenem Fleisch, sehr mehliger Struktur und gutem Geschmack. Sehr gut für Ofenkartoffeln und Pommes frites.
Selbstzucht: gut

Oben (im Uhrzeigersinn von oben): die Pentland-Serie, Hawk, Javelin, Dell, Marble, Crown, Squire

Pia
früh
Herkunft: Deutschland, 1996
Erhältlich in: Deutschland
Eignung: Kochen, Backen, Braten
Beschreibung: vorwiegend festkochende, ovale Sorte mit gelbem Fleisch von fester, grober Konsistenz und mittlerer Mehlig- und Feuchtigkeit. Die Schale ist gelb und glatt, flache Augen.

Picasso
spät – früh
Herkunft: Niederlande, 1992
Erhältlich in: Ägypten, Balearen, Großbritannien, Niederlande, Portugal, Rußland, Spanien, Zypern
Eignung: Kochen, Salate
Beschreibung: kleine, ovale bis runde Kartoffel mit recht tiefen, roten Augen, weißer Schale und weißem Fleisch.
Selbstzucht: möglich

Pimpernel
spät – früh
Herkunft: Niederlande, 1953
Erhältlich in: Chile, Malawi, Norwegen, Südafrika, Zaire
Eignung: gute Vielzweckkartoffel
Beschreibung: eine ovale Kartoffel mit hellroter Schale und gelblichem Fleisch

Pink Eye *Southern Gold, Sweet Gold oder Pink Gourmet*
früh
Herkunft: Großbritannien, 1862
Erhältlich in: Australien
Eignung: Kochen, Pürieren, Salate und die meisten anderen Zubereitungsarten
Beschreibung: eine kleine Kartoffel mit glatter, cremefarbener Schale, einer blauvioletten Tönung, gelblichem, mehligem Fleisch und nussigem Geschmack. Sie wird nur noch in Australien angebaut und ist dort eine verbreitete Frühkartoffel.

Pink Fir Apple
mittelspät – spät
Herkunft: Frankreich, 1850
Erhältlich in: Australien, Frankreich, Großbritannien
Eignung: Backen, Kochen, Braten, Salate
Beschreibung: eine lange, knollenförmige Kartoffel mit rosastichiger, weißer Schale und gelblichem Fleisch. Sie hat eine feste, Struktur und einen köstlich nussigen Geschmack. Am besten kocht man sie in der Schale. Zur Zeit erlebt sie einen neuen Aufschwung, doch war sie immer bei Hobbygärtnern beliebt, da sie gut einzulagern ist. Aufgrund ihrer Form läßt sie sich erst gekocht schälen, doch eignet sie sich am besten für Salate und warme Saucen oder als Frühkartoffel.
Selbstzucht: Gut für den eigenen Garten geeignet, obwohl die Knollen unter dem Stamm Wurzelballen bilden und leicht von Fäule befallen werden.

Oben: Picasso
Links: Pink Fir Apple

Pompadour
spät – früh
Herkunft: Niederlande, 1976
Erhältlich in: Frankreich, Niederlande
Eignung: Kochen, Salate
Beschreibung: langovale, regelmäßig geformte Kartoffel, Schale und Fleisch hellgelb. Gut für Pellkartoffeln und für Vorspeisen geeignet.

Premiere
früh
Herkunft: Niederlande, 1979
Erhältlich in: Bulgarien, Deutschland, Großbritannien, Kanada, Niederlande
Eignung: Backen, Kochen, Reiben, Braten
Beschreibung: große, ovale Kartoffel mit hellgelber Schale, festem, gelbem Fleisch und gutem Geschmack.
Selbstzucht: möglich

Primura
früh
Herkunft: Niederlande, 1963
Erhältlich in: Dänemark, Italien, Niederlande
Eignung: Kochen, Reiben
Beschreibung: Ovale bis runde, mittelgroße Kartoffel mit gelber Schale, hellgelbem Fleisch, flachen Augen und fester Struktur.

Quarta
mittelfrüh
Herkunft: Deutschland, 1979
Erhältlich in: Deutschland
Eignung: Kochen, Braten, Backen
Beschreibung: vorwiegend festkochende, ovale Sorte mit gelbem Fleisch. Von fester Konsistenz und mittlerer Feuchtigkeit, schwach mehlig. Die Schale ist gelb und genetzt, flache bis mitteltiefe rote Augen.

Rasant
früh
Herkunft: Deutschland, 1996
Erhältlich in: Deutschland
Eignung: Kochen, Braten, Backen
Beschreibung: vorwiegend festkochende, ovale Sorte mit gelbem Fleisch von mittlerer Konsistenz und Feuchtigkeit, schwach mehlig. Die Schale ist rot und genetzt, flache Augen.

Oben (von oben nach unten): Ratte (La), Record

Ratte (La) *Cornichon, Asparges oder Princess*
spät – früh
Herkunft: Frankreich, 1872
Erhältlich in: Australien, Dänemark, Deutschland, Frankreich, Großbritannien
Eignung: Kochen, Salate
Beschreibung: Längliche, fast bananenförmige Kartoffel, die weniger knollenförmig ist als die Pink Fir. Sie hat eine braun-gelbe Schale und cremefarbenes, festes Fleisch mit köstlich nussigem Geschmack. Sie ist für kalte Gerichte hervorragend geeignet und in Frankreich äußerst populär. Allerdings nimmt ihre Beliebtheit auch in anderen Ländern zu.
Selbstzucht: gut

Oben (von links nach rechts): Primura, Premiere

Red LaSoda
mittelspät – spät
Herkunft: USA, 1953
Erhältlich in: Algerien, Australien, Kanada, Uruguay, USA, Venezuela
Eignung: Backen, Kochen, Braten
Beschreibung: rundovale Kartoffel mit tiefroter Schale, tiefen Augen und feinkörnigem Fleisch. Ideal zum Kochen und Braten.

Red Pontiac *Dakota Chief*
spät – früh
Herkunft: USA, 1983
Erhältlich in: Algerien, Australien, Kanada, Philippinen, Uruguay, USA, Venezuela
Eignung: Backen, Kochen, Pürieren, Braten, Salate
Beschreibung: rundovale Kartoffel mit dunkelroter, manchmal gesprenkelter Schale, tiefen Augen und weißem, festem Fleisch. Eine rotschalige Sorte, die auf der ganzen Welt beliebt ist. Gut für die Mikrowelle geeignet.
Selbstzucht: möglich

Red Rooster
spät – früh
Herkunft: Irland, 1993
Erhältlich in: Irland
Eignung: Backen, Kochen, Reiben, Verarbeiten, Braten, Salate
Beschreibung: flache, ovale Kartoffel mit leuchtend roter Schale, festem, gelbem Fleisch und mildem, buttrigem Geschmack. Neue Kartoffel, die außerhalb Irlands jedoch noch kaum erhältlich ist.
Selbstzucht: möglich

Record
spät – früh
Niederlande, 1932
Erhältlich in: Griechenland, Großbritannien, Niederlande
Eignung: Backen, Reiben, Pürieren
Beschreibung: weiße Schale mit leichtem Rosastich, hellgelbes bis gelbes Fleisch, mehlige Struktur und hervorragender Geschmack.
Selbstzucht: möglich

Oben: Red LaSoda
Links: Red Rooster
Rechts: Red Pontiac

Oben (von links nach rechts): Romano, Rocket, Roseval

Remarka
spät
Herkunft: Niederlande, 1992
Erhältlich in: Großbritannien, Niederlande, Portugal, Spanien
Eignung: Backen, Kochen, Reiben, Braten
Beschreibung: große, ovale Kartoffel mit weißer Schale, hellgelbem Fleisch und gutem Geschmack. Vor allem für Ofenkartoffeln geeignet.
Selbstzucht: Möglich und besonders für ökologischen Landbau geeignet, da diese Kartoffel sehr krankheitsresistent ist.

Rocket
früh
Herkunft: Großbritannien, 1987
Erhältlich in: Großbritannien, Neuseeland
Eignung: Backen, Kochen, Reiben, Pürieren, Braten, Salate
Beschreibung: gleichmäßig runde Kartoffel mit weißer Schale, weißem, festem Fleisch und gutem Geschmack, eine der ersten Kartoffeln.

Romano
spät – früh
Herkunft: Niederlande, 1978
Erhältlich in: Balearen, Großbritannien, Kamerun, Niederlande, Portugal, Rußland, Spanien, Ungarn
Eignung: Backen, Kochen Pürieren, Braten und vieles mehr
Beschreibung: rundovale Kartoffel mit roter Schale, mehligem Fleisch und feiner, trockener Struktur sowie angenehm mildem, nussigem Geschmack. Die schöne Farbe bleicht beim Kochen aus.
Selbstzucht: möglich

Roseval
mittelfrüh – mittelspät
Herkunft: Frankreich, 1950
Erhältlich in: Australien, Frankreich, Großbritannien, Israel, Neuseeland
Eignung: Kochen, Salate
Beschreibung: ovale Kartoffel mit dunkelroter, fast violetter Schale und goldgelbem Fleisch. Feste Struktur mit sehr gutem, buttrigem Geschmack. Sie ist für Mikrowellengerichte sehr populär.

Rouge (La)
mittelspät – spät
Herkunft: USA, 1962
Erhältlich in: Kanada, USA
Eignung: Kochen, Braten
Beschreibung: mittelgroße, unregelmäßig geformte rundovale Kartoffel mit glatter, roter Schale, tiefen Augen und cremefarbenem Fleisch. Die kräftige Farbe wird mit der Lagerung blasser, doch ist die Kartoffel auch im Winter attraktiv.

Oben: Remarka

Russet Burbank *Idaho Russet oder Netted Gem*
mittelspät – spät
Herkunft: USA, 1875
Erhältlich in: Australien, Großbritannien (nur im Großhandel), Kanada, Neuseeland, USA
Eignung: Backen, Reiben, Pürieren, Verarbeiten, Braten
Beschreibung: ovale bis längliche Kartoffel mit grober Schale, blaßgelbem bis weißem, mehligem Fleisch und vollem Geschmack. Sie gewinnt beim Kochen an Farbe. Diese Knolle machte Idaho für Kartoffeln berühmt und wird daher oft als Idaho-Kartoffel bezeichnet. Eine Zeitlang war sie in den USA sehr beliebt, doch wird sie heute vor allem von McDonald's zu Pommes frites verarbeitet. In Kanada ist sie die verbreitetste Sorte.

Oben (links): Russet Burbank
Unten: Royal Kidney

Roxy
mittelfrüh
Herkunft: Deutschland, 1981
Erhältlich in: Deutschland, Österreich, Schweiz
Eignung: Kochen, Braten, Backen
Beschreibung: vorwiegend festkochende, ovale Sorte mit gelbem Fleisch. Angenehm kräftiger Geschmack, feste Konsistenz und mittlere Feuchtigkeit, schwach mehlig. Die Schale ist gelb und genetzt, flache Augen.

Royal Kidney
mittelfrüh
Herkunft: Großbritannien, 1899
Erhältlich in: Großbritannien
Eignung: Salate
Beschreibung: nierenförmige Kartoffel mit glatter, weißer Schale, blaßgelbem Fleisch und fester Struktur. Sie eignet sich besonders für Salate.

Rubin
früh
Herkunft: Deutschland, 1973
Erhältlich in: Deutschland
Eignung: Backen, Kochen, Braten
Beschreibung: vorwiegend festkochende, ovale Sorte mit gelbem Fleisch. Mittlere Konsistenz und Feuchtigkeit, schwach mehlig. Die Schale ist rot und glatt, flache bis mitteltiefe Augen.

Russet Frontier
mittelfrüh
Herkunft: USA, 1990
Erhältlich in: Kanada, USA
Eignung: Backen, Kochen, Reiben
Beschreibung: langovale Kartoffel mit heller, grober Schale und weißem Fleisch.

Russet Lemhi
mittelspät – spät
Herkunft: USA, 1981
Erhältlich in: USA
Eignung: Backen, Reiben und die meisten anderen Zubereitungsarten
Beschreibung: große, längliche Kartoffel mit brauner Schale und weißen Augen.

Russet Norking
spät
Herkunft: USA, 1977
Erhältlich in: Kanada, USA
Eignung: Backen, Kochen, Reiben
Beschreibung: längliche Kartoffel mit rauher Schale und weißem Fleisch.

Russet Norkotah
mittelfrüh
Herkunft: North Dakota, 1987
Erhältlich in: Kanada, USA
Eignung: Backen, Reiben
Beschreibung: langovale Kartoffel mit dunkler, rauher Schale und weißem Fleisch.

Russet Nugget
mittelspät – spät
Herkunft: Colorado, 1989
Erhältlich in: Kanada, USA
Eignung: Backen, Kochen, Reiben, Verarbeiten, Braten
Beschreibung: längliche, leicht flache Kartoffel mit gleichmäßig rauher Schale und weißem Fleisch.

Russet Ranger
mittelspät – spät
Herkunft: USA, 1991
Erhältlich in: Kanada, USA (Colorado, Idaho, Oregon, Washington)
Eignung: Backen, Kochen, Reiben, Verarbeiten
Beschreibung: lange Kartoffel mit rost-roter oder genetzter Schale und kräftig weißem Fleisch.

Samba
spät – früh
Herkunft: Frankreich, 1989
Erhältlich in: Frankreich, Portugal, Spanien
Eignung: Backen, Kochen, Pürieren und vieles mehr
Beschreibung: regelmäßige, ovale Kartoffel mit weißer Schale und gelbem Fleisch; mehligkochend.

Sandra
mittelfrüh
Herkunft: Deutschland, 1985
Erhältlich in: Deutschland
Eignung: Backen, Kochen, Braten
Beschreibung: vorwiegend festkochende, rundovale Sorte mit gelbem Fleisch. Feste Konsistenz und starke Feuchtigkeit, sehr schwach mehlig. Die Schale ist gelb und glatt, flache bis mitteltiefe Augen.

Oben (von oben): Russet Frontier, Russet Burbank

Sangre
spät
Herkunft: Colorado, 1982
Erhältlich in: Kanada, USA (Westen)
Eignung: Backen, Kochen
Beschreibung: ovale Kartoffel mit glatter, dunkelroter, leicht gesprenkelter Schale und cremefarbenem Fleisch

Sante
spät – früh
Herkunft: Niederlande, 1983
Erhältlich in: Bulgarien, Großbritannien, Kanada, Niederlande
Eignung: Backen, Kochen, Braten
Beschreibung: rundovale Kartoffel mit weißer oder hellgelber Schale, hellem Fleisch und trockener Struktur. Diese Sorte gilt als die erfolgreichste Kartoffel in der ökologischen Landwirtschaft und wird häufig als Frühkartoffel verkauft.
Selbstzucht: möglich

Oben (von links nach rechts): Sante, Saxon (unten), Sebago

Saskia
früh
Herkunft: Deutschland
Erhältlich in: Deutschland, Österreich
Eignung: Backen, Kochen, Braten
Beschreibung: vorwiegend festkochende, runde bis rundovale Sorte

Saxon
mittelfrüh
Herkunft: Großbritannien, 1992
Erhältlich in: Großbritannien
Eignung: Backen, Kochen, Reiben
Beschreibung: weiße Schale, weißes Fleisch, feste, saftige Struktur und sehr guter Geschmack.

Sebago
mittelspät – spät
Herkunft: USA, 1938
Erhältlich in: Australien, Kanada, Malaysia, Neuseeland, Südafrika, USA (Norden), Venezuela
Eignung: Backen, Kochen, Reiben, Pürieren, Braten, Salate
Beschreibung: rundovale Kartoffel mit cremefarbener Schale und weißem Fleisch. In Australien die verbreitetste Sorte.

Oben: Sangre

Oben: Sebago

Sharpe's Express
früh – mittelfrüh
Herkunft: Großbritannien, 1900
Erhältlich: Schottland
Eignung: recht gute Vielzweckkartoffel
Beschreibung: ovale bis birnenförmige Kartoffel mit weißer Schale und cremefarbenem Fleisch. Sie muß vorsichtig gekocht werden.
Selbstzucht: gelegentlich erhältlich

Shepody
spät – früh
Herkunft: New Brunswick, Kanada, 1980
Erhältlich in: Deutschland, Kanada, Neuseeland, USA
Eignung: Backen, Kochen, Reiben, Pürieren
Beschreibung: langovale Kartoffel mit weißer, leicht gesprenkelter Schale, hellgelbem Fleisch und trockener, stärkereicher Struktur. Sie wurde in Amerika für die Pommes-frites-Produktion gezüchtet und ist in Supermärkten selten zu finden.

Shetland Black *Black Kidney*
mittelfrüh
Herkunft: Großbritannien, 1923
Erhältlich in: Großbritannien
Eignung: Kochen, Pürieren
Beschreibung: tintenblaue bis schwarze Schale mit gelbem Fleisch und einem einzigartigen violetten Ring. Sehr lockere, mehlige Kartoffel mit außerordentlich süßem, buttrigem Geschmack. Eine attraktive Sorte, die für Salate oder als Pellkartoffel wunderbar sein kann, wenn man sie vorsichtig kocht. Auch für Pürees geeignet, doch nimmt sie einen graublauen Ton an.
Selbstzucht: möglich

Oben: Shepody
Links (von oben nach unten): Skerry Blue, Swedish Black, Shetland Black

Sieglinde
früh
Herkunft: Deutschland, 1953
Erhältlich in: Deutschland, Österreich, Schweiz
Eignung: Salate, Pellkartoffeln, Bratkartoffeln
Beschreibung: festkochende, langovale Sorte mit gelber, glatter Schale und festem, gelbem Fleisch; schwach mehlig.

Skerry Blue
mittelspät – spät
Herkunft: Großbritannien, um 1846
Erhältlich in: Großbritannien (nicht im Einzelhandel)
Eignung: Kochen
Beschreibung: violette Schale mit tiefviolettem, weiß gesprenkeltem Fleisch. Herrlicher Geschmack.
Selbstzucht: möglich

Snowden
spät – das ganze Jahr
Herkunft: USA, 1990
Erhältlich in: Kanada, USA
Eignung: Backen, Kochen, Verarbeiten
Beschreibung: runde, leicht flache Kartoffel mit schwach gesprenkelter, hellbrauner Schale und cremefarbenem Fleisch. Wird vor allem in Kanada zur Erzeugung von Pommes frites verwendet.

Ganz oben: Spunta
Oben: Snowden

Solist
sehr früh
Herkunft: Deutschland, 1999
Erhältlich in: Deutschland
Eignung: Backen, Kochen, Braten
Beschreibung: vorwiegend festkochende, rundovale Sorte mit hellgelbem Fleisch. Feste Konsistenz, mittlere Feuchtigkeit, schwach mehlig. Die Schale ist gelb und genetzt, flache bis mitteltiefe Augen.

Spunta
mittelfrüh
Herkunft: Niederlande, 1968
Erhältlich in: Argentinien, Australien, Deutschland, Griechenland, Indonesien, Italien, Großbritannien, Malaysia, Niederlande, Neuseeland, Österreich, Portugal, Schweiz, Tunesien, Vietnam, Zypern
Eignung: Backen, Kochen, Reiben, Pürieren, Braten, Salate und vieles mehr
Beschreibung: mittelgroße, lange, oft nieren- oder birnenförmige Kartoffel mit hellgelber Schale und goldgelbem Fleisch.

Superior
mittelfrüh
Herkunft: USA, 1962
Erhältlich in: Kanada, Südkorea, USA
Eignung: Reiben und die meisten anderen Zubereitungsarten
Beschreibung: runde bis längliche Kartoffel mit unregelmäßiger Form, ledriger Schale, die manchmal leicht rostfarben oder gesprenkelt ist, und weißem Fleisch. Am besten früh in der Saison.

Swedish Black
Herkunft: nicht bekannt
Erhältlich: nur in Sammlungen
Eignung: Backen, Kochen, Pürieren
Beschreibung: Mittelgroße bis große Kartoffel mit bläulich violetter Schale und sehr tiefen Augen, die sie unregelmäßig machen. Das blaue Fleisch wird beim Kochen sehr mehlig.

Süßkartoffel *Batate*
spät
Herkunft: Südamerika
Erhältlich: im Süden der USA, auf den pazifischen Inseln, Japan und Rußland
Eignung: Backen, Kochen, Pürieren, Verarbeiten, Braten und vieles mehr
Beschreibung: Es gibt eine Sorte mit weißer Schale und eine mit rotbrauner Schale, die beide gelbes Fleisch und feste Struktur haben. Die Kartoffel ist umso süßer und fester, je roter ihre Schale ist. Die Süßkartoffel ist nicht mit der weißen Kartoffel oder dem Yams verwandt, auch wenn sie dieselben Charakteristika aufweist: Bei der eßbaren Knolle können Schale und Fleisch unterschiedlich gefärbt sein, und sie kann wie die Kartoffel verarbeitet werden. Sie gehört zu den Grundnahrungsmitteln auf den Westindischen Inseln, in Afrika und Asien und kommt auch im Westen nach und nach in den Handel.

Oben: Superior

Tessi
Herkunft: Deutschland, 1998
Erhältlich in: Deutschland
Eignung: Kochen von Eintöpfen, Suppen, Klößen, Pürees
Beschreibung: mehligkochende, ovale Sorte mit gelbem Fleisch. Lockere Konsistenz, mittlere Feuchtigkeit, mehlig. Die Schale ist gelb und genetzt, mitteltiefe Augen.

Toolangi Delight
Herkunft: Australien
Erhältlich in: Australien (noch selten)
Eignung: Backen, Kochen, Reiben, Pürieren, Braten, Salate und vieles mehr
Beschreibung: Auffallend violette Schale und reinweißes, feines Fleisch, das beim Kochen trocken wird. Sie gehört zu den wenigen Sorten, die in Australien angebaut werden. Sehr gut für Gnocchi.

Oben: Süßkartoffel

Ulster Sceptre
früh
Herkunft: Nordirland, 1963
Erhältlich in: Nordirland
Eignung: Kochen, Braten, Salate
Beschreibung: kleine, ovale Kartoffel mit gelbweißer Schale und cremefarbenem, festem Fleisch. Da sie beim Kochen manchmal schwarz wird, wird sie langsam aus dem Markt verdrängt.

Up to Date
mittelspät – spät
Herkunft: Schottland, 1894
Erhältlich in: Birma, Großbritannien, Malawi, Mauritius, Nepal, Südafrika, Zypern
Eignung: recht gute Vielzweckkartoffel
Beschreibung: flache, ovale Kartoffel mit weißer Schale und weißem, wohlschmeckendem Fleisch. Die erste Kartoffel, die in Zypern für den Exportmarkt angebaut wurde und noch immer vor allem für kleine internationale Märkte gezogen wird. Zur Jahrhundertwende war sie in Großbritannien besonders weit verbreitet.

Tosca
mittelspät – spät
Herkunft: Großbritannien, 1987
Erhältlich in: Großbritannien (noch selten)
Eignung: gute Vielzweckkartoffel
Beschreibung: ovale Kartoffel mit hellroter bis roter Schale und hellgelbem Fleisch mit angenehmem Geschmack.

Ulla
mittelfrüh
Herkunft: Deutschland, 1970
Erhältlich in: Deutschland
Eignung: Kochen, Braten, Backen
Beschreibung: langovale Sorte mit gelbem, festem Fleisch. Feucht und schwach mehlig. Die Schale ist gelb und glatt-genetzt, flache Augen.

Ulster Prince
früh
Herkunft: Großbritannien, 1947
Erhältlich in: Großbritannien (in sehr kleinen Mengen), Irland
Eignung: Backen, Kochen, Reiben, Braten

Beschreibung: große, nierenförmige Kartoffel mit weißer Schale und weißem Fleisch. Sie schmeckt früh in der Saison am besten.
Selbstzucht: möglich

Oben (links): Tosca
Links: Ulster Prince (oben), Ulster Sceptre (unten)
Oben: Up to Date

White Rose *American Giant, Wisconsin Pride, California Long White*
früh
Herkunft: USA, 1893
Erhältlich in: Kanada, USA (Kalifornien, Oregon, Washington)
Eignung: Backen, Kochen, Pürieren
Beschreibung: große, sehr lange, flache Kartoffel mit glatter, weißer Schale, recht tiefen Augen und weißem Fleisch. Sie ist nicht mehr so populär, wie sie einst war.

Wilja
mittelfrüh
Herkunft: Niederlande, 1967
Erhältlich in: Niederlande, Pakistan
Eignung: Kochen, Reiben, Pürieren, Braten
Beschreibung: langovale Kartoffel mit hellgelber Schale, gelblichem, recht festem Fleisch und etwas trockener Struktur. Sie ist die zweithäufigste unter den mittelfrühen Sorten und wird oft in der Spätsaison verkauft.
Selbstzucht: möglich

Vanessa
früh
Herkunft: Niederlande, 1973
Erhältlich in: Niederlande, Großbritannien
Eignung: Kochen, Braten, Salate
Beschreibung: langovale Kartoffel mit hellroter Schale und hellgelbem Fleisch.
Selbstzucht: möglich

Vitelotte *Truffe de Chine*
Herkunft: nicht bekannt
Erhältlich in: Frankreich, Großbritannien
Eignung: Kochen, Salate
Beschreibung: lange, dünne, eher kleine Kartoffel mit violettschwarzer Schale und dunklem, graublauem Fleisch. Sie ist fest und hat einen milden, nussigen Geschmack. Die Knolle behält beim Kochen ihre Farbe. Die Bezeichnung Truffe de Chine wird in Frankreich nicht häufig gebraucht, da die chinesische Trüffel denselben Namen hat.

Vitesse
früh
Herkunft: Niederlande, 1997
Erhältlich in: Deutschland, Niederlande
Eignung: Backen, Braten
Beschreibung: vorwiegend festkochende, ovale Sorte mit hellgelbem Fleisch. Mittlere Konsistenz und Feuchtigkeit, schwach mehlig. Die Schale ist gelb und genetzt, flache Augen.

Oben (rechts): Wilja
Oben: Vitelotte
Rechts: White Rose

Winston
früh
Herkunft: Schottland, 1992
Erhältlich in: Großbritannien, Neuseeland
Eignung: Backen, Reiben, Braten, Salate
Beschreibung: eine gleichmäßige, ovale Kartoffel mit sehr flachen Augen, cremefarbener Schale und sehr fester Struktur. Die Frühkartoffeln dieser Sorte sind vor allem als Bratkartoffeln hervorragend.
Selbstzucht: möglich

Rechts: Winston
Unten: Yukon Gold

Yukon Gold
mittelfrüh – spät
Herkunft: Ontario, Kanada, 1980
Erhältlich in: Kanada, USA (Kalifornien, Michigan)
Eignung: Backen, Kochen, Reiben
Beschreibung: große, ovale bis runde Kartoffel mit brauner Schale, gelbem Fleisch, hellroten Augen und leicht mehliger Struktur. Diese wohlschmeckende Sorte eignet sich vor allem für Ofenkartoffeln und ist auf dem internationalen Spezialitätenmarkt sehr beliebt. Die Knolle war die erste erfolgreiche Kartoffel mit gelbem Fleisch aus den USA.
Selbstzucht: möglich

Die Rezepte

Suppen

Es geht nichts über einen Teller dampfender cremiger oder klarer Suppe mit delikater Einlage. Kartoffeln verleihen der Suppe eine spezielle Note und eine wunderbare Struktur. Dabei sind den geschmacklichen Varianten keine Grenzen gesetzt. Eine italienische Minestrone Genoa ist ebenso köstlich wie eine würzige Chorizo-Suppe aus Spanien oder Die klassische Kartoffel-Lauch-Suppe.

KALTE KARTOFFEL-LAUCH-SUPPE

Diese cremige kalte Variante der klassischen Vichyssoise wird mit erfrischendem Joghurt zubereitet.

FÜR VIER PERSONEN

ZUTATEN

- 25 g Butter
- 1 EL Pflanzenöl
- 1 kleine Zwiebel, gehackt
- 3 Porree, gehackt
- 2 mittelgroße mehligkochende Kartoffeln, gewürfelt
- 600 ml Gemüsefond
- 300 ml Milch
- 3 EL Sahne
- zusätzliche Milch nach Belieben
- Salz und schwarzer Pfeffer
- 4 EL Naturjoghurt und einige angebratene Lauchringe zum Garnieren

1 Butter und Öl in einem großen Topf erhitzen, Zwiebel, Porree und Kartoffeln hinzufügen und 15 Minuten garen. Gelegentlich umrühren. Nochmals aufkochen lassen und 10 Minuten köcheln.

2 Den Fond und die Milch einrühren und wieder zudecken.

3 Gemüse und Flüssigkeit in einer Küchenmaschine oder mit dem Pürierstab glatt pürieren. In den Topf geben, die Sahne einrühren, würzen.

4 Die Suppe abkühlen lassen und 3–4 Stunden kühl stellen. Bei Bedarf mit etwas Milch verdünnen, da die Suppe beim Abkühlen dicker wird.

5 In Suppenschüsseln mit einem Löffel Naturjoghurt und etwas Porree garniert servieren.

KARTOFFEL-LAUCH-SUPPE MIT RAUKE

DIE RAUKE VERLEIHT DIESER WUNDERBAREN SUPPE EINEN CHARAKTERISTISCHEN, PFEFFRIGEN GESCHMACK. HEISS MIT REICHLICH CIABATTA-CROÛTONS SERVIEREN.

FÜR VIER BIS SECHS PERSONEN

ZUTATEN

- 50 g Butter
- 1 Zwiebel, gehackt
- 3 Lauchstangen, gehackt
- 2 mittelgroße mehligkochende Kartoffeln, gewürfelt
- 900 ml Hühnerfond oder Wasser
- 2 Handvoll Rauke, grob gehackt
- 150 ml Crème double
- Salz und schwarzer Pfeffer
- Ciabatta-Croûtons mit Knoblauchgeschmack zum Garnieren

1 Die Butter in einem großen Topf mit schwerem Boden zergehen lassen und Zwiebel, Lauch und Kartoffeln darin glasig braten. Die Zutaten stark erhitzen, dann auf kleine Hitze zurückdrehen.

2 Das Gemüse zugedeckt ca. 15 Minuten dünsten. Mit Fond oder Wasser aufgießen, zum Kochen bringen und zugedeckt 20 Minuten bei geringer Hitze köcheln, bis das Gemüse weich ist.

3 Die Suppe durch ein Sieb drücken oder passieren und wieder in den ausgespülten Topf geben. (Die Suppe nicht mit dem Pürierstab oder in der Küchenmaschine pürieren, da sie sonst breiig wird.) Die gehackte Rauke hinzufügen und die Suppe ohne Deckel bei geringer Hitze 5 Minuten kochen.

4 Die Crème double einrühren, nach Belieben würzen und langsam nochmals erwärmen. Die Suppe in vorgewärmte Suppenschüsseln schöpfen und mit den Ciabatta-Croûtons servieren.

ALTDEUTSCHE KARTOFFELSUPPE

Dieser deftige Kartoffeleintopf ist eine gehaltvolle Wintermahlzeit.

FÜR VIER BIS SECHS PERSONEN

ZUTATEN
- 1,5 l kräftiger Rinderfond
- 1 kg mehligkochende Kartoffeln
- 200 g Möhren
- 100 g Knollensellerie
- 250 g Porree
- 100 g Zwiebeln
- 50 g Butter
- 50 g fetter Speck
- 125 ml süße Sahne
- ½ Bund glatte Petersilie
- Salz, frisch gemahlener Pfeffer, Majoran, 1 Lorbeerblatt, 1 Nelke

1 Kartoffeln, Möhren und Sellerie schälen, waschen und würfeln.

2 Butter zerlassen, Möhren- und Selleriewürfel darin andünsten, dann die Kartoffelwürfel, Lorbeer und Nelke zugeben und mit der Brühe ablöschen. Zugedeckt 20 Minuten köcheln lassen.

3 Porree putzen, waschen und in Ringe schneiden. In die Suppe geben und etwa 10 Minuten mitkochen.

4 In der Zwischenzeit den Speck sehr fein würfeln und in einer schweren Pfanne ausbraten. Zwiebeln schälen, in feine Streifen schneiden, in der Pfanne bräunen.

5 Nelke und Lorbeerblatt entfernen. Die Hälfte der Kartoffeln aus der Suppe nehmen und pürieren. Sahne zugeben und zusammen wieder in die Suppe rühren.

6 Kleingehackte Petersilie und gebräunte Zwiebeln in die Suppe geben, mit Majoran, Salz und Pfeffer abschmecken.

VARIANTE
Sie können diese Suppe durch die Beigabe von Würstchen (z. B. Wiener) zu einer vollständigen Mahlzeit machen. Die Würstchen dann erst wenige Minuten vor dem Auftragen in die Suppe geben und ziehen lassen.

KARTOFFELSUPPE MIT MUSCHELN UND PILZEN

Der köstliche, süsse Meeresgeschmack der Muscheln und die zarte Erdigkeit der Wildpilze verbindet sich mit den Kartoffeln zu einem wunderbaren Gericht für alle Gelegenheiten.

FÜR VIER PERSONEN

ZUTATEN
- 48 Venusmuscheln, gesäubert
- 50 g Butter
- 1 große Zwiebel, gehackt
- 1 Selleriestange, in Scheiben geschnitten
- 1 Möhre, in Scheiben geschnitten
- 225 g Wildpilze wie Pfifferlinge, Parasol oder Steinpilze
- 225 g mehligkochende Kartoffeln, in dicke Scheiben geschnitten
- 1,2 l leichter Hühner- oder Gemüsefond, kochend
- 1 Thymiansträußchen
- 4 Zweige Petersilie
- Salz und schwarzer Pfeffer
- Thymianzweige zum Garnieren

1 Die Venusmuscheln in einen großen Topf geben, zuvor alle offenen entfernen. 1 cm Wasser aufgießen, zudecken und bei mittlerer Hitze 6–8 Minuten kochen lassen, bis sich die Muscheln öffnen. Nun alle geschlossenen Muscheln entfernen.

2 Die Venusmuscheln über einer Schüssel abseihen, aus der Schale nehmen, zerkleinern und mit der Kochflüssigkeit umfüllen. Beiseite stellen.

3 Butter, Zwiebel, Sellerie und Möhre in den Topf geben und bei geringer Hitze weich garen, aber nicht bräunen. Die Pilze hinzufügen und 3–4 Minuten garen, bis die Flüssigkeit verdampft. Kartoffeln, Muscheln, Kochflüssigkeit, Fond und Gewürze unterrühren.

4 Aufkochen und bei geringer Hitze zugedeckt 25 Minuten kochen lassen. Nach Belieben würzen und in Schüsseln mit Thymian anrichten.

KARTOFFELSUPPE MIT MAIS UND BOHNEN

Diese cremige Suppe mit dem vollen Geschmack süsser Maiskörnern hat Biss und passt wunderbar zu geröstetem Brot und geriebenem Hartkäse.

FÜR VIER PERSONEN

ZUTATEN
- 1 Zwiebel, gehackt
- 1 Knoblauchzehe, zerdrückt
- 1 mittlere, mehlige Kartoffel, gewürfelt
- 2 Selleriestangen, in Scheiben
- 1 kleine grüne Paprika, entkernt, halbiert und in Streifen geschnitten
- 2 EL Sonnenblumenöl
- 25 g Butter
- 600 ml Fond oder Wasser
- 300 ml Milch
- 200 g grüne Bohnenkerne
- 300 g Maiskörner aus der Dose
- getrockneter Salbei
- Salz und schwarzer Pfeffer
- geriebener Hartkäse zum Anrichten

1 Zwiebel, Knoblauch, Kartoffel, Sellerie und Paprika mit Öl und Butter in einen schweren Topf geben.

2 Die Zutaten stark erhitzen, dann zugedeckt bei geringer Hitze etwa 10 Minuten garen lassen. Den Topf dabei gelegentlich schütteln.

3 Mit Fond oder Wasser aufgießen, mit Salz und Pfeffer nach Geschmack würzen und zum Kochen bringen. Bei geringer Hitze etwa 15 Minuten köcheln, bis das Gemüse gar ist.

4 Milch, Bohnen, Mais und Salbei zufügen. Ohne Deckel 5 Minuten köcheln lassen. Bei Bedarf nachwürzen und heiß mit geriebenem Käse servieren.

GALIZISCHER EINTOPF

Für dieses herzhafte Hauptgericht werden die Kartoffeln in einem Fond aus Rinderschinken gekocht, damit sie einen rauchigen Geschmack annehmen. Aber Vorsicht beim Würzen!

FÜR VIER PERSONEN

ZUTATEN
- 450 g Räucherschinken am Stück
- 2 Lorbeerblätter
- 2 Zwiebeln, in Ringe geschnitten
- 2 TL Paprikapulver
- 675 g Kartoffeln, in große Stücke geschnitten
- 225 g Weißkohl
- 425 g Kidney- oder Cannellini-Bohnen aus der Dose, abgetropft
- Salz und schwarzer Pfeffer

KOCHTIP

Ungeschälte Kartoffeln verleihen dem Gericht einen würzigeren Geschmack.

1 Den Räucherschinken über Nacht im Kühlschrank in kaltem Wasser einweichen. Mit den Lorbeerblättern und den Zwiebeln in einen großen Topf geben und mit 1,5 Liter Wasser aufgießen.

2 Bei geringer Hitze sehr langsam zum Kochen bringen und 1½ Stunden köcheln lassen, bis das Fleisch weich ist. Aufpassen, daß das Gericht nicht überkocht.

3 Den Schinken aus dem Wasser nehmen, etwas abkühlen lassen. Haut und Fett entfernen, und das Fleisch in kleine Stücke schneiden. Mit Paprikapulver und Kartoffeln wieder in den Topf geben, kurz aufkochen und zugedeckt bei geringer Hitze 20 Minuten kochen lassen, bis die Kartoffeln gar sind.

4 In der Zwischenzeit den Strunk vom Kohl schneiden und die zusammengerollten Blätter fein schneiden. Mit den Bohnen in den Topf geben und ohne Deckel 10 Minuten kochen. Die Lorbeerblätter entfernen, mit Salz und Pfeffer würzen und heiß servieren.

VARIANTE

Anstatt des Räucherschinkens kann man auch durchwachsenen Räucherspeck verwenden. Die Knorpel geben dem Fond einen würzigen Geschmack.

KARTOFFELSUPPE MIT SPINAT

Eine köstlich cremige Suppe mit wenig Kalorien. Dieses Rezept wird mit Spinat zubereitet, doch eignen sich auch andere Gemüse wie Kohl oder Mangold.

FÜR VIER PERSONEN

ZUTATEN
- 1 große Zwiebel, fein gehackt
- 1 Knoblauchzehe, zerdrückt
- 900 g mehligkochende Kartoffeln, gewürfelt
- 2 Selleriestangen, gehackt
- 1,2 l Gemüsefond
- 250 g frischer Blattspinat
- 200 g magerer Frischkäse
- 300 ml Milch
- etwas trockener Sherry
- Salz und schwarzer Pfeffer
- gehackte Petersilie zum Garnieren
- geröstetes Brot zum Anrichten

1 Zwiebel, Knoblauch, Kartoffeln, Sellerie und Fond in einem großen Topf erhitzen und 20 Minuten köcheln lassen.

2 Die Suppe würzen, die Spinatblätter zufügen und weitere 10 Minuten kochen. Vom Herd nehmen.

3 Die Suppe in eine Küchenmaschine füllen, zerkleinern und zurück in den Topf geben.

4 Frischkäse und Milch einrühren, aufkochen lassen und bei Bedarf nachwürzen. Etwas Sherry hinzufügen und mit Brot und Petersilie servieren.

KARTOFFEL-KNOBLAUCH-SUPPE

Dieses Gericht enthält zwar viel, aber nicht zu viel Knoblauch. Man serviert die Suppe sehr heiss mit Brot. Wärmt im Winter hervorragend.

FÜR VIER PERSONEN

ZUTATEN
- 2 kleine oder 1 große Knoblauchknolle (20 Zehen)
- 4 mittelgroße Kartoffeln, gewürfelt
- 1,75 l Gemüsefond
- Salz und schwarzer Pfeffer
- Petersilie zum Garnieren

VARIANTE
Nahrhafter wird die Suppe, wenn man sie mit einer Scheibe getoastetem französischem Weißbrot mit geriebenem Käse serviert. Die Suppe über das Brot gießen, damit es sich vollsaugen kann.

1 Den Ofen auf 190 °C/Gasstufe 5 vorwärmen. Den geschälten Knoblauch in einer kleinen Bratpfanne anbraten und 30 Minuten im Ofen weich garen.

2 Inzwischen die Kartoffeln in schwach gesalzenem Wasser in einem großen Topf 10 Minuten vorkochen.

3 Den Fond 5 Minuten köcheln lassen und die Kartoffeln zufügen.

4 Den Knoblauch in die Suppe pressen, dabei einige Zehen zum Garnieren beiseite legen. 15 Minuten köcheln lassen und mit je einer Knoblauchzehe und Petersilie garniert servieren.

KARTOFFELSUPPE AUF RÄUCHERFISCH

Ein klassisches schottisches Gericht, das mit geräuchertem Schellfisch zubereitet wird. Die dicke, cremige Suppe besticht durch den rauchigen Geschmack.

FÜR SECHS PERSONEN

ZUTATEN

- 350 g geräucherte Schellfischfilets
- 1 Zwiebel, gehackt
- 1 Bund Suppengrün
- 900 ml Wasser
- 500 g mehligkochende Kartoffeln, geviertelt
- 600 ml Milch
- 40 g Butter
- Salz und schwarzer Pfeffer
- Schnittlauch zum Garnieren
- geröstetes Brot zum Anrichten

1 Fischfilet, Zwiebel, Suppengrün und Wasser in einen großen Topf mit schwerem Boden geben und zum Kochen bringen. Den Schaum abschöpfen, zudecken und bei geringer Hitze 10–15 Minuten köcheln, bis der Fisch zu zerfallen beginnt.

2 Den Fisch aus dem Topf nehmen, etwas abkühlen lassen, Haut und Gräten auslösen. Das Fleisch zerkleinern und beiseite stellen. Die Haut und die Gräten 30 Minuten köcheln lassen.

3 Den Fischfond abseihen und wieder in den Topf gießen, die Kartoffeln unterrühren und 25 Minuten köcheln lassen. Die Kartoffeln herausnehmen, die Milch hinzufügen und aufkochen lassen.

4 Die Kartoffeln mit der Butter zerstampfen und in die Suppe rühren. Den Fisch in den Topf geben und erhitzen. Würzen, in Suppenschüsseln füllen, mit Schnittlauch und mit Brot servieren.

WÜRZIGE NORDAFRIKANISCHE SUPPE

Harira wird in moslemischen Ländern zur Zeit des Ramadan häufig am Abend serviert, da die religiösen Vorschriften das Essen während des Tages untersagen.

FÜR SECHS PERSONEN

ZUTATEN
- 1 große Zwiebel, gehackt
- 1,2 l Gemüsefond
- 1 TL gemahlener Zimt
- 1 TL Gelbwurz
- 1 EL frisch geriebener Ingwer
- eine Prise Cayennepfeffer
- 2 Möhren, gewürfelt
- 2 Selleriestangen, gewürfelt
- 400 g gehackte Tomaten aus der Dose
- 450 g mehligkochende Kartoffeln, gewürfelt
- 5 Safranfäden
- 400 g Erbsen aus der Dose
- 2 EL Koriander, gehackt
- 1 EL Zitronensaft
- Salz und schwarzer Pfeffer
- fritierte Zitronenhälften zum Servieren

1 Die Zwiebel mit 300 ml Gemüsefond in einen großen Topf geben und etwa 10 Minuten leicht köcheln lassen.

2 Inzwischen Zimt, Gelbwurz, Ingwer, Cayennepfeffer und 2 EL Fond zu einer Paste rühren. Mit den Möhren, dem Sellerie und dem restlichen Fond in die Zwiebelmischung einrühren.

3 Die Mischung aufkochen lassen und zugedeckt bei geringer Hitze 5 Minuten köcheln lassen.

4 Tomaten und Kartoffeln hinzufügen und zugedeckt 20 Minuten köcheln lassen. Safran, Erbsen, Koriander und Zitronensaft unterrühren. Nach Belieben würzen und sehr heiß mit den Zitronenhälften servieren.

KARTOFFELSUPPE MIT GRÜNKOHL UND CHORIZO

Den würzigen Geschmack verleiht diesem herzhaften Wintergericht die spanische Chorizo-Wurst. Kräftiger wird die Suppe, wenn man sie über Nacht kühl stellt. Man sollte die beste Chorizo kaufen, die man bekommt, um den Geschmack zu verfeinern.

FÜR SECHS BIS ACHT PERSONEN

ZUTATEN
- 225 g Grünkohl, ohne Stengel
- 225 g Chorizo
- 675 g rote Kartoffeln
- 1,75 l Gemüsefond
- 1 TL schwarzer Pfeffer
- eine Prise Cayennepfeffer (nach Belieben)
- 12 Scheiben Weißbrot, getoastet
- Salz und schwarzer Pfeffer

1 Den Grünkohl in die Küchenmaschine geben und in wenigen Sekunden fein hacken.

2 Die Wurst anstechen und in einem Topf mit Wasser bedeckt 15 Minuten köcheln lassen, abseihen und in feine Scheiben schneiden.

3 Die Kartoffeln in etwa 15 Minuten weich kochen. Abseihen, in eine Schüssel geben und mit etwas Kochsud zu einer dicken Paste verrühren.

4 Den Gemüsefond zum Kochen bringen, Kohl und Chorizo hinzufügen und 5 Minuten köcheln lassen. Die Kartoffelpaste langsam einrühren, 20 Minuten kochen und mit Pfeffer abschmecken.

5 In jede Schüssel eine Scheibe Toast legen, die Suppe darüber gießen und mit Pfeffer bestreut servieren.

BLUMENKOHLCREMESUPPE

Diese Suppe ist ideal für ein leichtes Mittagessen. Grüner Blumenkohl verleiht dem Gericht Farbe.

FÜR SECHS PERSONEN

ZUTATEN

- 2 EL Olivenöl
- 2 große Zwiebeln, kein gewürfelt
- 1 Knoblauchzehe, zerdrückt
- 3 große mehligkochende Kartoffeln, gewürfelt
- 3 Selleriestangen, klein gewürfelt
- 1,75 l Gemüsefond
- 2 Möhren, klein gewürfelt
- 1 mittelgroßer Blumenkohl, zerkleinert
- 1 EL frisch gehackter Dill
- 1 EL Zitronensaft
- 1 TL Senfpulver
- ¼ TL Kümmel
- 300 mll Sahne
- Salz und schwarzer Pfeffer
- Frühlingszwiebel zum Garnieren

1 Das Öl in einem großen Topf erhitzen und Zwiebel und Knoblauch einige Minuten darin glasig braten. Kartoffeln, Sellerie und Fond hinzufügen und 10 Minuten köcheln lassen.

2 Die Möhren zugeben und 10 Minuten köcheln lassen.

3 Blumenkohl, Dill, Zitronensaft, Senfpulver und Kümmel einrühren und weitere 20 Minuten köcheln lassen.

4 Die Suppe in der Küchenmaschine pürieren, wieder in den Topf geben und die Sahne einrühren. Nach Belieben würzen und mit gehackten Frühlingszwiebeln garniert servieren.

SÜSSKARTOFFELSUPPE MIT MAIS

Die Verbindung aus Mais und Süsskartoffeln macht diese Suppe nicht nur sehr schmackhaft, sondern auch äusserst farbenfroh.

FÜR SECHS PERSONEN

ZUTATEN
- 1 EL Olivenöl
- 1 Zwiebel, fein gehackt
- 2 Knoblauchzehen, zerdrückt
- 1 kleine rote Chilischote, entkernt und fein gehackt
- 1,75 l Gemüsefond
- 2 TL gemahlener Kreuzkümmel
- 1 mittelgroße Süßkartoffel, gewürfelt
- ½ rote Paprika, fein gehackt
- 450 g Maiskörner aus der Dose
- Salz und schwarzer Pfeffer
- Limettenspalten zum Anrichten

1 Das Öl erhitzen und die Zwiebel 5 Minuten glasig braten. Knoblauch und Chilischote hinzufügen und weitere 2 Minuten garen.

2 300 ml Fond aufgießen und 10 Minuten köcheln lassen.

3 Den Kreuzkümmel mit etwas Fond zu einer Paste vermischen und unter die Suppe rühren. Die Süßkartoffel hinzufügen und 10 Minuten kochen lassen. Nachwürzen und umrühren.

4 Pfeffer, Mais und den restlichen Fond einrühren und 10 Minuten köcheln lassen. Die Hälfte der Suppe pürieren und mit der restlichen Suppe vermischen. Würzen und mit Limettenspalten garniert servieren.

MINESTRONE GENOA

Von dieser Suppe gibt es zahllose Varianten. Diese Version enthält keine Nudeln, dafür aber grosse Mengen an Gemüse. Mit Brot ein nahrhaftes und kräftiges Mittagessen.

FÜR SECHS PERSONEN

ZUTATEN
- 1,75 l Gemüsefond
- 1 große Zwiebel, gehackt
- 3 Selleriestangen, in Stücke geschnitten
- 2 Karotten, fein gewürfelt
- 2 große mehligkochende Kartoffeln, gewürfelt
- ½ Weißkohl, sehr fein geschnitten
- 225 g Stangenbohnen, in schräg angeschnittenen Stückchen
- 800 g Cannellini-Bohnen aus der Dose, abgetropft
- 4 EL Pesto
- Salz und schwarzer Pfeffer
- Brot zum Servieren und frisch geriebener Parmesan zum Anrichten

1 Fond, Zwiebel, Sellerie und Möhren in einen großen Topf geben und 10 Minuten köcheln lassen.

2 Kartoffeln, Weißkoh und Bohnen hinzufügen und 10–12 Minuten köcheln lassen, bis die Kartoffeln gar sind.

3 Die Cannellini-Bohnen und das Pesto einrühren und nochmals zum Kochen bringen. Nach Belieben würzen und heiß mit Brot und viel frisch geriebenem Parmesan servieren.

KATALANISCHE BOHNENSUPPE

DICKE BOHNEN SIND AUCH UNTER DEM NAMEN FAVA-BOHNEN BEKANNT. ERHÄLT MAN KEINE FRISCHEN BOHNEN, EIGNEN SICH AUCH TIEFGEFRORENE ODER DOSENBOHNEN.

FÜR SECHS PERSONEN

ZUTATEN
- 2 EL Olivenöl
- 2 Zwiebeln, gehackt
- 3 große mehligkochende Kartoffeln, gewürfelt
- 450 g frische Fava-Bohnen
- 1,75 l Gemüsefond
- 1 Strauß Koriander, fein gehackt
- 150 ml Sahne
- Salz und schwarzer Pfeffer
- Korianderblätter zum Garnieren

KOCHTIP
Fava-Bohnen haben manchmal eine dicke Schale. Um sie zu schälen, kocht man sie kurz, zieht die Haut ab und gibt den weichen Kern in die Suppe.

1 Das Öl in einem großen Topf erhitzen und die Zwiebeln etwa 5 Minuten glasig anbraten, aber nicht bräunen.

2 Kartoffeln, Bohnen (ein paar zum Garnieren aufheben) und Fond in den Topf geben und 5 Minuten bei geringer Hitze kochen lassen.

3 Den Koriander einrühren und 10 Minuten köcheln lassen.

4 Im Mixer oder der Küchenmaschine pürieren und wieder in den Topf zurückgießen.

5 Die Sahne einrühren (ein wenig zum Garnieren aufheben), würzen und nochmals aufkochen lassen. Mit Korianderblättern, Bohnen und Sahne garniert servieren.

SPANISCHE KNOBLAUCHSUPPE

EIN KLASSISCHES GERICHT AUS SPANIEN, DAS AUF TONTELLERN SERVIERT WIRD.

FÜR SECHS PERSONEN

ZUTATEN
- 2 EL Olivenöl
- 1 große Zwiebel, in feine Ringe geschnitten
- 4 Knoblauchzehen, zerdrückt
- 1 große Kartoffel, halbiert und in dünne Scheiben geschnitten
- 1 TL Paprikapulver
- 400 g gehackte Tomaten aus der Dose, abgeseiht
- 1 TL Thymianblätter
- 900 ml Gemüsefond
- 1 TL Maisstärke
- Salz und schwarzer Pfeffer
- gehackte Thymianblätter zum Garnieren

1 Das Öl in einem großen Topf erhitzen und Zwiebeln, Knoblauch, Kartoffeln und Paprikapulver 5 Minuten darin anbraten, bis die Zwiebel weich ist.

2 Tomaten, Thymian und Fond unterrühren und 15–20 Minuten köcheln lassen, bis die Kartoffeln gar sind.

3 Die Maisstärke mit etwas Wasser verquirlen und in die Suppe einrühren, danach 5 Minuten eindicken lassen.

4 Mit einem Kochlöffel die Kartoffeln leicht zerteilen. Nach Belieben würzen und mit gehackten Thymianblättern garniert servieren.

Vorspeisen und Snacks

Kartoffeln werden selten für Vorspeisen oder kleine Häppchen verwendet, aber sie hätten es verdient, in die Liste aufgenommen zu werden. Ein einfacher, schmackhafter Snack sind gegrillte Kartoffelschalen mit würziger Cajun-Sauce. Das Gruyère-Kartoffel-Soufflé ist ebenso wie die Jakobsmuscheln mit dekorativem Kartoffelrand eine delikate Vorspeise für ein Abendessen.

JAKOBSMUSCHELN

DIESE KLASSISCHE FRANZÖSISCHE VORSPEISE GELINGT NUR MIT SEHR FRISCHEN UND HOCHWERTIGEN MUSCHELN. MAN BENÖTIGT AUSSERDEM VIER MUSCHELSCHALEN ZUM SERVIEREN.

FÜR VIER PERSONEN

ZUTATEN
- 450 g Kartoffeln, gehackt
- 50 g Butter
- 4 große oder 8 kleine Jakobsmuscheln
- 120 ml Fischfond

Für die Sauce
- 25 g Butter
- 25 g Mehl
- 300 ml Milch
- 2 EL Sahne
- 115 g Hartkäse, gerieben
- Salz und schwarzer Pfeffer
- Dillzweige zum Garnieren, gegrillte Zitronenscheiben zum Anrichten

1 Den Ofen auf 200 °C/Gasstufe 6 vorheizen. Die gehackten Kartoffeln in einem großen Topf mit Wasser bedeckt und 15 Minuten weich kochen. Abseihen und mit der Butter pürieren.

2 Das Püree in einen Spritzbeutel mit Sterntülle füllen und auf den Rand der gesäuberten Muschelschalen spritzen. Vier Schalen auf diese Weise garnieren.

3 Die Muscheln in wenig Fischfond 3 Minuten lang köcheln lassen, bis das Fleisch gerade bißfest ist. Abseihen und in dünne Scheiben schneiden.

4 Für die Sauce die Butter in einem kleinen Topf schmelzen, das Mehl einrühren und bei geringer Hitze einige Minuten köcheln. Langsam unter ständigem Rühren die Milch und die Sahne hinzufügen und eindicken lassen.

5 Den Käse einrühren und schmelzen lassen. Nach Belieben würzen. Etwas Sauce in jede Muschelschale füllen, das Muschelfleisch auf die Schalen aufteilen und die restliche Sauce darüber gießen.

6 Im Ofen 10 Minuten goldgelb backen. Mit Dill garnieren und mit gegrillten Zitronenscheiben servieren.

DOPPELT ÜBERBACKENES GRUYÈRE-KARTOFFEL-SOUFFLÉ

ERWARTEN SIE GÄSTE ZUM ESSEN, KANN DIESE VORSPEISE IM VORHINEIN ZUBEREITET UND KURZ VOR DEM SERVIEREN NOCHMALS AUFGEBACKEN WERDEN.

FÜR VIER PERSONEN

ZUTATEN
- 225 g mehligkochende Kartoffeln
- 2 Eier, getrennt
- 175 g Gruyère, gerieben
- 50 g Mehl, etwas Backpulver
- 50 g Spinatblätter
- Butter zum Ausfetten der Form
- Salz und schwarzer Pfeffer
- Salatblätter zum Anrichten

VARIANTE
Anstatt des Gruyère kann man auch Blauschimmelkäse verwenden, der dem Gericht einen intensiveren Geschmack verleiht.

1 Den Ofen auf 200 °C/Gasstufe 6 vorheizen. Die Kartoffeln in schwach gesalzenem Wasser 20 Minuten sehr weich kochen. Abseihen und mit zwei Eigelb pürieren.

2 Die Hälfte des geriebenen Käses und das Mehl unterrühren und nach Geschmack mit Salz und Pfeffer würzen.

3 Den Spinat fein hacken und unter die Kartoffelmischung heben.

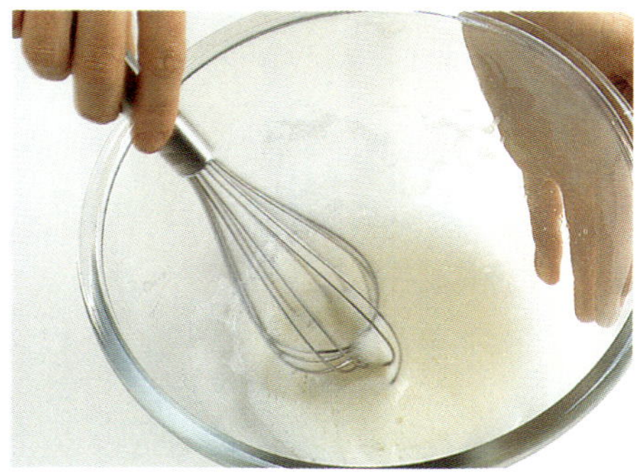

4 Das Eiweiß zu Schnee schlagen. Mit einem Teil die Kartoffelmischung auflockern, dann vorsichtig den Rest unter die Masse heben.

5 4 große Souffléförmchen mit Butter ausfetten. Die Mischung in die Förmchen geben und 20 Minuten im Ofen backen. Herausnehmen und abkühlen lassen.

6 Die Soufflés auf ein Backblech stellen und mit dem restlichen Käse bestreuen. Nochmals 5 Minuten überbacken und mit Salatblättern servieren.

FRÜHKARTOFFELN MIT FISCHROGEN UND FRISCHKÄSE

Ein perfekter Snack für eine Party, der den Geschmack der zarten Frühkartoffeln besonders hervorhebt. »Deutscher Kaviar« ist ein anderer Name für Seehasenrogen.

FÜR 30 PORTIONEN

ZUTATEN
- 30 kleine Frühkartoffeln
- 200 g Frischkäse
- 1 EL frisch gehackte Petersilie
- 1 Dose »deutscher Kaviar« (Seehasenrogen)
- 1 Dose Lachsrogen
- Salz und schwarzer Pfeffer
- Dillzweige zum Garnieren

VARIANTE
Anstelle des Kaviarersatzes kann man die Frühkartoffeln auch mit dünnen Scheiben Räucherlachs garnieren.

1 Die Kartoffeln in einem großen Topf 20 Minuten in Wasser weich kochen. Abseihen und die Enden jeder Kartoffel abschneiden.

2 Die Kartoffeln auf eine Platte setzen. Den Frischkäse mit der Petersilie vermischen und die Mischung mit einem Löffel auf den Kartoffeln verteilen. Ein wenig Kaviar und Lachsrogen darüber geben und mit Dill garnieren.

KARTOFFELBLINIS

Diese knusprigen, leichten Omeletts stammen ursprünglich aus Russland, wo sie aus Buchweizenmehl gebacken und mit Kaviar serviert werden.

FÜR SECHS PERSONEN

ZUTATEN
- 1 kg Spätkartoffeln, gekocht und püriert
- 1 EL Trockenhefe
- 175 g Mehl
- Öl zum Ausfetten
- 90 ml saure Sahne
- 6 Scheiben Räucherlachs
- Salz und schwarzer Pfeffer
- Zitronensscheiben zum Garnieren

KOCHTIP
Die kleinen Omeletts lassen sich gut vorbereiten und im Kühlschrank aufbewahren. Danach erwärmt man sie einfach bei niedriger Temperatur im Ofen.

1 In einer großen Schüssel die Kartoffeln mit der Hefe, dem Mehl und 300 ml lauwarmem Wasser vermischen.

2 Die Mischung an einem warmen Ort 30 Minuten auf das Doppelte ihres Volumens aufgehen lassen.

3 Eine beschichtete Bratpfanne erhitzen und etwas Öl hineingießen. Die Mischung löffelweise in die vorgewärmte Pfanne geben. Die Blinis 2 Minuten goldgelb braten, mit einem Pfannenwender wenden und auf der anderen Seite bräunen. Nach Geschmack würzen.

4 Mit etwas saurer Sahne und einer kleinen Scheibe Räucherlachs servieren. Mit schwarzem Pfeffer und einer kleinen Zitronenscheibe garnieren.

KARTOFFELSPIESSE MIT SENF-DIP

Gegrillte Kartoffeln schmecken hervorragend und sind wunderbar knusprig. Dazu passt ein cremiger Knoblauch-Dip.

FÜR VIER PERSONEN

ZUTATEN

Für den Dip
- 4 Knoblauchzehen, zerdrückt
- 2 Eigelb
- 2 EL Zitronensaft
- 300 ml Olivenöl
- 2 TL grobkörniger Senf
- Salz und schwarzer Pfeffer

Für die Spieße
- 1 kg kleine Frühkartoffeln
- 200 g Schalotten, halbiert
- 2 EL Olivenöl
- 1 EL Meersalz

1 Erst den Grill vorbereiten. Für den Dip Knoblauch, Eigelb und Zitronensaft in einem Mixer oder einer Küchenmaschine mit dem Metallmesser einige Sekunden lang zu einer glatten Sauce verrühren.

2 Unter kräftigem Rühren tropfenweise das Öl hinzufügen, bis eine dicke, glänzende Creme entsteht. Den Senf unterrühren und die Mischung mit Salz und Pfeffer würzen. Bis zum Servieren kalt stellen.

KOCHTIP
Nur Früh- und Salatkartoffeln sind so fest, daß man sie auf einen Spieß stecken kann. Alle anderen kleinen Kartoffeln können beim Grillen aufplatzen oder zerfallen.

3 Die Kartoffeln in kochendem Wasser 5 Minuten vorkochen. Gut abseihen und abwechselnd mit den Schalotten auf Metallspieße stecken.

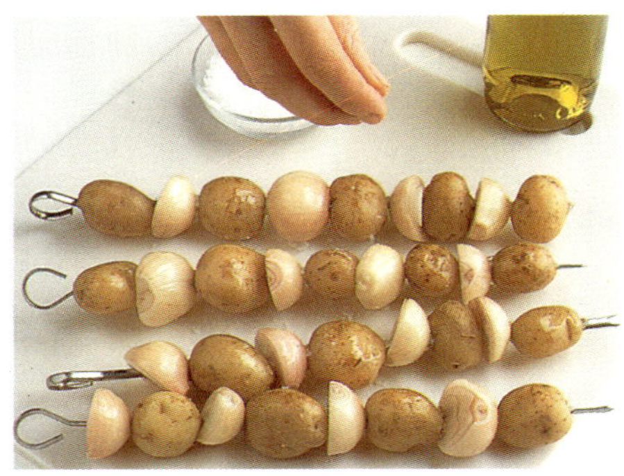

4 Die Spieße mit Öl einpinseln und mit Salz bestreuen. 10–12 Minuten auf einem Grillrost garen, dabei gelegentlich wenden. Mit dem Dip servieren.

GEBACKENE KARTOFFELSCHALEN MIT CAJUN-DIP

DIE HERRLICH KNUSPRIGEN SCHALEN SCHMECKEN SCHON »PUR« HERVORRAGEND. SIE KÖNNEN ABER AUCH MIT EINEM PIKANTEN DIP SERVIERT WERDEN.

FÜR ZWEI PERSONEN

ZUTATEN

2 große Ofenkartoffeln
Pflanzenöl zum Fritieren

Für den Dip

120 ml Naturjoghurt
1 Knoblauchzehe, zerdrückt
1 TL Tomatenmark
½ TL grüne Chilisauce oder
½ kleine grüne Chilischote, gehackt
¼ TL Kräutersalz
Salz und schwarzer Pfeffer

KOCHTIP

Man kann Zeit sparen, wenn man die Kartoffeln etwa 10 Minuten in der Mikrowelle gart.

1 Den Ofen auf 180 °C/Gasstufe 4 vorheizen und die Kartoffeln etwa 45–50 Minuten weich garen. Halbieren und aushöhlen, bis nur eine dünne Fleischschicht an den Schalen bleibt.

2 Für den Dip alle Zutaten mischen und kühl stellen.

3 Etwa 1 cm Öl in einem großen Topf oder einer Friteuse erhitzen. Die ausgehöhlten Kartoffeln nochmals halbieren und fritieren, bis sie auf beiden Seiten knusprig und goldgelb sind. Auf Küchenkrepp abtropfen lassen, mit Salz und Pfeffer würzen und mit dem Dip servieren.

FRITIERTE FRÜHKARTOFFELN MIT SAFRAN-AÏOLI

Servieren Sie diese knusprigen, goldgelben Kartoffeln mit einer Knoblauchmayonnaise – und sie werden innerhalb kürzester Zeit verspeist sein.

FÜR VIER PERSONEN

ZUTATEN
- 1 Eigelb
- ½ TL Dijon-Senf
- 300 ml Olivenöl
- 1–2 EL Zitronensaft
- 1 Knoblauchzehe, zerdrückt
- ½ TL Safranfäden
- 20 Frühkartoffeln
- Pflanzenöl zum Fritieren
- Salz und schwarzer Pfeffer

1 Für die Aïoli das Eigelb mit dem Senf und einer Prise Salz in einer Schüssel vermischen, das Olivenöl unter kräftigem Rühren tropfenweise hinzufügen, den Zitronensaft einrühren.

2 Die Aïoli mit Salz und Pfeffer würzen, den zerdrückten Knoblauch hinzufügen und gut verrühren.

3 Die Safranfäden mit 2 TL heißem Wasser in eine kleine Schüssel geben und mit dem Löffelrücken zerdrücken, um dem Safran Farbe und Geschmack zu entziehen. 5 Minuten ziehen lassen, dann die Mischung in die Aïoli rühren.

4 Die ungeschälten Kartoffeln 5 Minuten in kochendem Salzwasser garen, dann vom Herd nehmen und zugedeckt 15 Minuten ziehen lassen. Die Kartoffeln abseihen und sorgfältig mit einem Geschirrtuch abtrocknen.

5 Den Boden eines tiefen Topfes ca. 1 cm hoch mit Pflanzenöl bedecken, stark erhitzen und die Kartoffeln darin kurz fritieren. Mehrmals wenden, bis sie knusprig und goldbraun sind. Auf Küchenkrepp abtropfen lassen und heiß mit der Safran-Aïoli servieren.

MINI-OFENKARTOFFELN MIT BLAUSCHIMMELKÄSE

Ein perfekter Partysnack, der sich im voraus zubereiten lässt.

FÜR 20 PORTIONEN

ZUTATEN
- 20 kleine Frühkartoffeln
- 4 EL Pflanzenöl
- grobgeriebenes Salz
- 120 ml saure Sahne
- 25 g Blauschimmelkäse, zerbröckelt
- 2 EL frisch gehackter Schnittlauch zum Garnieren

KOCHTIP

Dieses Gericht kann auch als leichte Zwischenmahlzeit serviert werden und läßt sich auch mit großen Ofenkartoffeln zubereiten.

1 Den Ofen auf 180 °C/Gasstufe 4 vorheizen. Die Kartoffeln waschen und trocknen. Das Öl in eine Schüssel gießen und die Kartoffeln darin wenden.

2 Die Kartoffeln in grobgeriebenem Salz wenden und auf ein Backblech legen. 45–50 Minuten im Ofen backen, bis die Kartoffeln weich sind.

3 In einer kleinen Schüssel die saure Sahne mit dem Blauschimmelkäse verrühren.

4 Jede Kartoffel kreuzförmig einschneiden und sanft mit den Fingern drücken, um sie zu öffnen.

5 In jede Öffnung etwas Käsemischung einfüllen und mit Schnittlauch garnieren Auf einem Servierteller anrichten. Heiß oder bei Raumtemperatur servieren.

SÜSSKARTOFFELCHIPS

Man kann aus diesen rosafarbenen Kartoffeln süsse oder würzige Chips machen. Sie zeichnen sich durch ihre Farbe und den einzigartigen, fast fruchtigen Geschmack aus.

FÜR VIER PERSONEN

ZUTATEN
- 2 mittelgroße Süßkartoffeln
- Pflanzenöl zum Fritieren
- Salz

VARIANTEN
Süße Chips kann man vor dem Abkühlen in Zimt und Zucker wenden. Auch Yamswurzeln lassen sich auf dieselbe Weise zubereiten.

KOCHTIP
Die süßen Kartoffelchips sind warm köstlich, können aber auch kalt serviert werden. Die süße und die würzige Variante schmecken mit einem Dip besonders gut.

1 Die Süßkartoffeln unter fließendem kalten Wasser schälen und mit einem scharfen Messer oder einem Gemüsehobel in 3 mm dicke Scheiben schneiden. In eine Schüssel mit kaltem Salzwasser legen.

2 In einem großen Topf oder einer Friteuse 1 cm Öl erhitzen. Inzwischen die Kartoffeln aus dem Wasser nehmen und mit Küchenkrepp trockentupfen.

3 Die Scheiben portionsweise knusprig braten und auf Küchenkrepp abtropfen. Mit Salz bestreuen und warm servieren.

INDISCHE REIBEKUCHEN

Zwar heissen sie Reibekuchen, doch erinnern diese Omeletts mehr an einen indischen Bhaji, einen gefüllten Krapfen. Sie sind eine ideale Vorspeise vor einem Currygericht.

FÜR 10 PORTIONEN

ZUTATEN
- 300 g Kartoffeln, geraspelt
- 1½ TL Garam Masala oder Currypulver
- 4 Frühlingszwiebeln, fein gehackt
- 1 großes Eiweiß, leicht verquirlt
- 2 EL Pflanzenöl
- Salz und schwarzer Pfeffer
- Chutney und Gewürze zum Anrichten

KOCHTIP
Man sollte die Kartoffeln erst kurz vor der Verarbeitung raspeln, da die Kartoffelmasse rasch braun wird.

1 Die überschüssige Flüssigkeit mit den Händen aus den Kartoffeln pressen und trockentupfen.

2 Die trockenen, geriebenen Kartoffeln in eine Schüssel geben, Gewürze, Frühlingszwiebeln und Eiweiß hinzufügen und gut verühren.

3 In einer unbeschichteten Bratpfanne bei mittlerer Hitze das Öl erhitzen.

4 Für jeden Reibekuchen einen Löffel Kartoffelmischung in die Pfanne geben und mit dem Löffelrücken flachdrücken (portionsweise garen).

5 Die Küchlein einige Minuten braten, wenden und nochmals 3 Minuten garen.

6 Auf Küchenkrepp abtropfen und mit Chutney und Gewürzen servieren.

ITALIENISCHE KARTOFFELPIZZA

Diese »Pizza« aus zerstampften Kartoffeln und einer würzigen Füllung aus Sardellenfilets, Kapern und Tomaten ist eine Spezialität aus Norditalien.

FÜR VIER PERSONEN

ZUTATEN
- 1 kg mehligkochende Kartoffeln
- 120 ml Olivenöl
- 2 Knoblauchzehen, fein gehackt
- 350 g Tomaten, gehackt
- 3 Sardellenfilets, gehackt
- 2 EL Kapern, abgetropft
- Salz und schwarzer Pfeffer

1 Die Kartoffeln in der Schale weichkochen, gut abseihen und etwas abkühlen lassen. Danach schälen und zerstampfen oder durch das Passiergerät drücken. 3 EL Öl einrühren und nach Belieben würzen. Die Mischung beiseite stellen.

2 3 EL Öl in einem mittelgroßen Topf erhitzen, den Knoblauch und die gehackten Tomaten hinzufügen und bei mittlerer Hitze 12–15 Minuten garen, bis die Tomaten weich werden und die Flüssigkeit verdampft. Dabei gelegentlich umrühren. Inzwischen den Ofen auf 200 °C/Gasstufe 6 vorheizen.

3 Eine flache, runde Backform mit Öl ausfetten. Die Hälfte der Kartoffeln in einer gleichmäßigen Schicht einfüllen, die Tomaten darübergeben und mit den Sardellenfilets und Kapern bestreuen.

4 Die restlichen Kartoffeln gleichmäßig einfüllen, mit dem übrigen Öl bestreichen und in 20–25 Minuten goldbraun backen. Mit schwarzem Pfeffer bestreuen und heiß servieren.

VARIANTE
Für eine vegetarische Variante läßt man einfach die Sardellenfilets weg. Statt dessen kann man einige entkernte und gehackte Oliven im dritten Arbeitsgang zusammen mit den Kapern auf die Tomaten streuen.

WÜRZIGE SÜSSKARTOFFELTÄSCHCHEN

Der leicht süssliche Geschmack der orangefarbenen Kartoffeln verbindet sich mit bestimmten Gewürzen zu einer köstlichen Füllung für Täschchen.

FÜR VIER PERSONEN

ZUTATEN

Für die Füllung

- 1 Süßkartoffel, etwa 225 g
- 2 EL Pflanzenöl
- 2 Schalotten, fein gehackt
- 2 TL Koriander, zerstoßen
- 1 TL gemahlener Kreuzkümmel
- 1 TL Garam Masala
- 115 g Erbsen aus der Dose
- 1 EL frisch gehackte Minze
- Salz und schwarzer Pfeffer
- Minzezweige zum Garnieren

Für den Teig

- 1 EL Olivenöl
- 1 kleines Ei
- 150 ml Naturjoghurt
- 115 g zerlassene Butter
- 275 g Mehl
- ¼ TL Natron
- 2 TL Paprikapulver
- 1 TL Salz
- 1 verquirltes Ei zum Bestreichen

1 Die Süßkartoffel in Salzwasser 15–20 Minuten weich kochen, gut abseihen und auskühlen lassen. Danach schälen und in 1 cm große Würfel schneiden.

2 Das Öl in einer Bratpfanne erhitzen und die Schalotten darin weich dünsten. Die Süßkartoffel hinzufügen und braten, bis die Ränder braun werden. Dann die Gewürze beimengen und unter Rühren einige Sekunden braten. Die Pfanne vom Herd nehmen, Erbsen und Minze einrühren und würzen.

3 Den Ofen auf 200 °C/Gasstufe 6 vorheizen. Ein Backblech ausfetten. Für den Teig das Öl mit dem Ei vermischen, und Joghurt sowie zerlassene Butter einrühren. Mehl, Natron, Paprikapulver und Salz in eine Schüssel sieben und mit der Joghurtmischung zu einem glatten Teig verrühren. Den Teig kneten, ausrollen und Kreise ausstechen.

4 Etwa 2 TL der Füllung auf eine Seite des Kreises setzen, dann einklappen und die Ränder zusammendrücken.

5 Die Teigreste ausrollen und Kreise ausstechen, alles aufbrauchen.

6 Die Täschchen auf das vorbereitete Backblech setzen und mit verquirltem Ei bestreichen. Im Ofen etwa 20 Minuten goldgelb und knusprig backen. Heiß mit Minzezweigen garniert servieren.

KARTOFFEL-LAMM-KÜCHLEIN

Diese raffinierten Dreiecke mit einer Füllung aus Lammhackfleisch eignen sich besonders gut für Buffets und lassen sich auch kalt zu einem Picknick mitnehmen.

FÜR 12 BIS 15 PORTIONEN

ZUTATEN
- 450 g Frühkartoffeln
- 3 Eier
- 1 Zwiebel, gehackt
- 2 EL frisch gehackte Petersilie
- 450 g mageres Lammhackfleisch
- 115 g Semmelbrösel
- Pflanzenöl zum Braten
- Salz und schwarzer Pfeffer
- Minzblätter zum Garnieren
- Pitabrot und würziger grüner Salat zum Anrichten

1 Die Kartoffeln in einem großen Topf 20 Minuten in Salzwasser weich kochen, abseihen und auskühlen lassen. Die Eier in einer großen Schüssel verquirlen und mit Zwiebel, Petersilie und Gewürzen vermischen.

2 Die ausgekühlten Kartoffeln grob reiben und mit dem Lammhackfleisch in die Eiermischung rühren. 3–4 Minuten verkneten, bis alle Zutaten gut vermischt sind.

3 Je eine Handvoll Kartoffel-Lamm-Mischung zu einem Bällchen rollen, solange bis die Mischung aufgebraucht ist. Die Bällchen in Semmelbröseln wenden und zu Dreiecken von ca. 13 cm Seitenlänge formen. Nochmals auf beiden Seiten mit Bröseln bedecken.

4 Etwa 1 cm hoch Öl in einer Bratpfanne bei mittlerer Hitze erwärmen und die Kartoffel-Lamm-Küchlein darin 8–12 Minuten braten, bis sie auf beiden Seiten goldbraun sind. Gelegentlich wenden. Auf Küchenkrepp abtropfen und heiß mit Minze garniert servieren. Dazu Pitabrot und Salat reichen.

KARTOFFELSCHEIBEN AUS IDAHO

Für dieses Gericht schichtet man Kartoffeln, Käse und Kräuter übereinander. Gart man diese Zutaten zusammen, erhält das Gericht einen sehr würzigen Geschmack.

3 Einige Zwiebelringe und etwas Käse über die Kartoffeln streuen. Mit Thymian würzen. Die Zutaten in dieser Reihenfolge weiter aufschichten, mit Käse und Gewürzen abschließen.

4 Die Kartoffelschichten nach unten drücken. (Die Mischung schrumpft noch zusammen, wenn sie gegart ist.)

FÜR VIER PERSONEN

ZUTATEN
- 3 große Kartoffeln
- Butter, zum Ausfetten
- 1 kleine Zwiebel, in feine Ringe geschnitten
- 200 g Hartkäse, gerieben
- frischer Thymian
- 150 ml Sahne
- Salz und schwarzer Pfeffer
- Salatblätter zum Anrichten

1 Den Ofen auf 200 °C/Gasstufe 6 vorheizen. Die Kartoffeln schälen und 10 Minuten kochen, bis sie weich werden. Aus dem Wasser nehmen und trockentupfen.

2 Die Kartoffeln mit einer Reibe oder einem Hobel in feine Scheiben schneiden. Boden und Seiten einer Backform von 18 cm Durchmesser mit Butter ausfetten und mit einer Schicht Kartoffeln belegen. Würzen.

5 Die Sahne darüber gießen und im Ofen 35–45 Minuten backen. Aus dem Ofen nehmen und abkühlen lassen. Auf einen Teller stürzen und in Stücke schneiden. Mit einigen Salatblättern anrichten.

VARIANTE

Soll dieses Gericht gehaltvoller werden, serviert man die Stücke mit gebratenem Speck oder gebratenem rotem Paprika.

POLPETTEN

Köstliche gebratene Kartoffelstücke und würziger griechischer Feta mit Dill und Zitronensaft ergeben eine schmackhafte Vorspeise oder einen Partysnack.

FÜR VIER PERSONEN

ZUTATEN

- 500 g mehligkochende Kartoffeln
- 115 g Feta (griechischer Schafkäse)
- 4 Frühlingszwiebeln, gehackt
- 3 EL frisch gehackter Dill
- 1 Ei, verquirlt
- 1 EL Zitronensaft
- Salz und schwarzer Pfeffer
- Mehl zum Bestreuen
- 3 EL Olivenöl
- Dillzweige und gehackte Frühlingszwiebeln zum Garnieren
- Zitronenscheiben zum Anrichten

1 Die Kartoffeln mit der Schale in leicht gesalzenem Wasser weichkochen. Abseihen und ein wenig auskühlen lassen, halbieren und noch warm schälen.

2 Die Kartoffeln in einer Schüssel zerstampfen, den Feta zerbröckeln und darunter mischen. Frühlingszwiebeln, Dill, Ei und Zitronensaft unterrühren, mit Salz und Pfeffer würzen. (Vorsicht: Der Käse ist salzig.) Alles gut verrühren.

3 Zudecken und kühl stellen, bis die Mischung fest ist. Zu walnußgroßen Bällchen formen, etwas flachdrücken und in Mehl wenden.

4 Das Öl in einer Bratpfanne erhitzen und die Polpetten darin goldgelb braten. Auf Küchenkrepp abtropfen und heiß servieren. Mit Frühlingszwiebeln, Dill und Zitronenscheiben garnieren.

WÜRZIGE KARTOFFELKÜCHLEIN

DIESE AUSSEN KNUSPRIGEN, DOCH INNEN ZARTEN KARTOFFELKÜCHLEIN SIND ALS HAUPTGERICHT ODER ALS BEILAGE EIN KÖSTLICHES GERICHT FÜR EIN SPÄTES FRÜHSTÜCK ODER MITTAGESSEN.

FÜR VIER PERSONEN

ZUTATEN
- 450 g festkochende Kartoffeln
- 1 kleine Zwiebel, fein gehackt
- 4 Scheiben durchwachsener Speck, fein gehackt
- 2 EL Mehl, eine Prise Backpulver
- 2 Eier, verquirlt
- Pflanzenöl zum Fritieren
- Salz und schwarzer Pfeffer
- Petersilie zum Garnieren

VARIANTE
Vegetarier können den Speck durch rote Paprika ersetzen.

1 Die Kartoffeln raspeln, abspülen, auspressen und mit Küchenkrepp trockentupfen. Dann mit Zwiebel, Mehl, Gewürzen und der Hälfte des Specks vermengen.

2 Ca. 1 cm Öl in eine Bratpfanne geben und stark erhitzen, etwa 1 EL der Kartoffelmischung in das Öl geben und rasch aber vorsichtig mit einem Löffelrücken flachdrücken, damit das Küchlein nicht zerbricht.

3 Weitere Küchlein in das Öl setzen, aber ausreichend Abstand zueinander lassen, damit sie nicht zusammenkleben. 4–5 Minuten braten, bis sie auf der Unterseite goldgelb sind.

4 Die Küchlein wenden und fertig braten. Auf Küchenkrepp abtropfen und im Ofen bei niedriger Hitze warmhalten. Inzwischen die restlichen Küchlein zubereiten. Mit gebratenem Speck und Petersilie garniert heiß servieren.

Kartoffelsalate

Warme oder kalte Kartoffeln verleihen Salaten eine neue Dimension. Farbe und Geschmack erhalten die Kartoffelstücke etwa durch frisch gekochte Rote Bete oder Rettichscheiben. Eine gebackene Süsskartoffel hingegen lässt sich mit einem Dressing aus Koriander und Limette zu einem herrlich erfrischenden, aromatischen Salat verarbeiten. In diesem Kapitel finden Sie Kartoffelsalat-Klassiker, internationale Rezepte für Hauptmahlzeiten, das Party-Buffet oder als Beilage.

WÜRZIGER KARTOFFELSALAT

Wer Senf mag, wird diese Kombination lieben. Auch Estragon, der für die Sauce und die Garnierung verwendet wird, verleiht dem Salat einen charakteristischen Geschmack.

FÜR ACHT PERSONEN

ZUTATEN
- 1,5 kg Frühkartoffeln
- 2 EL Weißweinessig
- 1 EL Dijon-Senf
- 3 EL Pflanzen- oder Olivenöl
- 6 EL rote Zwiebel, gehackt
- 125 ml Mayonnaise
- 2 EL frisch gehackter Estragon oder 1½ TL getrockneter Estragon
- 1 Selleriestange, in feine Scheiben geschnitten
- Salz und schwarzer Pfeffer
- Sellerie- und Estragonblätter zum Garnieren

VARIANTEN
Kleine rote oder auch blaue Kartoffeln verleihen dem Salat eine hübsche Farbe.

1 Die Kartoffeln in der Schale 15–20 Minuten weich kochen und gut abtropfen lassen.

2 Essig und Senf vermischen und langsam das Öl unterrühren.

3 Die abgekühlten Kartoffeln in Scheiben in eine große Schüssel schneiden.

4 Die Zwiebel zu den Kartoffeln geben und mit Salatdressing übergießen. Würzen und vorsichtig mischen. Mindestens 30 Minuten ziehen lassen.

5 Mayonnaise und Estragon mischen und vorsichtig gemeinsam mit dem Sellerie unter die Kartoffeln rühren. Mit Sellerie- und Estragonblättern garnieren.

KARTOFFELSALAT TOULOUSE

AUS WÜRZIGEN WÜRSTCHEN UND FESTEN KARTOFFELN LÄSST SICH MIT EINER VINAIGRETTE RASCH UND SCHNELL EIN SCHMACKHAFTES MITTAGESSEN ZUBEREITEN.

FÜR VIER PERSONEN

ZUTATEN
- 450 g kleine Frühkartoffeln
- 2–3 EL trockener Weißwein
- 2 Schalotten, fein gehackt
- 1 EL frisch gehackte Petersilie
- 1 EL frisch gehackter Estragon
- 175 g gekochte Knoblauchwurst
- gehackte frische Petersilie zum Garnieren

Für die Vinaigrette
- 2 TL Dijon-Senf
- 1 EL Estragonessig oder Weißweinessig
- 5 EL Olivenöl
- Salz und schwarzer Pfeffer

1 Die Kartoffeln in der Schale 15 Minuten in Salzwasser in einem großen Topf weich kochen.

2 Abseihen, unter fließendem kaltem Wasser abspülen und trocknen.

3 Die Kartoffeln nach Belieben schälen, in 5 mm dicke Scheiben schneiden und in einer großen Schüssel mit Wein und Schalotten anrichten.

4 Für die Vinaigrette Senf und Essig in einer kleinen Schüssel mischen und langsam das Öl einrühren. Würzen und über die Kartoffeln gießen.

5 Die gehackten Kräuter hinzufügen und gut vermischen.

6 Die Wurst in Scheiben schneiden und unter die Kartoffeln mischen. Würzen und mit Petersilie garnieren.

EINFACHER KARTOFFELSALAT

Das Geheimnis bei diesem Salat ist, dass die heissen Kartoffeln mit dem Dressing gemischt werden, wodurch das Dressing besonders gut einziehen kann. Der Salat passt zu gegrilltem Schweinefleisch, Lammkoteletts, Brathuhn oder gebratenem Gemüse.

FÜR VIER BIS SECHS PERSONEN

ZUTATEN
- 675 g kleine Frühkartoffeln
- 4 Frühlingszwiebeln
- 3 EL Olivenöl
- 1 EL Weißweinessig
- ¾ Tasse gute Mayonnaise, möglichst selbstgemacht
- 3 EL gehackter Schnittlauch
- Salz und schwarzer Pfeffer

1 Die Kartoffeln in der Schale in Salzwasser weich kochen.

2 Inzwischen den weißen Teil und ein wenig vom grünen Teil der Frühlingszwiebeln fein hacken. Besonders hübsch sind diagonale Ringe. Auf die Seite stellen.

3 Öl und Essig verrühren. Die Kartoffeln gut abtropfen, in eine große Schüssel geben und sofort mit der Essigmischung und den Frühlingszwiebeln mischen. Die Kartoffeln beiseite stellen und abkühlen lassen.

4 Mayonnaise und Schnittlauch unter die Kartoffeln rühren, gut würzen und bis zum Servieren kühl stellen. Vor dem Servieren nachwürzen.

KARTOFFEL-RADIESCHEN-SALAT

Die Radieschen verleihen dem honigsüssen Salat einen pfeffrigen Geschmack. Viele Kartoffelsalate sind mit einer dicken Marinade angemacht. Dieser Salat ist jedoch sehr leicht und farbenfroh und wird mit einem schmackhaften Dressing angerichtet.

FÜR VIER BIS SECHS PERSONEN

ZUTATEN
- 675 g Frühkartoffeln
- 3 EL Olivenöl
- 1 EL Nußöl (nach Belieben)
- 2 EL Weißweinessig
- 2 TL Senf
- 1 TL Honig
- 6–8 Radieschen, in dünne Scheiben geschnitten
- 2 EL frisch gehackter Schnittlauch
- Salz und schwarzer Pfeffer

VARIANTEN
Außerhalb der Saison sind Sellerie, gehackte rote Zwiebeln und/oder gehackte Walnüsse eine gute Alternative zu den Radieschen.

KOCHTIP
Besonders hübsch ist dieser Salat, wenn er auf einem Teller mit Salatblättern angerichtet wird.

1 Die Kartoffeln in der Schale in einem großen Topf mit Salzwasser weichkochen. Abseihen und ein wenig auskühlen lassen. Danach die großen Kartoffeln halbieren, die kleinen ganz lassen. Zusammen in eine große Schüssel geben.

2 Für das Dressing Öl, Essig, Senf, Honig und Gewürze in einer Schüssel gut verquirlen.

3 Das Dressing über die noch warmen Kartoffeln in der Schüssel träufeln und etwa eine Stunde ziehen lassen.

4 Schließlich die Radieschenscheiben und die Schnittlauchröllchen untermischen und bis zum Servieren kühl stellen.

5 Vor dem Servieren den Salat nochmals durchmischen, da sich das Dressing abgesetzt haben kann, und mit den Gewürzen abschmecken.

SCHARFER KARTOFFELSALAT CAJUN

Da Cajun die Heimat des Tabasco ist, bedeutet scharf hier wirklich scharf. Sind Sie ein Liebhaber scharfer Gerichte, können Sie hier kräftig würzen.

FÜR SECHS BIS ACHT PERSONEN

ZUTATEN

8 festkochende Kartoffeln
1 grüne Paprika, entkernt und gewürfelt
1 große Gewürzgurke, gehackt
4 Frühlingszwiebeln, fein gehackt
3 hartgekochte Eier, gehackt
1 Tasse Mayonnaise
1 EL Dijon-Senf
Salz und schwarzer Pfeffer
Tabascosauce (nach Belieben)
eine Prise Cayennepfeffer
Gewürzgurkenscheiben zum Garnieren
Mayonnaise zum Anrichten

1 Die Kartoffeln in der Schale in Salzwasser sehr weich kochen. Absiehen und abkühlen lassen. Danach in große Stücke schneiden.

2 Die Kartoffeln mit der Paprika, der Gewürzgurke, den Frühlingszwiebeln und den Eiern in eine große Schüssel geben und vorsichtig mischen.

3 In einer eigenen Schüssel die Mayonnaise mit dem Senf mischen und mit Salz, Pfeffer und Tabascosauce abschmecken.

4 Das Dressing unter den Kartoffelsalat mischen, mit einer Prise Cayennepfeffer würzen. Mit Mayonnaise und Gewürzgurkenscheiben garniert servieren.

KARIBISCHER KARTOFFELSALAT

Mit buntem Gemüse und cremigem Dressing ist dieser pikante Salat nicht nur ein sättigendes Hauptgericht, sondern auch eine gute Beilage zu gegrilltem oder kaltem Fleisch.

FÜR SECHS PERSONEN

ZUTATEN

- 900 g kleine festkochende Kartoffeln
- 2 rote Paprika, entkernt und gehackt
- 2 Selleriestangen, fein gehackt
- 1 Schalotte, fein gehackt
- 2 oder 3 Frühlingszwiebeln, gehackt
- 1 frische milde grüne Chilischote, entkernt und fein gehackt
- 1 Knoblauchzehe, zerdrückt
- 2 TL Schnittlauch, fein gehackt
- 2 TL fein gehacktes Basilikum
- 1 EL fein gehackte Petersilie
- 1 EL Sahne
- 2 EL Salatdressing
- 1 EL Mayonnaise
- 1 TL Dijon-Senf
- ½ EL Zucker
- gehackter Schnittlauch und gehackter roter Chili zum Garnieren

1 Die Kartoffeln in Salzwasser weichkochen, abseihen und beiseite stellen. Die abgekühlten Kartoffeln in 2,5 cm große Würfel schneiden und in eine große Salatschüssel geben.

2 Das Gemüse zu den Kartoffeln in die Salatschüssel geben und mit der gehackten Chilischote, dem Knoblauch und den Kräutern mischen.

3 Sahne, Salatdressing, Mayonnaise, Senf und Zucker in einer kleinen Schüssel gut verquirlen, bis eine glatte Sauce entsteht.

4 Das Dressing über die Kartoffelmischung gießen und vorsichtig mischen. Mit gehacktem Schnittlauch und einer gehackten roten Chilischote garniert servieren.

WARMER KARTOFFELSALAT MIT KRÄUTERDRESSING

Hochwertiges Olivenöl verleiht diesem Salat eine mediterrane Note.

FÜR SECHS PERSONEN

ZUTATEN
- 1 kg festkochende Kartoffeln
- 6 EL Olivenöl
- Saft von 1 Zitrone
- 1 Knoblauchzehe, sehr fein gehackt
- 2 EL frisch gehackte Kräuter wie Petersilie, Basilikum, Thymian
- Salz und schwarzer Pfeffer
- Basilikumblätter zum Garnieren

1 Die Kartoffeln in der Schale in Salzwasser kochen oder dämpfen, bis sie weich sind.

2 Inzwischen für das Dressing Olivenöl, Zitronensaft, Knoblauch und Kräuter mischen und kräftig abschmecken.

3 Die Kartoffeln abseihen und ein wenig auskühlen lassen, dann schälen, in große Stücke schneiden und in eine große Salatschüssel geben.

4 Das Dressing über die warmen Kartoffeln gießen und gut mischen. Mit Basilikumblättern und schwarzem Pfeffer garnieren und sofort servieren.

KARTOFFELSALAT MIT HASELNÜSSEN UND PISTAZIEN

Die beiden Nuss-Sorten machen aus einem gewöhnlichen Kartoffelsalat eine besondere Beilage. Der Salat passt hervorragend zu kaltem Roastbeef, Zunge oder Schinken, aber er ist auch ein köstlicher Snack.

FÜR VIER PERSONEN

ZUTATEN
- 900 g kleine Frühkartoffeln
- 2 EL Haselnuß- oder Walnußöl
- 4 EL Sonnenblumenöl
- Saft von 1 Zitrone
- ¼ Tasse Haselnüsse, gehackt
- 15 Pistazien, gehackt
- Salz und schwarzer Pfeffer
- Petersilienzweig zum Garnieren

VARIANTE
Anstelle der Haselnüsse kann man auch gehackte Walnüsse verwenden. Walnußstücke sind preisgünstiger als Walnußhälften, doch müssen sie für den Salat noch kleiner gehackt werden.

1 Die Kartoffeln in der Schale 10–15 Minuten in Salzwasser weich kochen.

2 Die Kartoffeln gut abseihen und leicht abkühlen lassen.

3 Inzwischen Haselnuß- oder Walnußöl mit Sonnenblumenöl und Zitronensaft mischen und kräftig würzen.

4 Mit einem scharfen Messer die Nüsse grob hacken.

5 Die abgekühlten Kartoffeln in eine große Schüssel geben und das Dressing darüber träufeln. Gut vermischen.

6 Den Salat mit gehackten Nüssen bestreuen, mit einem Petersilienzweig garnieren und sofort servieren.

KARTOFFELCURRY MIT MANGODRESSING

Der süsse, doch würzige Salat ist eine herrliche Beilage zu gebratenem Fleisch.

FÜR VIER BIS SECHS PERSONEN

ZUTATEN
- 1 EL Olivenöl
- 1 Zwiebel, in Ringe geschnitten
- 1 Knoblauchzehe, zerdrückt
- 1 TL gemahlener Kreuzkümmel
- 1 TL gemahlener Koriander
- 1 Mango, geschält, entkernt und in Würfel geschnitten
- 2 EL Zucker
- 2 EL Limettensaft
- 900 g Frühkartoffeln, halbiert und gekocht
- 1 EL Sesamsamen
- Salz und schwarzer Pfeffer
- Korianderblätter zum Garnieren

1 Das Öl in einer Bratpfanne erhitzen und Zwiebel und Knoblauch bei geringer Hitze 10 Minuten goldbraun braten.

2 Kreuzkümmel und Koriander einrühren und kurz mitbraten. Mango und Zucker einrühren und 5 Minuten weich braten. Die Pfanne vom Herd nehmen, mit Limettensaft beträufeln und würzen.

3 Die Kartoffeln in eine große Salatschüssel geben und das Mangodressing darüber gießen. Solange das Dressing noch warm ist, mit Sesamsamen bestreuen, mit Korianderblättern garnieren und sofort servieren.

KARTOFFELSALAT MIT KAPERN UND SCHWARZEN OLIVEN

Das Gericht aus Süditalien vereint Oliven, Kapern und Sardellenfilets auf ideale Weise.

FÜR VIER BIS SECHS PERSONEN

ZUTATEN
- 900 g große weiße Kartoffeln
- ¼ Tasse Weißweinessig
- 5 EL Olivenöl
- 2 EL frisch gehackte Petersilie
- 2 EL Kapern, fein gehackt
- ½ Tasse entkernte schwarze Oliven, halbiert
- 3 Knoblauchzehen, fein gehackt
- 50 g marinierte Sardellenfilets (ungesalzen)
- Salz und schwarzer Pfeffer

VARIANTE
Als vegetarisches Gericht schmeckt dieser Salat auch ohne Sardellenfilets sehr lecker.

1 Die Kartoffeln in der Schale in einem großen Topf 20 Minuten weich kochen. Mit einer Schaumkelle aus dem Wasser heben und in eine eigene Schüssel legen.

2 Die leicht abgekühlten Kartoffeln schälen.

3 Die geschälten Kartoffeln in gleichmäßige Stücke schneiden und in eine große, flache Tonschüssel schichten.

4 Essig und Öl verquirlen, abschmekken und Petersilie, Kapern, Oliven und Knoblauch hinzufügen. Sorgfältig vermischen und über die Kartoffelstücke gießen.

5 Die Sardellenfilets auf den Salat legen. Zugedeckt etwa 30 Minuten vor dem Servieren ziehen lassen, damit sich die Aromen verbinden können.

SÜSSKARTOFFELSALAT

Der Salat mit dem tropischen Aroma passt perfekt zu asiatischen oder karibischen Gerichten.

FÜR VIER BIS SECHS PERSONEN

ZUTATEN
- 1 kg Süßkartoffeln

Für das Dressing
- 3 EL gehacktes Koriandergrün
- Saft von 1 Limette
- ⅔ Tassen Naturjoghurt

Für den Salat
- 1 rote Paprika, entkernt und in kleine Würfel geschnitten
- 3 Selleriestangen, gewürfelt
- ¼ rote Zwiebel, fein gehackt
- 1 rote Chilischote, fein gehackt
- Salz und schwarzer Pfeffer
- Korianderblätter zum Garnieren

1 Den Ofen auf 200 °C/Gasstufe 6 vorheizen. Die Kartoffeln waschen, mehrmals einstechen und im Ofen 40 Minuten weich backen.

2 Inzwischen für das Dressing die Zutaten in einer Schüssel mischen und nach Belieben würzen. Kühl stellen und die restlichen Zutaten vorbereiten.

3 Rote Paprika, Sellerie, Zwiebel und Chili in einer Schüssel mischen.

4 Die Kartoffeln aus dem Ofen nehmen, etwas abkühlen lassen und schälen. Würfelig schneiden und in die Schüssel geben. Das Dressing über die Mischung träufeln und sorgfältig vermischen. Abschmecken und mit frischem Koriander garniert servieren.

RINDFLEISCHSALAT MIT KARTOFFELN

DAS GERICHT MUSS ÜBER NACHT MARINIERT WERDEN. DANACH LÄSST SICH AUS DEN ZUTATEN RASCH EIN SÄTTIGENDES HAUPTGERICHT ZUBEREITEN.

FÜR SECHS PERSONEN

ZUTATEN
- 900 g Roastbeef
- 3 große weiße Kartoffeln
- ½ rote Paprika, entkernt, gewürfelt
- ½ grüne Paprika, entkernt, gewürfelt
- 1 kleine rote Zwiebel, fein gehackt
- 2 Knoblauchzehen, zerdrückt
- 4 Frühlingszwiebeln, in diagonale Scheiben geschnitten
- 1 Endiviensalat, zerzupft
- Salz und schwarzer Pfeffer
- Olivenöl und Parmesan zum Anrichten

Für die Marinade
- 120 ml Olivenöl
- 120 ml Rotweinessig
- 90 ml Sojasauce

1 Das Roastbeef in einen großen Behälter (nicht aus Metall) legen. Die Marinade mischen, mit Pfeffer würzen und über das Roastbeef gießen.

2 Bedeckt mehrere Stunden oder über Nacht marinieren.

3 Das Roastbeef aus der Marinade nehmen und trockentupfen. Eine Bratpfanne vorwärmen, das Fleisch in dünne Scheiben schneiden und einige Minuten anbraten, so daß es noch leicht rosa ist. Beiseite stellen und abkühlen lassen.

4 Mit einem Kugelausstecher aus den Kartoffeln Kugeln ausstechen. In leicht gesalzenem Wasser 5 Minuten kochen.

5 Abseihen und mit den restlichen Zutaten sowie dem Fleisch auf einem Teller anrichten, mit etwas Olivenöl beträufeln und mit Parmesan anrichten.

SALAT AUS FRÜHKARTOFFELN UND WACHTELEIERN

Die Zutaten lassen sich ausgezeichnet mit Selleriesalz und Feldsalat kombinieren.

FÜR SECHS PERSONEN

ZUTATEN
- 900 g Frühkartoffeln
- 50 g Butter
- 1 EL frische Schnittlauchröllchen
- 1 Prise Selleriesalz
- 1 Prise Paprikapulver
- 12 Wachteleier
- einige Blätter Feldsalat
- Salz und schwarzer Pfeffer
- Schnittlauchröllchen zum Garnieren

KOCHTIP
In vielen Supermärkten wird Feldsalat abgepackt oder in Salatmischungen angeboten. Er läßt sich auch leicht selbst ziehen und ist eine hervorragende Ergänzung zu einem Kräutergarten.

1 Die Kartoffeln in einem großen Topf in Salzwasser 20 Minuten weich kochen und abseihen. Inzwischen Butter und Schnittlauch mit dem Selleriesalz und dem Paprikapulver vermengen.

2 Die Wachteleier 3 Minuten kochen, abseihen und in kaltem Wasser abschrecken. Unter fließendem Wasser schälen.

3 Den Feldsalat auf den Tellern anordnen und die Eier aufteilen. Die Kartoffeln mit der Kräuterbutter mischen, bis die Butter schmilzt. Die Kartoffeln auf den Tellern verteilen und mit Schnittlauch garnieren.

SALAT AUS KARTOFFELN UND ROTEN BETEN

Ein leuchtend bunter Salat mit hübscher Struktur. Der süsse Geschmack der Roten Beten setzt einen attraktiven Kontrast zu dem scharfen Dressing.

FÜR VIER PERSONEN

ZUTATEN
- 4 mittelgroße Rote Beten
- 4 Kartoffeln, geschält und gewürfelt
- 1 rote Zwiebel, fein gehackt
- ⅔ Tasse Magerjoghurt
- 2 TL Apfelessig
- 2 kleine Gewürzgurken, süß-sauer, fein gehackt
- 2 TL Meerrettichsauce
- Salz und schwarzer Pfeffer
- Petersilienzweige zum Garnieren

KOCHTIP
Zeit und Energie spart man, wenn man bereits vorgekochte, geschälte Rote Beten kauft. Sie sind in den meisten Supermärkten erhältlich.

1 Die Roten Beten in einem großen Topf in reichlich Wasser 40 Minuten weich kochen.

2 Inzwischen die Kartoffeln in einem anderen Topf 20 Minuten garen.

3 Die Roten Beten abspülen, schälen, in große Stücke schneiden und in eine Schüssel geben. Die Kartoffeln abseihen und mit den Zwiebeln hinzufügen. Joghurt, Essig, Gurken und Meerrettichsauce vermischen. Ein wenig als Garnierung aufbewahren, den Rest über den Salat gießen. Unterrühren und mit Petersilie und Dressing anrichten.

ITALIENISCHER SALAT

Aus Antipasti-Zutaten und Kartoffeln lässt sich ein sehr schmackhaftes Gericht zubereiten.

FÜR SECHS PERSONEN

ZUTATEN

- 1 Aubergine, in Scheiben geschnitten
- 5 EL Olivenöl
- 2 Knoblauchzehen, fein gehackt
- 4 sonnengetrocknete Tomaten in Öl
- 2 rote Paprika, halbiert, entkernt und in große Stücke geschnitten
- 2 große festkochende Kartoffeln, in Spalten geschnitten
- 2 TL italienische Kräuter, getrocknet
- 2–3 EL Balsamessig
- Salz und schwarzer Pfeffer

1 Den Ofen auf 200 °C/Gasstufe 6 vorheizen. Aubergine mit Olivenöl, Knoblauch und den halbierten Tomaten in eine mittelgroße Bratpfanne geben. Die Paprika über die Aubergine legen.

2 Die Kartoffelspalten über die anderen Zutaten schichten. Mit den italienischen Kräutern bestreuen und mit Salz und Pfeffer abschmecken. Die Pfanne mit Folie abdecken und 45 Minuten im Ofen backen.

3 Aus dem Ofen nehmen und das Gemüse wenden. Wieder in den Ofen stellen und nicht zugedeckt 30 Minuten garen. Das Gemüse mit einer Schöpfkelle herausnehmen. Essig und Gewürze in die Pfanne geben, verquirlen und über das Gemüse gießen. Mit Salz und schwarzem Pfeffer abschmecken.

PINK-FIR-KARTOFFELSALAT

Ein würziges Senfdressing macht diese Kartoffeln noch geschmackvoller und bunter.

FÜR VIER BIS SECHS PERSONEN

ZUTATEN
- 5 Eier
- 2–3 EL Dijon-Senf
- 200 g Mayonnaise
- 3 Selleriestangen, fein gehackt
- 115 g Speckscheiben, geschnitten
- 900 g Pink-Fir-Kartoffeln
- 2 EL frisch gehackte Petersilie
- Salz und schwarzer Pfeffer

KOCHTIP
Die genannten Kartoffeln sind eine alte europäische Kartoffelsorte namens Pink Fir Apple, es kann aber auch jede andere festkochende Sorte verwendet werden.

1 Die Eier vorsichtig in einen Topf mit Wasser legen und zum Kochen bringen. 5–8 Minuten köcheln lassen, abseihen und sofort mit kaltem Wasser abschrecken.

2 Die Eier schälen und drei in einer großen Schüssel mit der Gabel zerdrükken. Senf, Mayonnaise, Sellerie und Gewürze einrühren. Bei Bedarf mit etwas Wasser verdünnen. Beiseite stellen.

3 Den Speck knusprig braten und die Hälfte in die Eiermischung einrühren. Den Rest beiseite stellen.

4 Die Kartoffeln 20 Minuten weich kochen. Abseihen, auskühlen lassen und schneiden. In die Eiermischung rühren und auf einem Servierteller anrichten. Die restlichen Eier in Scheiben schneiden und mit dem Speck über den Salat legen. Mit Petersilie garnieren.

Beilagen

Lange Zeit waren Kartoffeln die klassische Beilage zu vielen Fleischgerichten. Allerdings kann man zur Abwechslung auch etwas Neues zum Braten servieren, wie etwa Boulangère-Kartoffeln oder bunte, zuckersüsse Kartoffeln. Und ein dampfendes Püree erhält durch Knoblauch eine neue Note – köstlich als Hauptgericht oder als Beilage.

HERZOG-KARTOFFELN

Diese Variante der Herzogin-Kartoffeln enthält als Besonderheit eine Tomatenfüllung, die in einem Kartoffelnest ruht.

FÜR SECHS PERSONEN

ZUTATEN
- 900 g mehligkochende Kartoffeln
- 450 g reife Tomaten
- 1 EL Olivenöl
- 2 Schalotten, fein gehackt
- 25 g Butter
- 3 Eigelb
- 4 EL Milch
- gehackte Petersilie zum Garnieren
- Meersalz und schwarzer Pfeffer

1 Die Kartoffeln schälen und in kleine Stücke schneiden, dann in schwach gesalzenem Wasser 20 Minuten sehr weich kochen. Inzwischen die Tomaten in kochendem Wasser blanchieren und in kaltem Wasser abschrecken. Schälen und entkernen. Das Tomatenfleisch hacken.

2 Das Olivenöl in einer großen Bratpfanne erhitzen und die Schalotten 2 Minuten unter ständigem Rühren anbraten. Die gehackten Tomaten hinzufügen und weitere 10 Minuten garen, bis die Flüssigkeit verdampft ist.

3 Die Kartoffeln abseihen, in den Topf zurückgeben und die Flüssigkeit verdampfen lassen. Etwas abkühlen lassen und mit der Butter, 2 Eigelb und der Milch verrühren. Mit Salz und schwarzem Pfeffer abschmecken.

4 Ein Backblech ausfetten. Die Kartoffelmischung in einen Spritzbeutel mit mittlerer Sterntülle füllen und sechs ovale Nester auf das Blech spritzen. Das letzte Eigelb mit etwas Wasser verquirlen und die Kartoffeln sorgfältig einstreichen. 5 Minuten goldgelb backen.

5 Die Tomatenmischung mit einem Löffel in die Nester füllen und mit etwas Petersilie garnieren. Sofort servieren.

KARTOFFELN À LA BERRICHONE

Das etwas andere Kartoffelgericht. Es ist an der Oberfläche knusprig, darunter verbirgt sich jedoch eine zarte Füllung aus Fond, Zwiebeln und Speck.

FÜR VIER PERSONEN

ZUTATEN
- 900 g Spätkartoffeln
- 25 g Butter
- 1 Zwiebel, fein gehackt
- 115 g nicht geräucherter, durchwachsener Speck ohne Rand
- 350 ml Gemüsefond
- gehackte Petersilie zum Garnieren
- Meersalz und schwarzer Pfeffer

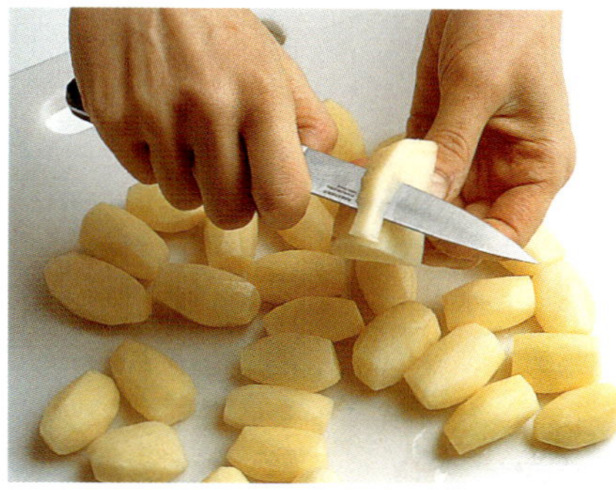

1 Den Ofen auf 200 °C/Gasstufe 6 vorheizen. Die Kartoffeln schälen und in gleichmäßige Kegel schneiden. In kaltem Wasser beiseite stellen.

2 Die Butter in einer Bratpfanne zerlassen. Die Zwiebeln einrühren und die Pfanne bedecken. 2–3 Minuten garen, bis sie weich, aber nicht braun sind.

3 Den Speck hacken, zu den Zwiebeln geben und begedeckt 2 Minuten garen.

4 Die Zwiebelmischung in eine flache, feuerfeste Form mit 1,5 Liter Volumen geben. Die Kartoffeln darüber legen und zur Hälfte mit Gemüsefond aufgießen. Würzen und 1 Stunde im Ofen garen. Mit Petersilie garnieren.

BIARRITZ-KARTOFFELN

Die klassische Kombination aus Kartoffelpüree, fein gehacktem Schinken und Paprika wird besonders gerne zu einem knusprigen Brathuhn serviert.

FÜR VIER PERSONEN

ZUTATEN
- 900 g mehligkochende Kartoffeln
- 50 g Butter
- 6 EL Milch
- 50 g gekochter Schinken, gewürfelt
- 1 rote Paprika, entkernt und fein gewürfelt
- 1 EL frisch gehackte Petersilie
- Meersalz und schwarzer Pfeffer

1 Die Kartoffeln schälen und in Stücke schneiden. 20 Minuten in leicht gesalzenem Wasser sehr weich kochen.

2 Die Kartoffeln abseihen, in den Topf zurückgeben und die Flüssigkeit bei geringer Hitze verdampfen lassen.

3 Die Kartoffeln stampfen oder mit dem Passiergerät pürieren. Butter und Milch hinzufügen, den gekochten Schinken und die Paprika unterrühren. Mit Pfeffer abschmecken und mit Petersilie garnieren.

LYONER KARTOFFELN

Zwei einfache Zutaten werden getrennt zubereitet und dann zu einer delikaten Beilage vermischt. Lyoner Kartoffeln passen sehr gut zu einem einfachen Fleischgericht wie einem Steak oder einem Schweinekotelett. Mit grünen Bohnen in Butter geschwenkt servieren.

FÜR SECHS PERSONEN

ZUTATEN
- 900 g mehligkochende Kartoffeln
- Pflanzenöl zum Braten der Schalotten
- 25 g Butter
- 1 EL Olivenöl
- 2 mittelgroße Zwiebeln, in Ringe geschnitten
- Meersalz
- 1 EL frisch gehackte Petersilie

VARIANTE
Dieses Gericht wird gehaltvoller, wenn man Schinken oder Speck hinzufügt. Man nimmt etwa 50 g gehackten Speck oder Schinken, der mit den Zwiebeln gegart wird.

1 Die Kartoffeln säubern und in einem großen Topf mit viel Wasser 10 Minuten gar kochen.

2 Die Kartoffeln abseihen und ein wenig auskühlen lassen. Danach schälen und in feine Scheiben schneiden.

3 Das Pflanzenöl erhitzen und die Kartoffeln in zwei Durchgängen darin etwa 10 Minuten goldbraun braten. Gelegentlich wenden.

4 In der Zwischenzeit die Butter mit dem Öl in einer Bratpfanne schmelzen und die Zwiebeln 10 Minuten goldbraun rösten. Auf Küchenkrepp abtropfen.

5 Die Kartoffeln auf Küchenkrepp abtropfen lassen. Mit Meersalz bestreuen und mit den Zwiebeln vermischen. Mit Petersilie garnieren.

BYRON-KARTOFFELN

Die Ofenkartoffeln mit der üppigen Käsefüllung sind mehr als nur eine Beilage.

FÜR SECHS PERSONEN

ZUTATEN
- 3 Ofenkartoffeln
- 115 g Hartkäse, gerieben
- 90 ml Sahne
- Meersalz und schwarzer Pfeffer

KOCHTIP
Die Zubereitungszeit wird kürzer, wenn man die Kartoffeln in der Mikrowelle vorgart. Man sticht die gesäuberten Kartoffeln kräftig an und legt sie in ein mikrowellenfesten Gefäß. Danach gart man sie, bis sie weich werden – nach zwei Minuten, danach jede Minute prüfen! Zum Abschluß die Kartoffeln 45 Minuten im Ofen überbacken, damit die Schale knusprig wird.

1 Den Ofen auf 200°C/Gasstufe 6 vorheizen. Die Kartoffeln säubern und trockentupfen. Jede Kartoffel mit einer Gabel anstechen und 80 Minuten im Ofen auf der mittleren Schiene backen.

2 Die Kartoffeln aus dem Ofen nehmen und halbieren. Die Hälften auf ein Backblech legen, leichte Vertiefungen in der Mitte machen und die Ränder in die Höhe ziehen.

3 Käse und Sahne vermischen und über die Kartoffeln gießen.

4 5 Minuten überbacken, bis der Käse geschmolzen ist und Blasen wirft. Heiß, mit Meersalz und schwarzem Pfeffer gewürzt, servieren.

BÄCKER-KARTOFFELN

Schichten von Kartoffeln und Zwiebeln werden in Butter und Fond gegart. Das köstliche Kartoffelgericht ist eine attraktive Beilage zu Fleisch und Fisch.

FÜR SECHS PERSONEN

ZUTATEN
- Butter zum Ausfetten
- 1 kg Spätkartoffeln, in sehr dünne Scheiben geschnitten
- 2 Zwiebeln, in feine Ringe geschnitten
- 2 Knoblauchzehen, zerdrückt
- 50 g Butter, gewürfelt
- 300 ml Gemüsefond
- frisch gehackte Petersilie
- Meersalz und schwarzer Pfeffer

VARIANTE
Dieses Gericht wird gehaltvoller, wenn man es mit geriebenem Käse bestreut und danach überbackt.

1 Den Ofen auf 180°C/Gasstufe 4 vorheizen. Den Boden und die Seitenwände einer feuerfesten Form mit 1,5 Liter Volumen ausfetten.

2 Die Form mit einer Schicht Kartoffeln auslegen. Zwiebeln und Knoblauch darüber streuen. Auf diese Weise fortfahren und jede Lage würzen.

3 Die Kartoffeln in die Form drücken und mit Butterflocken bestreuen. Den Fond darüber gießen und im Ofen 1½ Stunden backen. Falls nach 1 Stunde die Oberfläche zu stark bräunt, mit Folie abdecken. Mit Petersilie garnieren und kräftig mit Salz und Pfeffer gewürzt servieren.

KARTOFFELPUFFER

Die traditionellen jüdischen Kartoffelpfannkuchen (Latka) werden knusprig gebacken und mit heissem gepökeltem Rindfleisch oder Apfelmus und saurer Sahne serviert.

FÜR VIER PERSONEN

ZUTATEN
- 2 mittelgroße mehligkochende Kartoffeln
- 1 Zwiebel
- 1 großes Ei, verquirlt
- 2 EL Mehl
- Pflanzenöl zum Fritieren
- Salz und schwarzer Pfeffer

1 Die Kartoffeln und die Zwiebel grob reiben. In ein großes Sieb geben und fest pressen, um möglichst viel der stärkehaltigen Flüssigkeit herauszudrücken. Die Kartoffelmischung in eine Schüssel geben.

2 Sofort das verquirlte Ei einrühren, das Mehl hinzufügen und vorsichtig unterrühren. Mit Salz und viel Pfeffer würzen.

3 In einer Bratpfanne mit schwerem Boden 1 cm Öl einige Minuten erhitzen (mit einer Brotkrume prüfen, ob das Fett heiß genug ist). Die Kartoffelmasse löffelweise in das Fett setzen. Zwischen den Kartoffelpuffern genügend Platz lassen.

4 Die Kartoffelpuffer ein wenig mit dem Löffelrücken flachdrücken und einige Minuten braten, bis sie unten goldbraun sind, dann vorsichtig wenden und auf der anderen Seite goldbraun backen.

5 Die Küchlein auf Küchenkrepp abtropfen und im Ofen warmstellen, die restlichen Kartoffelpuffer backen. Heiß servieren.

VARIANTE

Topinamburs, zu gleichen Teilen wie die Kartoffeln hinzugefügt, verleihen dem Gericht einen besonderen Geschmack.

SCHWEIZER SOUFFLÉKARTOFFELN

DIE KÖSTLICHE KOMBINATION AUS KÄSE, EIERN, SAHNE, BUTTER UND KARTOFFELN SCHMECKT BEI KALTEM WINTERWETTER BESONDERS GUT.

FÜR VIER PERSONEN

ZUTATEN
- 4 mehligkochende Ofenkartoffeln
- 115 g Gruyère, gerieben
- 115 g Kräuterbutter
- 4 EL Crème double
- 2 Eier, getrennt
- Salz und schwarzer Pfeffer
- frischer Schnittlauch zum Garnieren

1 Den Ofen auf 220°C/Gasstufe 7 vorheizen. Die Kartoffeln kräftig einstechen und 1–1½ Stunden weich garen. Aus dem Ofen nehmen und die Temperatur auf 180 °C/Gasstufe 4 reduzieren.

2 Jede Kartoffel halbieren, aushöhlen und das Fleisch in eine Schüssel geben. Die Kartoffelschalen wieder in den Ofen geben und knusprig backen.

3 Das Kartoffelfleisch mit einer Gabel zerdrücken, Gruyère, Kräuterbutter, Sahne, Eigelb und Gewürze hinzufügen und zu einer glatten Masse verrühren.

4 Die Eiweiß in einer seperaten Schüssel zu steifem, aber nicht trockenem Schnee schlagen und vorsichtig unter die Kartoffelmasse heben.

5 Die Mischung wieder in die Kartoffelschalen füllen und auf ein Backblech legen. Im Ofen 20–25 Minuten überbacken, bis die Füllung aufgegangen und goldbraun ist.

6 Die heißen Kartoffeln mit Schnittlauch garnieren und sofort servieren. Man kann auch Mayonnaise zu den Kartoffeln reichen.

YORKSHIRE KARTOFFELSOUFFLÉS

Kleine, mit Kartoffelpüree gefüllte, Soufléförmchen verwandeln jeden Sonntagsbraten zu einem Fest. Diese Beilage verfeinert auch einfache Gerichte wie Würstchen.

FÜR SECHS PORTIONEN

ZUTATEN
- 275 g mehligkochende Kartoffeln
- Milch und Butter zum Pürieren
- 1 TL gehackte Petersilie
- 1 TL gehackter Estragon
- 75 g Mehl
- 1 Ei
- 120 ml Milch
- Pflanzenöl oder Sonnenblumenfett zum Backen
- Salz und schwarzer Pfeffer

1 Die geschälten Kartoffeln in einem großen Topf mit kochendem Wasser weich garen, dann mit etwas Milch und Butter pürieren.

2 Die gehackte Petersilie und den Estragon einrühren und nach Belieben würzen. Den Ofen auf 200 °C/Gasstufe 6 vorheizen.

3 Mehl, Ei, Milch und eine Prise Salz in der Küchenmaschine oder mit dem Mixer zu einem geschmeidigen Teig verarbeiten.

4 Etwa ½ TL Öl oder ein wenig Sonnenblumenfett in jedes der 6 Souffléförmchen geben und die Förmchen 2–3 Minuten auf einem Backblech in den Ofen stellen, bis das Öl oder Fett sehr heiß ist.

5 Rasch ein wenig Teig (etwa 4 TL) in jedes Souffléförmchen füllen. Einen gehäuften Eßlöffel Kartoffelpüree darauf setzen und den restlichen Teig darüber verteilen. 15–20 Minuten backen, bis die Oberfläche goldbraun ist.

6 Mit einem Palettmesser die Soufflés vorsichtig aus der Form lösen und auf einem warmen Servierteller anrichten. Sofort servieren.

KOCHTIP
Man kann die Kartoffeln bereits einen Tag im voraus kochen und schälen.

RÖSTKARTOFFELN MIT KNOBLAUCH

Werden Kartoffeln in der Schale gebraten, behalten sie einen intensiven, erdigen Geschmack und nehmen weniger Fett auf. Der Knoblauch wird hingegen durch das Garen milder. Er kann über die Kartoffeln gestreut oder extra serviert werden.

FÜR VIER PERSONEN

ZUTATEN
- 1 kg kleine mehligkochende Kartoffeln
- 4–5 EL Sonnenblumenöl
- 2 TL Walnußöl
- 2 ganze Knoblauchknollen, in die Zehen zerteilt, ungeschält
- Salz

KOCHTIP
Mag jemand absolut keinen Knoblauch, kann man die Knoblauchzehen aufheben und in die nächste Suppe oder das nächste Püree drücken.

1 Den Ofen auf 240°C/Gasstufe 9 vorheizen. Die Kartoffeln in kaltes Wasser geben, zum Kochen bringen, abseihen.

2 In einer Backform das Öl im Ofen stark erhitzen. Kartoffeln und Knoblauch hinzufügen und in Öl wenden.

3 Die Kartoffeln mit Salz bestreuen und 10 Minuten garen. Die Temperatur auf 200 °C/Gasstufe 6 reduzieren und weitere 30–40 Minuten backen.

4 Jede Portion mit mehreren Knoblauchzehen servieren.

KARTOFFELN, PAPRIKA UND SCHALOTTEN IN ROSMARIN GEBACKEN

Die Kartoffeln nehmen das Aroma und den Geschmack der Schalotten und des Rosmarin besonders gut auf. Der Duft beim Öffnen der Ofentüre wird Sie begeistern!

FÜR VIER PERSONEN

ZUTATEN
- 500 g mehligkochende Kartoffeln
- 12 Schalotten
- 2 süße gelbe Paprika
- Olivenöl
- 2 Rosmarinzweige
- Salz und schwarzer Pfeffer
- zerdrückte Pfefferkörner

1 Den Ofen auf 200°C/Gasstufe 6 vorheizen. Die Kartoffeln in der Schale 5 Minuten in Salzwasser vorkochen. Abseihen, auskühlen lassen, schälen und der Länge nach halbieren.

KOCHTIP
Diese einfache, rasch zubereitete Beilage belebt auch jedes gegrillte oder gebratene Lamm oder Huhn.

2 Die Schalotten schälen und in ihre natürliche Form zerfallen lassen. Die Paprikas entkernen und der Länge nach in acht Streifen schneiden.

3 Eine flache feuerfeste Form sorgfältig mit Olivenöl ausfetten. Kartoffeln und Paprikastreifenabwechselnd einfüllen und mit den Schalotten bestreuen.

4 Die Rosmarinzweige in 5 cm lange Stücke schneiden und in das Gemüse stecken. Kräftig mit Salz und Pfeffer würzen, mit Olivenöl beträufeln und nicht zugedeckt 30–40 Minuten garen, bis alle Gemüse sehr weich sind. Das Gemüse gelegentlich wenden, damit es gleichmäßig gart und bräunt. Heiß mit zerstoßenen Pfefferkörnern servieren.

GLASIERTE SÜSSKARTOFFELN MIT SPECK

Geräuchter Speck ist die ideale Ergänzung für diese butterweichen Kartoffeln unter einer glänzenden Zuckerglasur. Sie schmecken hervorragend zu Bratente oder Brathuhn.

FÜR VIER BIS SECHS PERSONEN

ZUTATEN
- Butter zum Ausfetten
- 900 g Süßkartoffeln
- 115 g hellbrauner Zucker
- 2 EL Zitronensaft
- 3 EL Butter
- 4 Scheiben magerer Räucherspeck, in Streifen geschnitten
- Salz und schwarzer Pfeffer
- frische Petersilie zum Garnieren

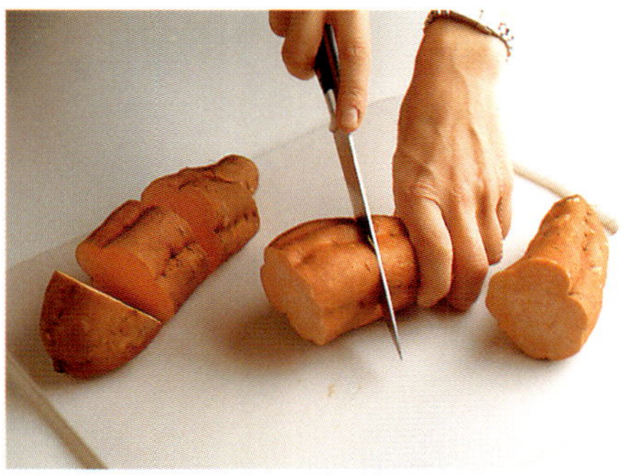

1 Die ungeschälten Süßkartoffeln dritteln und ohne Deckel in kochendem Wasser 15 Minuten bißfest kochen. Den Ofen auf 190°C/Gasstufe 5 vorheizen und eine flache feuerfeste Form mit Butter ausfetten.

2 Die Kartoffeln abseihen und auskühlen lassen, schälen und in dicke Scheiben schneiden. Die Scheiben überlappend in die Form schichten.

3 Mit Zucker und Zitronensaft beträufeln und mit Butterflöckchen besetzen.

4 Den Speck darüber legen, kräftig würzen und nicht zugedeckt 20 Minuten überbacken.

5 Gelegentlich mit der Messerspitze überprüfen, ob die Kartoffeln weich sind. Sind sie gar, aus dem Ofen nehmen.

6 Den Grill auf hohe Temperatur vorheizen. Die Kartoffeln mit Petersilie bestreuen und die Form 2–3 Minuten unter den Grill stellen, bis die Kartoffeln braun und der Speck kunsprig sind. Heiß servieren.

GEBACKENE KARTOFFELN MIT KRÄUTERN

Köstlich cremige Kartoffeln mit frischen Kräutern und Käse überbacken.

FÜR VIER PERSONEN

ZUTATEN
- Butter zum Ausfetten
- 675 g festkochende Kartoffeln
- 25 g Butter
- 1 Zwiebel, fein gehackt
- 1 Knoblauchzehe, zerdrückt
- 2 Eier
- 300 ml Crème fraîche oder Sahne
- 115 g Gruyère, gerieben
- 4 EL frisch gehackte Kräuter wie Kerbel, Thymian, Schnittlauch und Petersilie
- frisch geriebene Muskatnuß
- Salz und schwarzer Pfeffer

1 Ein Backblech in den Ofen schieben und auf 190°C/Gasstufe 5 vorheizen. Eine feuerfeste Form ausfetten.

2 Die Kartoffeln schälen und in Stifte schneiden. Beiseite stellen und die Sauce zubereiten. Für die Sauce die Butter in einem Topf zerlassen und Zwiebel und Knoblauch weich garen. Vom Herd nehmen und etwas auskühlen lassen. In einer großen Schüssel Eier, Crème fraîche oder Sahne und die Hälfte des geriebenen Käses vermischen.

3 In die Zwiebel-Knoblauch-Masse Kräuter, Kartoffeln, Salz, Pfeffer und Muskatnuß einrühren. Die Masse in die vorbereitete Form füllen und mit dem restlichen Käse bestreuen. Auf dem heißen Backblech 50–60 Minuten backen, bis die Oberfläche goldbraun ist. Sofort in der Form servieren, damit die Kartoffeln richtig heiß bleiben.

GEBACKENE KARTOFFELSPALTEN

Eine Alternative zu Pommes Frites, die ebenso gut schmeckt und einfacher zuzubereiten ist.

FÜR VIER BIS SECHS PERSONEN

ZUTATEN
- 150 ml Olivenöl
- 4 mittelgroße bis große Kartoffeln
- 1 TL getrocknete Kräutermischung (nach Belieben)
- Meersalz
- Mayonnaise zum Anrichten

VARIANTE
Auch Süßkartoffeln eignen sich gut zum Backen. Man bereitet sie auf dieselbe Weise zu, doch ist Vorsicht geboten, da sie meist rascher gar sind.

KOCHTIP
Aus gebackenen Kartoffelspalten läßt sich mit Spiegeleiern, Pilzen und Tomaten rasch ein köstliches Hauptgericht bereiten.

1 Den Ofen auf die höchste Stufe (meist 240 °C/Gasstufe 9) vorheizen. Während man die Kartoffeln vorbereitet, eine große feuerfeste Bratenform mit Öl ausfetten und im Ofen erhitzen.

2 Die Kartoffeln der Länge nach halbieren, dann in Spalten schneiden. Jede Seite leicht mit Öl bepinseln.

3 Ist der Ofen sehr heiß, die Form herausnehmen und die Kartoffelspalten in einer Schicht über das heiße Öl verteilen.

4 Die Kartoffelspalten mit Kräutern und Salz bestreuen und etwa 20 Minuten garen, bis sie goldbraun und knusprig sind. Aus dem Ofen nehmen und mit etwas Mayonnaise servieren.

KARTOFFELPÜREE MIT KNOBLAUCH

Das cremige Kartoffelpüree passt besonders gut zu gebratenem oder sautiertem Fleisch und zu vegetarischen Hauptspeisen. Zwar enthält es sehr viel Knoblauch, doch wird dieser durch das Kochen süss und mild.

FÜR SECHS BIS ACHT PERSONEN

ZUTATEN
- 3 ganze Knoblauchknollen, in die Zehen zerteilt, ungeschält
- 115 g Butter
- 1,5 kg mehligkochende Kartoffeln, geviertelt
- 120–175 ml Milch
- Salz und weißer Pfeffer

KOCHTIP

Dieses Rezept verspricht ein sehr leichtes, cremiges Püree. Die Menge der Milch entscheidet, wie flaumig das Püree wird. Man sollte kochende Milch verwenden, damit das Püree nicht auskühlt und die Masse im Wasserbad warm stellen.

1 In einem kleinen Topf Wasser bei geringer Hitze zum Kochen bringen, 2 Drittel der Knoblauchzehen hinzufügen und 2 Minuten kochen. Abseihen und danach die Knoblauchzehen schälen.

2 Restliche Knoblauchzehen in einer Backform im vorgeheizten Ofen bei 200 °C/Gasstufe 6 30–40 Minuten backen.

3 In einer schweren Bratpfanne die Hälfte der Butter bei geringer Hitze zerlassen und die geschälten Knoblauchzehen hinzufügen. Zugedeckt 20–25 Minuten sehr weich und goldgelb braten, dabei die Pfanne gelegentlich schütteln und umrühren. Den Knoblauch nicht anbrennen lassen.

4 Die Pfanne vom Herd nehmen und auskühlen lassen. Knoblauch und zerlassene Butter in einen Mixer oder eine Küchenmaschine mit Metallmesser geben und glatt pürieren. Die Masse in eine Schüssel gießen und mit Folie abdecken, damit sich keine Haut bildet.

5 Die Kartoffeln in Salzwasser weich kochen, abseihen und in einer Küchenmaschine pürieren oder durch ein Sieb in den Topf streichen. Die Kartoffeln bei mittlerer Hitze unter ständigem Rühren 1–2 Minuten garen, bis die Flüssigkeit verdampft ist. Den Topf vom Herd nehmen.

6 Die Milch bei mittlerer Hitze wärmen, bis sich am Rand Blasen bilden. Langsam die Milch, die restliche Butter und das Knoblauchpüree in die Kartoffeln einrühren, salzen und bei Bedarf mit weißem Pfeffer würzen und sehr heiß mit gebratenem Knoblauch servieren.

CHAMP

DIESES EINFACHE, TRADITIONELLE IRISCHE PÜREE IST UNGLAUBLICH SCHMACKHAFT. ES IST DER IDEALE BEGLEITER ZU EINEM HERZHAFTEN GULASCH AUS LAMM- ODER RINDFLEISCH.

FÜR VIER PERSONEN

ZUTATEN
- 900 g mehligkochende Kartoffeln
- 1 kleines Bund Frühlingszwiebeln, fein gehackt
- 150 ml Milch
- 50 g Butter
- Salz und schwarzer Pfeffer

KOCHTIP
Bleibt Kartoffelpüree über, so kann man es problemlos im Kühlschrank aufbewahren und vor dem Anrichten kurz aufwärmen.

1 Die ungeschälten Kartoffeln in große Stücke schneiden und in einem weiten Topf 20 Minuten weich kochen.

2 In der Zwischenzeit die Frühlingszwiebeln und die Milch in einem Topf bei geringer Hitze köcheln, bis die Zwiebeln weich sind.

3 Die Kartoffeln gut abseihen und abkühlen lassen. Schälen und wieder in den Topf geben. 1 Minute bei geringer Hitze rühren, bis die Flüssigkeit verdampft ist und den Topf vom Herd nehmen.

4 Die Kartoffeln mit der Milch und den Frühlingszwiebeln pürieren und würzen. Heiß mit zerlassener Butter servieren.

CREMIGES KARTOFFELPÜREE MEDITERRANE ART

Richtig cremiges Püree ist ein Luxus, der heute in jedem guten Restaurant serviert wird. Es ist aber auch zu Hause sehr einfach zuzubereiten.

FÜR VIER PERSONEN

ZUTATEN
- 900 g festkochende Kartoffeln, gewürfelt
- 3 EL kaltgepreßtes Olivenöl
- etwa 150 ml heiße Milch
- frisch geriebene Muskatnuß
- einige Blätter frisches Basilikum oder Petersilienzweige, gehackt
- Salz und schwarzer Pfeffer
- Basilikumzweige zum Garnieren
- gebratener Speck zum Anrichten

KOCHTIP
Von der Wahl der Kartoffeln hängt das Ergebnis ab. Mit zu festkochenden Kartoffeln wird das Püree nicht leicht und locker, zerfallen die Kartoffeln beim Kochen zu rasch, wird das Püree klumpig.

1 Die geschälten Kartoffeln in Wasser weich, aber nicht matschig kochen und sehr gut abtropfen. Durch eine Kartoffelpresse drücken oder mit einem Kartoffelstampfer zerdrücken. Keine Küchenmaschine verwenden, da sonst das Püree klebrig wird.

2 Mit Olivenöl und heißer Milch mit der Hand ein glattes Püree mixen.

3 Mit Muskatnuß und Gewürzen abschmecken und die frischen Kräuter einrühren. In eine warme Servierschüssel füllen und mit Basilikumblättern und gebratenem Speck garnieren. Sofort servieren.

KARTOFFELN MIT ROTEN CHILIS

Wer Chilis mag, wird diese Kartoffeln lieben! Isst man nicht gerne zu scharf, sollte man die Chilis entkernen und nur das Fleisch der Chilischoten verwenden.

FÜR VIER PERSONEN

ZUTATEN
- 12–14 kleine Frühkartoffeln, halbiert
- 2 EL Pflanzenöl
- ½ TL getrocknete rote Chilis, zerstoßen
- ½ TL weißer Kreuzkümmel
- ½ TL Fenchelsamen
- ½ TL zerstoßener Koriander
- 1 TL Salz
- 1 Zwiebel, in Ringe geschnitten
- 1–4 frische rote Chilis, gehackt
- 1 EL frischer Koriander, gehackt
- frischer Koriander zum Garnieren

KOCHTIP
Möchte man nicht sehr scharf essen, schlitzt man die frischen Chilis auf und entkernt sie. Danach das Fleisch in feine Ringe oder Stücke schneiden. Bei empfindlicher Haut Handschuhe tragen!

1 Die geschälten Kartoffeln in Salzwasser bißfest kochen. Vom Herd nehmen und abseihen. Beiseite stellen.

2 In einer tiefen Bratpfanne das Öl bei mittlerer Hitze erwärmen, dann die Temperatur reduzieren. Die zerstoßenen Gewürze wie Chilis, Kreuzkümmel, Fenchel- und Koriandersamen hinzufügen, salzen und unter ständigem Rühren kurz anbraten.

3 Die Zwiebelringe hinzufügen und goldbraun braten. Kartoffeln, rote Chilis und Koriander einrühren.

4 Bei sehr geringer Hitze 5–7 Minuten begedeckt garen. Die Kartoffeln mit frischem Koriander garnieren und heiß servieren.

SCHUPFNUDELN

Schupfnudeln heissen im Badischen Buwespitzle und sind eine klassische Beilage zu herzhaften wie zu süssen Speisen. Sie können sehr gut vorbereitet werden.

FÜR VIER BIS SECHS PERSONEN

ZUTATEN
- 1 kg mehligkochende Kartoffeln
- 2 Eier
- 150 g Mehl
- 100 g Butterschmalz
- Salz, frisch gemahlener schwarzer Pfeffer, frisch gemahlene Muskatnuß

VARIANTE
Aus diesem Teig lassen sich auch Klöße herstellen. Anstatt vieler kleiner »Nudeln« formen Sie aus dem Kartoffelteig große Klöße (siehe unten), die 15–20 Minuten in 2 l Salzwasser ziehen müssen.

1 Kartoffeln waschen. Ungeschält in Salzwasser ca. 25–30 Minuten kochen (zugedeckt). Abgießen, etwas ausdämpfen lassen und noch warm schälen. Über Nacht abkühlen lassen.

2 Am nächsten Tag die Kartoffeln durch eine Kartoffelpresse drücken und in einer Schüssel mit den Eiern, Salz, Pfeffer und einer Prise Muskat vermischen. Anschließend das Mehl schnell einarbeiten, so daß ein glatter Teig entsteht.

3 Den Kartoffelteig zu einer dicken Rolle formen (ca. 5 cm Durchmesser) und von dieser etwa 1 cm dicke Scheiben abschneiden. Aus den Scheiben kleine, fingerlange Würstchen drehen.

4 In einem Topf 2 l Salzwasser zum Kochen bringen, die Schupfnudeln vorsichtig hineingeben und etwa 2 Minuten ziehen lassen – das Wasser darf nicht mehr kochen! Dann herausnehmen, in kaltem Wasser kurz abschrekken und in einem Sieb gut abtropfen lassen.

5 Das Schmalz in einer großen Pfanne erhitzen und die Schupfnudeln darin bei mittlerer Hitze portionsweise 5 Minuten goldbraun und knusprig backen.

Als Beilage schmecken Weinkraut und Bratwürste, in der süßen Variante sind geschmortes Backobst oder Kompott (Pflaumen oder Apfel) köstliche Begleiter.

KARTOFFELKLÖSSE

Diese klassische Beilage zu herzhaften Fleischgerichten ist aus der deutschen und österreichischen Küche nicht wegzudenken.

FÜR VIER BIS SECHS PERSONEN

ZUTATEN (halb-und-halb)
- 1250 g Kartoffeln
- 1 Ei
- 65 g Mehl
- Salz, frisch gemahlener Pfeffer, frisch geriebene Muskatnuß

1 750 g Kartoffeln waschen. Ungeschält in Salzwasser ca. 25–30 Minuten zugedeckt kochen. Abgießen, etwas ausdämpfen lassen und noch warm schälen und durch die Kartoffelpresse drücken. Über Nacht abkühlen lassen.

2 Am nächsten Tag 500 g Kartoffeln schälen, reiben und in einem Küchentuch die Feuchtigkeit gut auspressen. Zu den gekochten Kartoffeln geben.

3 Ei, Mehl, Salz, Pfeffer und Muskatnuß unterrühren bis ein glatter Teig entsteht. Mit bemehlten Händen ca. 18 Klöße formen.

4 2,5 l Salzwasser zum Kochen bringen und die Klöße portionsweise vorsichtig in das Wasser geben. Je etwa 15–20 Minuten ziehen lassen. Das Wasser sollte nicht mehr sprudeln aber bewegt sein. Die Klöße gut abtropfen lassen und servieren.

ZUTATEN (aus rohen Kartoffeln)
- 1 kg mehligkochende Kartoffeln
- 125 g Hartweizengries
- 500 ml Milch
- ½ EL Salz
- Salz, frisch gemahlener Pfeffer, frisch geriebene Muskatnuß

1 Milch mit Salz zum Kochen bringen, Grieß hineingeben, noch einmal aufkochen lassen und von der Kochstelle nehmen und 30 Minuten ausquellen lassen.

2 In der Zwischenzeit die Kartoffeln schälen, waschen und reiben. Die Kartoffelmasse in einem Küchentuch fest auspressen.

3 In eine Schüssel geben, Grieß unterrühren und mit Salz, Pfeffer und Muskat abschmecken. Aus dem Teig eine etwa 5 cm dicke Rolle formen, davon jeweils eine 3 cm dicke Scheibe abschneiden. Daraus mit bemehlten Händen Klöße formen.

4 2 l Salzwasser zum Kochen bringen und die Klöße portionsweise vorsichtig in das Wasser geben. Etwa 15–20 Minuten ziehen lassen. Das Wasser sollte nicht mehr sprudeln aber bewegt sein. Die Klöße gut abtropfen lassen und servieren.

BUBBLE AND SQUEAK

Gleichgültig, ob man dieses traditionelle britische Gericht aus Resten zubereitet oder frisch kocht, es muss immer gut in die Pfanne gedrückt werden, damit es einen warmen Honigfarbton annimmt, wenn die Aromen verschmelzen. In Irland heisst das Gericht Colcannon und wird in Stücken serviert.

FÜR VIER PERSONEN

ZUTATEN

- 4 EL Schmalz, Schweinefett oder Pflanzenöl
- 1 Zwiebel, fein gehackt
- 450 g mehligkochende Kartoffeln, gekocht und zerstampft
- 225 g gekochter Weißkohl oder Rosenkohl, fein geschnitten
- Salz und schwarzer Pfeffer

1 2 EL Schmalz, Fett oder Öl in einer schweren Bratpfanne erhitzen. Die Zwiebel unter häufigem Rühren weich braten, aber nicht bräunen.

2 In einer großen Schüssel Kartoffeln, gekochten Weißkohl oder Rosenkohl mischen und mit Salz und viel Pfeffer abschmecken.

3 Das Gemüse mit den gegarten Zwiebeln in die Pfanne geben, gut umrühren und die Masse zu einem großen Kuchen glattstreichen.

4 Bei mittlerer Hitze etwa 15 Minuten garen, bis der Kuchen auf der Unterseite braun ist.

5 Einen großen Teller auf die Pfanne legen und die Pfanne umdrehen. Die Pfanne aufheben, wieder auf den Herd stellen und das restliche Schmalz, Fett oder Öl hineingeben. Wenn es heiß ist, den Kuchen wieder in die Pfanne gleiten lassen.

6 Bei mittlerer Hitze 10 Minuten garen, bis die Unterseite goldbraun ist. Heiß in Stücke geschnitten servieren.

KOCHTIP

Wenn man keinen gekochten Weißkohl übrig hat, kann man frischen verwenden. Hobeln, in Salzwasser weich kochen, abspülen und fein hacken.

SÜSSKARTOFFELN MIT ORANGENGLASUR

Dieses typisch amerikanische Gericht darf bei keinem Erntedankfest oder Weihnachtsessen fehlen. Orangenspalten verleihen ihm eine besondere Note.

FÜR ACHT PERSONEN

ZUTATEN

- 900 g Süßkartoffeln
- 1 Tasse Orangensaft
- ¼ Tasse Ahornsirup
- 1 TL frisch geriebener Ingwer
- 1½ TL Zimtpulver
- 1¼ TL geriebener Kardamom
- 1½ TL Salz
- schwarzer Pfeffer
- geriebener Zimt und Orangenspalten zum Garnieren

1 Den Ofen auf 180 °C/Gasstufe 4 vorheizen. Die Kartoffeln schälen, würfeln und 5 Minuten in Wasser kochen.

2 Inzwischen die restlichen Zutaten verrühren und auf eine beschichtete flache Backform streichen.

3 Die Kartoffeln abseihen und in der Form verteilen. 1 Stunde backen, bis die Kartoffeln weich sind. Dabei alle 15 Minuten umrühren, um sie zu glasieren. Als Beilage zu einem Hauptgericht mit Orangenspalten und Zimtpulver servieren.

HASH BROWNS

Knusprige, goldbraune Kartoffelecken mit Zwiebeln vermischt gehören zu den beliebtesten Frühstücksgerichten der Amerikaner. Sie schmecken aber immer köstlich.

FÜR VIER PERSONEN

ZUTATEN
- 4 EL Sonnenblumen- oder Olivenöl
- 450 g gekochte Kartoffeln, würfelig
- 1 kleine Zwiebel, gehackt
- Salz und schwarzer Pfeffer
- Schnittlauch zum Garnieren
- Tomatensauce zum Servieren

VARIANTE
Diese Beilage wird zu einem Hauptgericht, wenn man zu den Kartoffeln gekochtes, gewürfeltes Fleisch, Würstchenscheiben oder sogar Corned Beef hinzufügt.

1 Das Öl in einer großen, schweren Pfanne stark erhitzen und die Kartoffeln in einer Schicht hineingeben. Die Zwiebel darüber streuen und gut würzen.

2 Die Masse mit einem Löffel oder einem Spachtel glattstreichen und bei mittlerer Hitze garen.

3 Wenn die Kartoffeln auf der Unterseite braun sind, mit einem Spachtel in Stücken wenden und auf der anderen Seite goldbraun und leicht knusprig braten. Wieder glattstreichen.

4 Heiß mit Schnittlauch und Tomatensauce servieren.

PATATAS BRAVAS

Der spanische Name deutet auf feurig scharfe Kartoffeln hin. Zum Glück werden in Spanien die Tapas nur in kleinen Mengen gegessen!

FÜR VIER PERSONEN

ZUTATEN
- 900 g kleine Frühkartoffeln
- 4 EL Olivenöl
- 1 Zwiebel, fein gehackt
- 2 Knoblauchzehen, zerdrückt
- 1 EL Tomatenmark
- 200 g gehackte Tomaten aus der Dose
- 1 EL Rotweinessig
- 2–3 kleine getrocknete rote Chilis, entkernt und fein gehackt oder 1–2 TL Chilipulver
- 1 TL scharfes Paprikapulver
- Salz und schwarzer Pfeffer
- 1 Petersilienzweig zum Garnieren
- gehackte rote Chilis zum Garnieren

KOCHTIP
Sollen die Kartoffeln nicht zu scharf werden, fügt man einfach weniger Chili hinzu.

1 Die Kartoffeln in der Schale 10–12 Minuten weich kochen. Abseihen und auskühlen lassen, dann halbieren und beiseite stellen.

2 Das Öl in einem großen Topf erhitzen und Zwiebel und Knoblauch hinzufügen. 5–6 Minuten weich garen. Tomatenmark, Tomaten, Essig, Chilis oder Chilipulver und Paprikapulver einrühren und etwa 5 Minuten köcheln.

3 Die Kartoffeln in die Sauce einrühren bis sie gut bedeckt sind. Zugedeckt 8–10 Minuten köcheln lassen, bis die Kartoffeln weich sind.

4 Die Kartoffeln gut würzen und auf einen gewärmten Servierteller geben. Mit einem Petersilienzweig garnieren und sofort servieren. Das Gericht wird noch schärfer, wenn man es mit gehackten frischen Chilis garniert.

ALOO SAAG

Traditionelle indische Gewürze wie Senfkörner, Ingwer und Chili geben den Kartoffeln und dem Spinat in diesem köstlichen Currygericht Pfiff.

FÜR VIER PERSONEN

ZUTATEN
- 450 g Spinat
- 2 EL Pflanzenöl
- 1 TL schwarze Senfkörner
- 1 Zwiebel, in dünne Scheiben geschnitten
- 2 Knoblauchzehen, zerdrückt
- 2,5 cm Ingwer, fein gehackt
- 675 g festkochende Kartoffeln, in 2,5 cm große Stücke geschnitten
- 1 TL Chilipulver
- 1 TL Salz
- ½ Tasse Wasser

KOCHTIPS
Der Spinat wird richtig trocken, wenn man ihn fest in ein sauberes Geschirrtuch rollt und die Flüssigkeit herauspreßt. Man sollte festkochende Kartoffeln wählen, damit sie während des Kochens nicht zerfallen.

1 Den Spinat 3–4 Minuten in kochendem Wasser blanchieren.

2 Den Spinat gut abseihen und auskühlen lassen. Dann mit den Händen die Restflüssigkeit herauspressen.

3 Das Öl in einem großen Topf erhitzen und die Senfkörner 2 Minuten unter ständigem Rühren anbraten.

4 Zwiebel, Knoblauch und Ingwer hinzufügen, und 5 Minuten braten.

5 Kartoffeln, Chilipulver, Salz und Wasser einrühren und 8 Minuten garen. Gelegentlich umrühren.

6 Zuletzt den Spinat hinzufügen. Zugedeckt 10–15 Minuten köcheln, bis der Spinat gar und die Kartoffeln weich sind. Heiß servieren.

KARTOFFELN IN JOGHURTSAUCE

KLEINE UNGESCHÄLTE KARTOFFELN SCHMECKEN MIT DIESER WÜRZIGEN JOGHURTSAUCE KÖSTLICH. ZU FLEISCH, FISCH ODER EINFACH MIT HEISSEM FLADENBROT SERVIEREN.

FÜR VIER PERSONEN

ZUTATEN

- 12 kleine Frühkartoffeln, halbiert
- 275 g Naturjoghurt (mager)
- 300 ml Wasser
- ¼ TL Gelbwurz
- 1 TL Chilipulver
- 1 TL gemahlener Koriander
- ½ TL Kreuzkümmelpulver
- 1 TL Salz
- 1 TL brauner Zucker
- 2 EL Pflanzenöl
- 1 TL weiße Kreuzkümmelsamen
- 1 EL gehackter Koriander
- 2 frische grüne Chilis, in Scheiben geschnitten
- 1 Korianderzweig zum Garnieren (nach Belieben)

1 Die Kartoffeln in der Schale in Salzwasser weich kochen, abseihen und beiseite stellen.

2 Joghurt, Wasser, Gelbwurz, Chilipulver, gemahlenen Koriander und Kreuzkümmel, Salz und Zucker in einer Schüssel vermischen. Beiseite stellen.

3 Das Öl in einem mittelgroßen Topf bei mittlerer Hitze erwärmen und die Kreuzkümmelsamen einrühren.

4 Die Hitze reduzieren und die vorbereitete Joghurtmischung einrühren. Die Sauce unter ständigem Rühren 3 Minuten kochen.

5 Frischen Koriander, grüne Chilis und Kartoffeln in die Sauce geben. Gut mischen und 5–7 Minuten kochen. Gelegentlich umrühren.

6 Auf einen Servierteller legen, nach Wunsch mit dem Korianderzweig garnieren und heiß servieren.

KOCHTIP

Sind keine Frühkartoffeln auf dem Markt, 450 g festkochende Kartoffeln verwenden. Die Kartoffeln schälen und in große Stücke schneiden, dann wie oben beschrieben zubereiten.

KARTOFFELPÜREE MASALA

Die würzigen Kartoffeln passen zu schmackhaftem gegrilltem oder gebratenem Fleisch wie Ente, Lamm oder Schwein.

FÜR VIER PERSONEN

ZUTATEN
- 3 mittelgroße mehligkochende Kartoffeln
- 1 EL frisch gehackte Minze und Koriander
- 1 TL Mangopulver oder Mango-Chutney
- 1 TL Salz
- 1 TL schwarze Pfefferkörner, zerstoßen
- 1 frischer roter Chili, fein gehackt
- 1 frischer grüner Chili, fein gehackt
- 50 g weiche Butter oder Margarine

1 Die Kartoffeln in einem großen Topf in leicht gesalzenem Wasser weich kochen. Sehr gut abseihen und zerstampfen.

2 Die restlichen Zutaten in einer kleinen Schüssel mischen.

3 Die Mischung unter die zerstampften Kartoffeln rühren, dabei ein wenig zum Garnieren aufheben. Mit einer Gabel gut vermischen.

4 Heiß mit der restlichen Gewürzmischung garniert servieren.

KARTOFFELN BOMBAY

Ein klassisches indisches Gujerati (vegetarisches) Gericht mit Kartoffeln, die langsam in einer würzigen Currysauce mit frischen Chilis gegart werden.

FÜR VIER BIS SECHS PERSONEN

ZUTATEN
- 450 g Frühkartoffeln
- 1 TL Gelbwurz
- 4 EL Pflanzenöl
- 2 getrocknete rote Chilis
- 6–8 Curryblätter
- 2 Zwiebeln, fein gehackt
- 2 frische grüne Chilis, fein gehackt
- 50 g Korianderblätter, grob gehackt
- ¼ TL Asant
- je ½ TL Senf, Kreuzkümmel und Fenchelsamen
- Zitronensaft
- Salz
- frische gebratene Curryblätter zum Garnieren

1 Die Kartoffeln in kleine Stücke schneiden und in leicht gesalzenem Wasser mit ½ TL Gelbwurz weich kochen. Abseihen und grob zerstampfen.

2 Das Öl in einer großen Pfanne erhitzen und die roten Chilis und die Curryblätter braten, bis die Chilis braun sind. Zwiebeln, grüne Chilis, Koriander, Gelbwurz, Asant, Senf, Fenchelsamen und Kreuzkümmel hinzufügen und kochen, bis die Zwiebeln weich sind.

3 Die Kartoffeln unterrühren und einige Tropfen Wasser hinzufügen. Bei niedriger Hitze etwa 10 Minuten kochen und gut verrühren, damit die Gewürze gleichmäßig verteilt sind. Die getrockneten Chilis und die Curryblätter entfernen.

4 Die Kartoffeln heiß mit Zitronensaft beträufelt und mit frischen gebratenen Curryblättern (nach Belieben) garniert servieren.

Fleisch und Geflügel

Bei diesen Gerichten mit Fleisch und Geflügel kommen die Kartoffeln, die das ganze Jahr auf dem Markt sind, am besten zur Geltung. Lammkeulen, die langsam mit Kräutern gegart werden, erhalten ihre Krönung mit halbierten Frühkartoffeln. Huhn in einer leichten Sauce wird durch Kartoffelklösse mit Kräutern abgerundet, und ein gehaltvolles Gericht mit Rindfleisch schmeckt am besten mit einer knusprigen Kartoffelkruste.

TEX-MEX-KARTOFFELN MIT CHILI

Das klassische Chiliragout wird durch knusprige Ofenkartoffeln gekrönt. Das Gericht ist leicht zuzubereiten, ist sehr sättigend und schmeckt grossartig.

FÜR VIER PERSONEN

ZUTATEN
- 2 große Ofenkartoffeln
- 1 EL Pflanzenöl
- etwas Öl zum Bestreichen
- 1 Knoblauchzehe, zerdrückt
- 1 kleine Zwiebel, gehackt
- ½ rote Paprika, entkernt und gehackt
- 225 g mageres Rinderhackfleisch
- ½ kleine frische rote Chilischote, entkernt und gehackt
- 1 TL gemahlener Kreuzkümmel
- 1 Prise Cayennepfeffer
- 200 g Tomaten aus der Dose
- 2 EL Tomatenmark
- ½ TL frischer Oregano
- ½ TL frischer Marjoran
- 200 g rote Bohnen aus der Dose, abgetropft
- 1 EL gehackter Koriander
- Salz und schwarzer Pfeffer
- gehackter Majoran zum Garnieren
- Salatblätter und 4 EL saure Sahne zum Anrichten

1 Den Ofen auf 220 °C/Gasstufe 7 vorheizen. Die Kartoffeln mit etwas Öl einreiben oder bepinseln und mit einer Gabel einstechen.

2 Die Kartoffeln auf die oberste Schiene im Ofen legen und 30 Minuten backen. Erst dann mit dem Chiliragout beginnen.

3 Das Öl in einer großen Pfanne erhitzen und Knoblauch, Zwiebel und Paprika 4–5 Minuten weich garen.

4 Das Hackfleisch anbraten, bis es die Fleischfarbe verliert, dann Chili, Kreuzkümmel, Cayennepfeffer, Tomaten und Tomatenmark einrühren. 4 EL Wasser und die Kräuter hinzufügen. Bei geringer Hitze zugedeckt 25 Minuten köcheln, dabei gelegentlich umrühren.

5 Die Bohnen einrühren und nicht zugedeckt 5 Minuten kochen. Vom Herd nehmen und den gehackten Koriander einrühren. Kräftig abschmecken.

6 Die Kartoffeln halbieren und in Servierschüsseln verteilen. Die Chilimischung darüber verteilen und mit einem Löffel saurer Sahne und frischem Majoran garnieren. Heiß mit einigen Salatblättern servieren.

BAUERNFRÜHSTÜCK

Das Bauernfrühstück oder -omelett ist eine deftige Mahlzeit, die heutzutage eher abends serviert wird.

FÜR VIER PERSONEN

ZUTATEN

750 g festkochende Kartoffeln
75 g durchwachsener Speck
125 g Schinkenspeck
30 g Butterschmalz
4 Zwiebeln
3 Eier
3 EL Milch
2 El frische, gehackte Kräuter (Schnittlauch, Petersilie usw.)
Salz und frisch gemahlener Pfeffer

1 Die Kartoffeln waschen und in der Schale etwa 20 Minuten in Salzwasser gar kochen. Abgießen, schälen und erkalten lassen. Dann in Scheiben schneiden.

2 Schmalz in einer großen, schweren Pfanne erhitzen, den durchwachsenen Speck fein würfeln und in der Pfanne auslassen.

3 In der Zwischenzeit die Zwiebeln schälen und fein würfeln. In die Pfanne geben und mit dem Speck glasig braten. Kartoffelscheiben hinzufügen.

4 Schinkenspeck in Würfel schneiden. Die Eier mit der Milch, Salz und Pfeffer verquirlen, Schinkenspeckwürfel und frische Kräuter zugeben.

5 Die Mischung über die gebräunten Kartoffeln gießen und bei geringer Hitzezufuhr langsam stocken lassen. Mit frischer Petersilie garnieren.

HIMMEL UND ERDE

Dieses klassische Ernteessen wird vor allem im Rheinland gern gegessen. Woher es seinen Namen hat, ist nicht ganz klar. Vermutlich ist er darauf zurückzuführen, dass das Gericht mit Äpfeln (Himmel) und Kartoffeln (Erde) zubereitet wird.

FÜR VIER BIS SECHS PERSONEN

ZUTATEN

1 kg mehligkochende Kartoffeln
800 g Äpfel
400 g Zwiebeln
60 g durchwachsener Speck
400 g Blutwurst
200 ml Milch
2 EL Butter
2 EL Butterschmalz
1 EL Zitronensaft
1 EL Zucker
Salz, frisch gemahlener schwarzer Pfeffer

1 Die Kartoffeln schälen, waschen in größere Würfel schneiden und in Salzwasser zugedeckt ca. 20 Minuten gar kochen

2 Inzwischen die Äpfel vierteln, schälen und entkernen. In Spalten schneiden. In einem Topf 3 EL Wasser mit dem Zitronensaft und dem Zucker erhitzen, die Apfelspalten dazugeben und mit der Flüssigkeit bedeckt 6–8 Minuten köcheln.

3 Die Zwiebeln schälen und in Ringe, den Speck in feine Würfel und die Blutwurst in ca. 2 cm dicke Scheiben schneiden.

4 Schmalz in einer großen, schweren Pfanne erhitzen, zunächst den Speck darin ausbraten, dann die Zwiebelringe mitanbräunen. Beides aus der Pfanne nehmen und nun die Blutwurst in dem Fett auf jeder Seite ca. 1 Minute anbraten.

5 Milch erhitzen. Die Kartoffeln abgießen und ausdämpfen lassen, mit dem Kartoffelstampfer pürieren. Heiße Milch dazugießen und anschließend die Butter unterrühren. Die Äpfel zerstampfen und unter das Kartoffelpüree heben.

6 Auf jeden Teller eine Portion Kartoffel-Apfelbrei geben und mit der Zwiebel-Speckmischung übergießen. Mit einigen Scheiben Blutwust anrichten und alles mit schwarzem Pfeffer bestreuen.

RÖSTI MIT WILDPILZEN UND SPECK

Getrocknete Steinpilze schmecken und duften nach Erde und Wald. In Verbindung mit den salzigen Speckscheiben machen sie dieses Rösti unvergesslich.

FÜR VIER PERSONEN

ZUTATEN
- 675 g mehligkochende Kartoffeln
- 10 g getrocknete Steinpilze
- 225 g fetter Räucherspeck, in Scheiben oder Streifen geschnitten
- 2 Thymianzweige, gehackt
- 2 EL frisch gehackte Petersilie
- 2 EL Pflanzenöl
- 4 Eier zum Servieren
- 1 Bund Brunnenkresse zum Garnieren
- zerstoßene Pfefferkörner zum Garnieren

1 Die Kartoffeln in Salzwasser 5 Minuten kochen. Sie müssen fest genug zum Reiben bleiben.

2 Inzwischen die Pilze 5–10 Minuten in kochendem Wasser einweichen. Abseihen und hacken.

3 Den Speck in einer beschichteten Pfanne leicht anbraten, bis das Fett ausrinnt. Mit einem Bratenwender herausnehmen und das Fett aufheben.

4 Die Kartoffeln abseihen und auskühlen lassen. Danach grob reiben und mit Küchenkrepp sorgfältig trockentupfen. In eine große Schüssel geben und Pilze, Thymian und Petersilie unterrühren.

5 Den Speck mit etwas Öl in der Bratpfanne stark erhitzen. Die Röstimischung mit einem Löffel hinzufügen und glattstreichen. Etwa 6 Minuten auf beiden Seiten knusprig und goldbraun braten. Auf Küchenkrepp abtropfen und im Ofen bei geringer Hitze warm stellen.

6 Das restliche Öl in der heißen Pfanne erhitzen und die Eier braten. Das Rösti sofort mit Eiern, Brunnenkresse und zerstoßenen Pfefferkörnern servieren.

KARTOFFEL-CHORIZO-KÄSE-TORTILLA

Die Kartoffelscheiben und die scharfen spanischen Würste geben dem Pfannkuchen Pfiff.

FÜR VIER PERSONEN

ZUTATEN
- 1 EL Pflanzenöl
- ½ Zwiebel, in Scheiben geschnitten
- 1 kleine grüne Paprika, entkernt und in Ringe geschnitten
- 1 Knoblauchzehe, fein gehackt
- 1 Tomate, gehackt
- 6 schwarze Oliven, entkernt und gehackt
- 275 g festkochende Kartoffeln, in Scheiben geschnitten
- 225 g Chorizo, in Streifen geschnitten
- 1 frische grüne Chilischote, entkernt und gehackt
- 50 g Hartkäse, gerieben
- 6 große Eier
- 3 EL Milch
- ¼ TL Kreuzkümmelpulver
- ¼ TL getrockneter Oregano
- ¼ TL mildes Paprikapulver
- Salz und schwarzer Pfeffer
- Salatblätter zum Garnieren

1 Den Ofen auf 190 °C/Gasstufe 5 vorheizen. Eine runde Backform (23 cm Durchmesser) mit Backpapier auslegen.

2 Das Öl in einer großen beschichteten Pfanne erhitzen. Zwiebel, grüne Paprika und Knoblauch bei mittlerer Hitze 5–8 Minuten weich garen.

3 Mit Tomate, Oliven, Kartoffeln, Chorizo und Chili in die Backform geben, mischen und mit Käse bestreuen.

4 In einer kleinen Schüssel Eier und Milch verquirlen. Kreuzkümmel, Oregano, Paprika, Salz und Pfeffer einrühren.

5 Die Eiermasse über das Gemüse gießen. Die Form schwenken, damit sich die Masse gleichmäßig verteilt.

6 30 Minuten backen, bis die Masse stockt und leicht gebräunt ist. Heiß oder kalt in Stücken mit Salat servieren.

KARTOFFEL-WURST-EINTOPF

In Irland steht dieses Gericht in zahlreichen Varianten auf den Speisekarten, doch sind die wichtigsten Zutaten immer dieselben: Kartoffeln, Würstchen und Speck.

FÜR VIER PERSONEN

ZUTATEN

- 1 EL Pflanzenöl
- 4 Speckscheiben, in 2,5 cm große Stücke geschnitten
- 2 große Zwiebeln, gehackt
- 2 Knoblauchzehen, zerdrückt
- 8 Schweinsbratwürstchen
- 4 große Kartoffeln, in dünne Scheiben geschnitten
- ¼ TL frischer Salbei
- 300 ml Gemüsefond
- Salz und schwarzer Pfeffer
- dunkles Brot zum Servieren

1 Den Ofen auf 180 °C/Gasstufe 4 vorheizen. Eine große feuerfeste Form ausfetten und beiseite stellen.

2 Das Öl in einer Pfanne erhitzen und den Speck 2 Minuten braten. Die Zwiebeln hinzufügen und 5–6 Minuten goldbraun braten. Den Knoblauch 1 Minute mitbraten, dann die Mischung aus der Pfanne nehmen und beiseite stellen.

3 Die Würstchen 5–6 Minuten in der Pfanne goldbraun braten.

4 Die Kartoffeln in die vorbereitete Form schichten und die Speck-Zwiebel-Masse darüber verteilen. Mit Salz und Pfeffer abschmecken und mit frischem Salbei bestreuen.

5 Mit dem Fond übergießen und die Würstchen darüber legen. Zugedeckt 1 Stunde backen und mit Brot servieren.

SCHWEINESCHNITZEL MIT APFEL-KARTOFFEL-RÖSTI

Die Bratensäfte des Schweinefleischs ergeben nicht nur eine schmackhafte Sauce, sie durchziehen die Äpfel und Kartoffeln auch mit ihrem köstlichem Aroma.

FÜR VIER PERSONEN

ZUTATEN

- 2 große Kartoffeln, fein gerieben
- 1 mittelgroßer Apfel, gerieben
- 2 Knoblauchzehen, zerdrückt
- 1 Ei, verquirlt
- Butter zum Ausfetten
- 1 EL Olivenöl
- 4 große Scheiben Parmaschinken
- 4 Schweineschnitzel, je 175 g
- 4 Salbeiblätter
- 1 mittelgroßer Apfel, in dünne Scheiben geschnitten
- 25 g Butter, gewürfelt
- Salz und schwarzer Pfeffer
- karamelisierte Apfelstücke zum Servieren

KOCHTIP

Man darf das Schweinefleisch nicht zu lange kochen, da es sonst trocken wird.

1 Den Ofen auf 200 °C/Gasstufe 6 vorheizen. Aus den geriebenen Kartoffeln und Äpfeln die Flüssigkeit auspressen. Mit Knoblauch, Ei und Gewürzen vermischen.

2 Ein Backblech mit Folie auslegen und ausfetten. Die Kartoffeln in 4 Portionen teilen und mit dem Löffel kreisförmig auf dem Backblech anordnen. Mit dem Löffelrücken ein wenig glattstreichen. Mit etwas Olivenöl beträufeln und 10 Minuten garen.

3 Inzwischen den Parmaschinken auf eine saubere Oberfläche legen und die Schweineschnitzel darauf legen. Über das Fleisch 1 Salbeiblatt und die Apfelstücke legen und mit Butterflöckchen besetzen. Den Parmaschinken um das Fleisch wickeln.

4 Die Kartoffeln aus dem Ofen nehmen und je eine Fleischroulade darauf setzen. Im Ofen 20 Minuten backen. Vorsichtig von der Folie lösen und mit karamelisierten Apfelstücken und dem Bratensaft servieren.

STEAK IN BIERSAUCE MIT KARTOFFELN

BEI DIESEM IRISCHEN GERICHT WIRD DAS RINDFLEISCH IN BIER GEGART UND MIT KARTOFFELN SERVIERT. MAN KANN DAS FLEISCH AUCH LANGSAM IM OFEN GAREN.

FÜR VIER PERSONEN

ZUTATEN

675 g Rindfleisch zum Schmoren
1 EL Pflanzenöl
25 g Butter
225 g kleine weiße Zwiebeln
175 ml dunkles Bier
300 ml Rinderfond
1 Bund Suppengrün
675 g festkochende Kartoffeln, in dicke Scheiben geschnitten
225 g große Pilze, in Scheiben geschnitten
1 EL Mehl
½ TL milder Senf
Salz und schwarzer Pfeffer
gehackter Thymian zum Garnieren

1 Das Fleisch vom Fett trennen und vierteln. Auf beiden Seiten würzen. Das Öl und die Hälfte der Butter in einer großen Pfanne mit schwerem Boden erhitzen.

2 Das Fleisch auf beiden Seiten anbraten, ohne daß aber die Butter verbrennt. Aus der Pfanne nehmen.

3 Die kleinen Zwiebeln in der Pfanne 3–4 Minuten leicht bräunen. Das Fleisch wieder in die Pfanne geben, mit Bier und Fond aufgießen und abschmecken.

4 Das Suppengrün in die Pfanne geben und die Kartoffelscheiben gleichmäßig über dem Fleisch verteilen. Die Mischung zum Kochen bringen, die Hitze reduzieren und gut zugedeckt 1 Stunde sieden.

VARIANTE

Das Gericht wird leichter und schmeckt genauso gut, wenn man statt Rindfleisch vier Lammkeulen, Cidre anstatt des Biers und Lamm- oder Hühnerfond anstatt des Rinderfonds verwendet.

KOCHTIP

Die Zwiebeln lassen sich besser schälen, wenn man sie in einer Schüssel mit kochendem Wasser übergießt und 5 Minuten ziehen läßt. Nach dem Abseihen sollte sich die Schale leicht lösen.

5 Die Pilzscheiben über die Kartoffeln streuen. Wieder zudecken und nochmals etwa 30 Minuten garen. Fleisch und Gemüse mit einem Bratenwender aus der Pfanne nehmen und auf einer Platte anrichten.

6 Die restliche Butter mit dem Mehl zu einer Mehlschwitze verarbeiten und langsam in die Kochflüssigkeit in der Pfanne einrühren. Den Senf einrühren und bei mittlerer Hitze 2–3 Minuten unter ständigem Rühren kochen, bis die Sauce eindickt.

7 Die Sauce abschmecken und über das Fleisch gießen. Mit viel Thymian garnieren und sofort servieren.

LAMMAUFLAUF MIT SENFHAUBE

Der Senf verleiht der Kartoffelhaube auf diesem Auflauf einen speziellen Geschmack.

FÜR VIER PERSONEN

ZUTATEN

- 800 g mehligkochende Kartoffeln
- 4 EL Milch
- 1 EL französischer Senf
- etwas Butter
- 450 g mageres Lammhackfleisch
- 1 Zwiebel, gehackt
- 2 Selleriestangen, in dünne Scheiben geschnitten
- 2 Möhren, gewürfelt
- 2 EL Maismehl mit 150 ml Lammfond verrührt
- 1 EL Worcestershiresauce
- 2 EL frisch gehackter Rosmarin oder 2 TL getrockneter Rosmarin
- Salz und schwarzer Pfeffer
- frisches Gemüse zum Servieren

1 Die geschälten und würfelig geschnittenen Kartoffeln in einem großen Topf in leicht gesalzenem Wasser weich kochen. Gut abseihen und pürieren. Dann Milch, Senf und Butter einrühren und abschmecken. Den Ofen auf 200 °C/Gasstufe 6 vorheizen.

2 Das Fleisch in einer beschichteten Pfanne braten und mit einer Gabel zertrennen, bis es die Fleischfarbe verliert. Zwiebel, Sellerie und Möhren hinzufügen und 2–3 Minuten unter ständigem Rühren garen.

3 Die Mischung aus Maismehl und Fond einrühren. Unter ständigem Rühren zum Kochen bringen und vom Herd nehmen. Worcestershiresauce und Rosmarin einrühren und mit Salz und Pfeffer abschmecken.

4 Die Lamm-Gemüse-Mischung in eine feuerfeste Form mit 1,75 Liter Volumen füllen und die Kartoffelhaube gleichmäßig darüber verteilen. Mit der Spachtelkante Muster formen. 30–35 Minuten überbacken, bis die Oberfläche bräunt. Heiß mit Gemüse servieren.

VARIANTE

Dieser traditionelle Auflauf wird mit Lammfleisch zubereitet, doch kann man auch Rinderhackfleisch verwenden. Die Kartoffelhaube kann mit frisch geriebenem Meerrettich verfeinern werden.

LAMMCURRY MIT FRÜHKARTOFFELN

Bei diesem Gericht wird das Fleisch langsam gegart, bis es sich vom Knochen löst. Chili und Kokosmilch sorgen für ein exotisches Aroma.

FÜR VIER PERSONEN

ZUTATEN
- 25 g Butter
- 4 Knoblauchzehen, zerdrückt
- 2 Zwiebeln, in Ringe geschnitten
- je ½ TL Kreuzkümmel, gemahlener Koriander, Gelbwurz und Cayennepfeffer
- 2–3 rote Chilis, entkernt und fein gehackt
- 300 ml heißer Hühnerfond
- 200 ml Kokosmilch
- 4 Lammkeulen, von Fett gesäubert
- 450 g Frühkartoffeln, halbiert
- 6 reife Tomaten, geviertelt
- Salz und schwarzer Pfeffer
- Korianderblätter zum Garnieren
- würziger Reis zum Servieren.

1 Den Ofen auf 160 °C/Gasstufe 3 vorheizen. Die Butter in einer großen Kasserolle zerlassen und Zwiebel und Knoblauch darin bei geringer Hitze 15 Minuten goldgelb braten. Gewürze und Chilis einrühren und nochmals 2 Minuten garen.

2 Den heißen Fond und die Kokosmilch einrühren. Die Lammkeulen hinzufügen und die Kasserolle mit Folie zudecken. 2 Stunden im Ofen garen. Die Keulen mehrmals wenden.

3 Die Kartoffeln 10 Minuten vorkochen, abseihen und mit den Tomaten in die Kasserolle geben. Nicht zugedeckt 35 Minuten im Ofen garen. Abschmecken, mit Korianderblättern garnieren und mit würzigem Reis servieren.

KOCHTIP
Man sollte dieses Gericht einen Tag im voraus zubereiten und über Nacht kühl stellen. Am nächsten Tag die Fettschicht abschöpfen, die sich auf der Oberfläche gebildet hat und vor dem Servieren sorgfältig erwärmen.

KARTOFFELGRATIN MIT RINDFLEISCH, ROTER BETE UND PILZEN

DIE VARIANTE EINER POLNISCHEN SPEISE AUS UNGEWÖHNLICHEN ZUTATEN ERGIBT EIN HERZHAFTES HAUPTGERICHT. DAS RINDFLEISCH UND DIE ROTE BETE SIND VON EINEM KARTOFFELRAND UMGEBEN UND SIND MIT MEERRETTICH UND SENF KÖSTLICH VEREDELT.

FÜR VIER PERSONEN

ZUTATEN
- 2 EL Pflanzenöl
- 1 kleine Zwiebel, gehackt
- 1 EL Weizenmehl
- 150 ml Gemüsefond
- 225 g gekochte Rote Beten, abgeseiht und gehackt
- 1 EL Sahnemeerrettich
- 1 EL Kümmel
- 3 Schalotten oder 1 mittelgroße Zwiebel, gehackt
- 450 g Rindersteak, in dünne Streifen geschnitten
- 225 g Pilze, in Scheiben geschnitten
- 2–3 TL scharfer Senf
- 4 EL saure Sahne
- 3 EL frisch gehackte Petersilie

Für den Kartoffelrand
- 900 g mehligkochende Kartoffeln
- 150 ml Milch
- 25 g Butter oder Margarine
- 1 EL frisch gehackter Dill (nach Belieben)
- Salz und schwarzer Pfeffer

1 Den Ofen auf 190 °C/Gasstufe 5 vorheizen. Eine Back- oder Gratinform leicht mit Öl ausfetten. 1 EL Öl in einem großen Topf erhitzen und die Zwiebel darin weich garen. Das Mehl einrühren, vom Herd nehmen und langsam den Fond einrühren, bis die Mischung glatt und gut durchmischt ist.

2 Wieder auf den Herd stellen und unter Rühren köcheln, bis die Mischung eindickt. Rote Beten (nach Belieben einige Stücke als Garnierung aufheben), Meerrettich und Kümmel hinzufügen. Vorsichtig mischen und beiseite stellen.

3 Für den Kartoffelrand die Kartoffeln in einem großen Topf in reichlich Salzwasser 20 Minuten weich kochen. Gut abseihen und mit Milch und Butter oder Margarine pürieren. Nach Wunsch gehackten Dill hinzufügen und mit Salz und Pfeffer abschmecken. Gut durchmischen.

KOCHTIP
Das ganze Gericht kann vorbereitet und vor dem Servieren aufgewärmt werden. 50 Minuten im Ofen garen und knapp vor Ende der Garzeit die Rote Bete als Garnierung hinzufügen.

4 Die Kartoffeln in die vorbereitete Form geben und an den Seiten aufhäufen. In die große Vertiefung in der Mitte die Mischung aus Roten Beten füllen und mit dem Löffelrücken glatt streichen. Beiseite stellen.

5 Das restliche Öl in einer großen Bratpfanne erhitzen und die Schalotten oder die Zwiebel darin weich garen, aber nicht bräunen. Das Rindersteak unter Rühren rasch anbraten. Die Pilze hinzufügen und bei großer Hitze braten, bis fast die ganze Flüssigkeit verdampft ist. Die Pfanne vom Herd nehmen, Senf und saure Sahne einrühren und abschmecken. Die Hälfte der Petersilie unterrühren.

6 Die Fleischmischung über die Roten Beten in der Backform verteilen und mit den Rote-Bete-Stücken garnieren. Zugedeckt 30 Minuten überbacken. Mit der restlichen Petersilie garnieren und heiß servieren.

RINDFLEISCH MIT KARTOFFELKRUSTE

Für dieses Gericht wird das Rindfleisch in Rotwein mariniert und mit einer Kartoffel-Käse-Kruste goldgelb und knusprig gratiniert. Anstatt die Kartoffeln zu reiben, kann man sie auch in dünne Scheiben schneiden und mit Zwiebelringen und zerdrücktem Knoblauch vermischt auf dem Rindfleisch verteilen.

FÜR VIER PERSONEN

ZUTATEN
- 675 g Rindfleisch zum Schmoren, gewürfelt
- 300 ml Rotwein
- 3 Wacholderbeeren, zerstoßen
- 1 Stück Orangenschale
- 2 EL Olivenöl
- 2 Zwiebeln, in Stücke geschnitten
- 2 Möhren, in Stücke geschnitten
- 1 Knoblauchzehe, zerdrückt
- 225 g Pilze
- 150 ml Rinderfond
- 2 EL Maismehl
- Salz und schwarzer Pfeffer

Für die Kartoffelkruste
- 450 g Kartoffeln, gerieben
- 1 EL Olivenöl
- 2 EL Sahnemeerrettich
- 50 g Hartkäse, gerieben
- Salz und schwarzer Pfeffer

VARIANTE
Für die Kruste eignet sich jeder reife Hartkäse. Würzigeren Geschmack verleiht diesem Gericht Gruyère oder Pecorino.

1 Das gewürfelte Rindfleisch in eine Schüssel (nicht aus Metall) geben. Wein, Wacholderbeeren und Orangenschale hinzufügen und mit schwarzem Pfeffer würzen. Die Zutaten vermischen und mindestens 4 Stunden oder besser über Nacht marinieren lassen.

2 Den Ofen auf 160 °C/Gasstufe 3 vorheizen. Das Fleisch abtropfen und die Marinade beiseite stellen.

3 Das Öl in einem großen feuerfesten Topf erhitzen und das Fleisch 5 Minuten kräftig anbraten. Zwiebeln, Möhren und Knoblauch hinzufügen und 5 Minuten garen. Pilze, Rotweinmarinade und Rinderfond einrühren und köcheln.

4 Maismehl mit Wasser glatt rühren, in den Topf einrühren und würzen. Zugedeckt 1½ Stunden kochen.

5 Die Kruste 30 Minuten vor Ende der Garzeit des Fleisches zubereiten. Dafür die geriebenen Kartoffeln in kochendem Wasser 5 Minuten blanchieren. Gut abseihen und die restliche Flüssigkeit ausdrücken.

6 Die restlichen Zutaten einrühren und gleichmäßig über dem Rindfleisch verteilen. Die Ofentemperatur auf 200 °C/Gasstufe 6 erhöhen und das Gericht weitere 30 Minuten überbacken, bis die Oberfläche knusprig und angebräunt

KOCHTIP
Die Kartoffeln mit einer groben Reibscheibe in der Küchenmaschine zerkleinern. So halten sie beim Blanchieren besser ihre Form.

MOUSSAKA

Das klassische griechische Gericht aus Lammfleisch, Kartoffeln und Auberginen wird mit Käse überbacken und ergibt auf diese Weise ein sehr nahrhaftes Mahl.

FÜR SECHS PERSONEN

ZUTATEN
- 2 EL Olivenöl
- 2 EL frisch gehackter Oregano
- 1 große Zwiebel, fein gehackt
- 675 g mageres Lammhackfleisch
- 1 große Aubergine, in Scheiben geschnitten
- 800 g geschälte Tomaten aus der Dose, gehackt
- 3 EL Tomatenmark
- 1 Suppenwürfel (zerbröselt) oder Lammfond
- 2 mehligkochende Kartoffeln, halbiert
- 115 g Hartkäse, gerieben
- 150 ml Sahne
- Salz und schwarzer Pfeffer
- frisches Brot zum Servieren

1 Den Ofen auf 180 °C/Gasstufe 4 vorheizen. Das Olivenöl in einer großen, tiefen Pfanne erhitzen. Oregano und gehackte Zwiebeln bei geringer Hitze unter häufigem Rühren etwa 5 Minuten garen, bis die Zwiebeln weich sind.

VARIANTE
Will man mehr Gemüse in das Gericht geben, kann man anstatt der Kartoffelscheiben auch Zucchinischeiben, wie die Auberginen zubereitet, in die Form schichten. Das Gericht wird mit gut gewürztem Kartoffelpüree bedeckt und dann mit der Sauce übergossen. Noch reichhaltiger wird das Gericht, wenn man über jede Schicht Auberginen frisch geriebenen Parmesan streut.

2 Das Hackfleisch einrühren und 10 Minuten garen, bis es braun wird. Inzwischen die Auberginenscheiben 5 Minuten braten, einmal wenden.

3 Tomaten und Tomatenmark in die Fleischmischung einrühren, den Suppenwürfel zerbröseln und unterrühren, mit Salz und Pfeffer abschmecken und nicht zugedeckt 15 Minuten köcheln.

4 Inzwischen die Kartoffeln in schwach gesalzenem Wasser 5–10 Minuten weich kochen. Abseihen, etwas abkühlen lassen und in dünne Scheiben schneiden.

5 Auberginen, Hackfleisch und Kartoffeln in eine ovale Backform mit 1,75 Liter Volumen schichten. Mit Kartoffeln abschließen.

6 Käse und Sahne in einer Schüssel vermischen und über das Gericht gießen. 45–50 Minuten im Ofen backen, bis die Oberfläche bräunt und Blasen wirft. Sofort heiß servieren und frisches, knuspriges Brot dazu reichen.

KOCHTIP
Je größer die Oberfläche des Gerichts ist, desto rascher ist das Moussaka gar.

IRISH STEW

Der einfache und köstliche Eintopf ist das bekannteste Gericht Irlands. Traditonell verwendet man dafür Schafrippen, doch ist Lammfleisch leichter zu bekommen.

FÜR VIER PERSONEN

ZUTATEN
- 1,5 kg Lammrippen ohne Knochen
- 1 EL Pflanzenöl
- 3 große Zwiebeln, geviertelt
- 4 große Möhren, in Scheiben
- 900 ml Wasser
- 4 große festkochende Kartoffeln, in Stücke geschnitten
- 1 großer Thymianzweig
- 15 g Butter
- 1 EL frisch gehackte Petersilie
- Salz und schwarzer Pfeffer
- Wirsingkohl (nach Belieben)

KOCHTIP
Findet man kein entbeintes Rippenstück, eignet sich auch Lammnacken. Bitten Sie den Fleischer, das Fleisch für Sie zu zerteilen und das Fett wegzuschneiden.

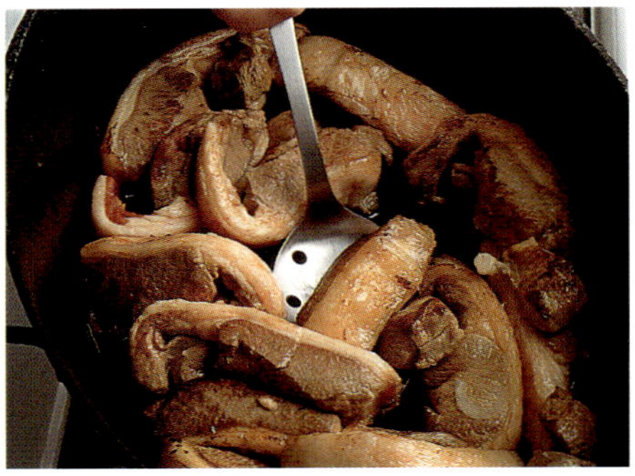

1 Das Fett vom Fleisch entfernen. Das Öl in einem feuerfesten Topf erhitzen und das Lamm von allen Seiten anbraten. Aus dem Topf nehmen.

2 Zwiebeln und Möhren in dem Topf 5 Minuten garen, bis die Zwiebeln braun sind. Das Lammfleisch hinzufügen und mit Wasser aufgießen. Mit Salz und Pfeffer abschmecken, zum Kochen bringen und zugedeckt bei geringer Hitze 1 Stunde köcheln.

3 Kartoffeln und Thymian hinzufügen und zugedeckt eine weitere Stunde köcheln.

4 Den Eintopf einige Minuten abkühlen lassen. Das Fett abschöpfen, dann die Flüssigkeit in einen sauberen Topf gießen. Bei geringer Hitze zum Kochen bringen, Butter und Petersilie einrühren. Gut abschmecken und wieder in den Topf gießen. Nach Belieben mit gekochtem oder gedämpftem Wirsingkohl servieren.

LEVANTINISCHES LAMM MIT KARTOFFELN

Wenn der Duft von Knoblauch und Safran in der Küche schwebt, wird dieses Lammgericht mit köstlichem Knoblauchgeschmack sicher rasch aufgegessen sein!

FÜR SECHS BIS ACHT PERSONEN

ZUTATEN
- 2,75 kg Lammkeule
- 4 Knoblauchzehen, halbiert
- 4 EL Olivenöl
- Saft von 1 Zitrone
- 2–3 Safranfäden, in 1 EL kochendem Wasser eingeweicht
- 1 TL frische Kräuter (Schnittlauch, Petersilie usw.)
- 450 g Kartoffeln, in dicke Scheiben geschnitten
- 2 große Zwiebeln, in dicke Scheiben geschnitten
- Salz und schwarzer Pfeffer
- frischer Thymian zum Garnieren

1 Das Fleisch mehrfach einschneiden, Knoblauch in die Schlitze stecken und das Fleisch in eine Schüssel geben.

2 Öl, Zitronensaft, Safran und frische Kräuter vermischen, das Lamm damit einreiben und 2 Stunden marinieren.

3 Den Ofen auf 180 °C/Gasstufe 4 vorheizen. Kartoffeln und Zwiebeln in eine große Bratenform schichten. Das Lamm aus der Marinade nehmen und mit der fetten Seite nach oben in die Bratenform legen, abschmecken.

4 Die Marinade über das Lamm gießen und 2 Stunden braten. Gelegentlich einstreichen. Aus dem Ofen nehmen, abdecken und vor dem Aufschneiden 10–15 Minuten ruhen lassen.

HUHN MIT KARTOFFELKLÖSSEN

Gedünstete Hühnerbrust in einer cremigen Sauce und leichte Kartoffelklösse mit Kräutern als Beilage ergeben eine herzhafte, köstliche Mahlzeit.

FÜR SECHS PERSONEN

ZUTATEN
- 1 Zwiebel, gehackt
- 300 ml Gemüsefond
- 120 ml Weißwein
- 4 große Hühnerbrüste
- 300 ml Sahne
- 1 EL gehackter Estragon
- Salz und schwarzer Pfeffer

Für die Klöße
- 1 kg Spätkartoffeln, gekocht, zerstampft
- 175 g Butterschmalz
- 115 g Weizenmehl
- 1 Messerspitze Backpulver
- 50 ml Wasser
- 2 EL frische Kräuter (Petersilie, Schnittlauch usw.)
- Salz und schwarzer Pfeffer

1 Zwiebel, Gemüsefond und Wein in eine tiefe Bratpfanne geben. Die Hühnerbrüste hinzufügen und 20 Minuten zugedeckt köcheln.

2 Die Hühnerbrüste aus dem Fond nehmen, in Stücke schneiden und beiseite stellen. Den Fond abseihen und die Zwiebel entfernen. Den Fond bei starker Hitze um ein Drittel reduzieren. Sahne und Estragon einrühren und eindicken lassen. Die Hühnerbrüste dazu geben, mit Salz und Pfeffer abschmecken.

3 Die Mischung in eine große feuerfeste Form geben.

4 Den Ofen auf 190 °C/Gasstufe 5 vorheizen. Die Zutaten für die Klöße vermischen und mit Wasser zu einem weichen Teig verarbeiten. Mit bemehlten Händen zu 6 Klößen formen. Auf der Hühnermasse verteilen und nicht zugedeckt 30 Minuten backen.

KOCHTIP
Das Gericht sollte recht flüssig sein, wenn man es in den Ofen schiebt, da die Klöße viel Flüssigkeit aufsaugen.

HÜHNERBRÜSTE MIT SPINAT-KARTOFFEL-FÜLLUNG

Die grossen Hühnerbrüste werden mit einer Spinat-Kräuter-Mischung gefüllt, mit Butterflöckchen besetzt und im Ofen weich gegart.

FÜR SECHS PERSONEN

ZUTATEN
- 750 g mehligkochende Kartoffeln, gewürfelt
- 115 g Spinatblätter, fein gehackt
- 1 Ei verquirlt
- 2 EL frisch gehackter Koriander
- 4 große Hühnerbrüste
- 50 g Butter

Für die Sauce
- 400 g gehackte Tomaten aus der Dose
- 1 Knoblauchzehe, zerdrückt
- 150 ml heißer Hühnerfond
- 2 EL frisch gehackter Koriander
- Salz und schwarzer Pfeffer
- gebratene Pilze zum Anrichten

1 Den Ofen auf 180 °C/Gasstufe 4 vorheizen. Die Kartoffeln in einem großen Topf 15 Minuten weich kochen. Abseihen, in eine große Schüssel geben und mit einer Gabel zerdrücken.

2 Spinat, Ei und Koriander unter die Kartoffeln rühren und mit Salz und Pfeffer abschmecken.

3 Die Hühnerbrüste fast ganz durchschneiden und öffnen. Die Spinat-Kartoffel-Mischung in die Öffnung füllen und das Fleisch wieder darüber klappen. Mit Zahnstochern verschließen und in eine Bratenform legen.

4 Mit Butterflöckchen besetzen und mit Folie abdecken. 25 Minuten garen, die Folie entfernen und nochmals 10 Minuten goldbraun backen.

5 Inzwischen für die Sauce Tomaten, Knoblauch und Fond in einem Topf erhitzen. 10 Minuten bei starker Hitze kochen, würzen und den Koriander einrühren. Das Geflügel aus dem Ofen nehmen, mit Sauce und Pilzen anrichten.

KOCHTIP
Junge Spinatblätter schmecken süßer und sind ideal für dieses Gericht.

HUHN-KARTOFFEL-AUFLAUF

Ursprünglich wurden Ofenkartoffeln langsam mit Zwiebeln und Schmalz oder Butter auf dem Ofen gegart, bis sie zerfielen. Bei dieser Version ist eine köstliche Schicht aus Speck und Huhn zwischen den Kartoffeln verborgen.

FÜR VIER PERSONEN

ZUTATEN

- Butter zum Ausfetten
- 1 kg Kartoffeln, in 5 mm dünne Scheiben geschnitten
- 2 große Zwiebeln, gehackt
- 1 EL frisch gehackter Thymian
- 25 g Butter
- 1 EL Pflanzenöl
- 2 große Speckscheiben, gehackt
- 4 große Hühnerkeulen, halbiert
- 600 ml Hühnerfond
- 1 Lorbeerblatt
- Salz und schwarzer Pfeffer

KOCHTIP

Anstatt der Hühnerkeulen kann man auch acht Hühnerflügel nehmen.

1 Den Ofen auf 150 °C/Gasstufe 2 vorheizen. Die Hälfte der Kartoffelscheiben in einer dicken Schicht auf den Boden einer großen, leicht ausgefetteten Kasserolle legen. Mit der Hälfte der Zwiebeln bedecken. Mit der Hälfte des Thymians bestreuen und abschmecken.

2 Butter und Öl in einer großen Pfanne mit schwerem Boden erhitzen und Speck und Hühnerkeulen von allen Seiten anbraten. Mit einem Bratenwender in die Kasserolle heben. Das Fett in der Pfanne aufheben.

3 Den restlichen Thymian über das Geflügel streuen, mit Salz und Pfeffer abschmecken und mit den restlichen Zwiebeln bedecken. Eine Schicht Kartoffelscheiben überlappend darüber legen und gut würzen.

4 Den Fond in die Kasserolle gießen, das Lorbeerblatt hinzufügen und die Kartoffeln mit dem Bratenfett bestreichen. Gut abdecken und 2 Stunden backen, bis das Geflügel sehr weich ist.

5 Die Abdeckung von der Kasserolle nehmen und das Gericht auf der obersten Stufe im Ofen überbacken, bis die Kartoffelscheiben goldbraun und knusprig werden. Das Lorbeerblatt entfernen und heiß servieren.

TRUTHAHNKROKETTEN

Knusprige Kroketten aus geräuchertem Truthahn, Kartoffelpüree und Frühlingszwiebeln, in Semmelbröseln gewendet und mit würziger Tomatensauce serviert.

FÜR VIER PERSONEN

ZUTATEN
- 450 g Spätkartoffeln, gewürfelt
- 3 Eier
- 2 EL Milch
- 175 g geräucherter Truthahnspeck, fein gehackt
- 2 Frühlingszwiebeln, in feine Scheiben geschnitten
- 115 g frische Semmelbrösel
- Pflanzenöl zum Fritieren

Für die Sauce
- 1 EL Olivenöl
- 1 Zwiebel, fein gehackt
- 400 g Tomaten aus der Dose
- 2 EL Tomatenmark
- 1 EL frisch gehackte Petersilie
- Salz und schwarzer Pfeffer

1 Die Kartoffeln 20 Minuten sehr weich kochen. Abseihen, wieder in den Topf geben und bei geringer Hitze das restliche Wasser verdampfen lassen.

2 Die Kartoffeln mit 2 Eiern und der Milch pürieren. Mit Salz und Pfeffer abschmecken. Speck und Frühlingszwiebeln einrühren, 1 Stunde kalt stellen.

3 Inzwischen für die Sauce das Öl in einer Pfanne erhitzen und die Zwiebeln 5 Minuten weich garen. Tomaten und -mark hinzufügen und unter Rühren 10 Minuten köcheln. Die Petersilie einrühren, mit Salz und Pfeffer abschmecken und die Sauce warm stellen.

4 Die Kartoffelmasse aus dem Kühlschrank nehmen und in 8 Teile teilen. Jedes Stück zu einer kleinen Rolle formen und in dem verquirlten Ei und danach in den Semmelbröseln wenden.

5 Das Pflanzenöl in einem Topf oder der Friteuse auf 175 °C erhitzen und die Kroketten 5 Minuten goldbraun und knusprig fritieren. Mit der Tomatensauce servieren.

KOCHTIP
Ob das Öl heiß genug ist, prüft man, indem man eine Brotkrume hinein gibt. Sinkt sie in 10 Sekunden ab, steigt wieder und brutzelt, hat das Öl die richtige Temperatur.

AUFLAUF MIT HUHN, PILZEN UND KARTOFFELN

Eine saftige Kombination aus Huhn, Gemüse und Sauce mit einer knusprigen Schicht Kartoffeln als krönender Abschluss.

FÜR VIER BIS SECHS PERSONEN

ZUTATEN
- 1 EL Olivenöl
- 4 große Hühnerbrüste, in Stücke geschnitten
- 1 Porree, in feine Ringe geschnitten
- 50 g Butter
- 25 g Mehl
- 475 ml Milch
- 1 TL Senf
- 1 Möhre, sehr fein gewürfelt
- 225 g Pilze, fein geschnitten
- 900 g Spätkartoffeln, in feine Scheiben geschnitten
- Salz und schwarzer Pfeffer

1 Den Ofen auf 180 °C/Gasstufe 4 vorheizen. Das Öl in einem großen Topf erhitzen und das Geflügel darin 5 Minuten anbraten, bis es bräunt. Den Porree hinzufügen und 5 Minuten garen.

2 Die Hälfte der Butter in den Topf geben und zerlassen. Mit Mehl bestäuben und die Milch einrühren. Bei geringer Hitze eindicken lassen, dann den Senf einrühren.

3 Möhre und Pilze einrühren und mit Salz und Pfeffer abschmecken.

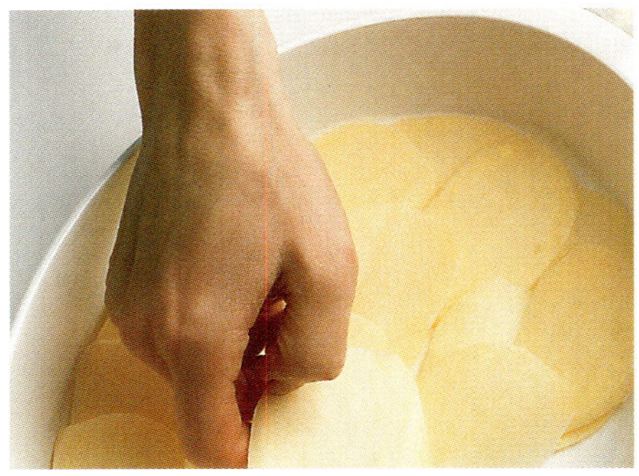

4 Den Boden einer feuerfesten Form mit 1,75 Liter Volumen mit Kartoffeln auslegen. Ein Drittel der Geflügelmischung darüber schichten und mit einer Schicht Kartoffeln bedecken. Alle Zutaten auf diese Weise einschichten und mit einer Schicht Kartoffeln abschließen. Mit Butterflöckchen besetzen.

5 Insgesamt 1½ Stunden im Ofen backen, nach 30 Minuten mit Folie abdecken. Heiß servieren.

KOCHTIP

Die Flüssigkeit von den Pilzen hält das Geflügel saftig, die Kartoffeln saugen überschüssige Flüssigkeit auf.

GEBRATENE ENTE AUF HONIGKARTOFFELN

EIN GERICHT FÜR BESONDERE ANLÄSSE. DER KRÄFTIGE GESCHMACK DER ENTE PASST AUSGEZEICHNET ZU DEN KARTOFFELN, DIE MIT HONIG GLASIERT WURDEN.

FÜR VIER PERSONEN

ZUTATEN
- 1 Ente, ausgenommen
- 4 EL helle Sojasauce
- ⅔ Tasse frischer Orangensaft
- 3 große mehligkochende Kartoffeln, in Stücke geschnitten
- 2 EL Honig
- 1 EL Sesamsamen
- Salz und schwarzer Pfeffer

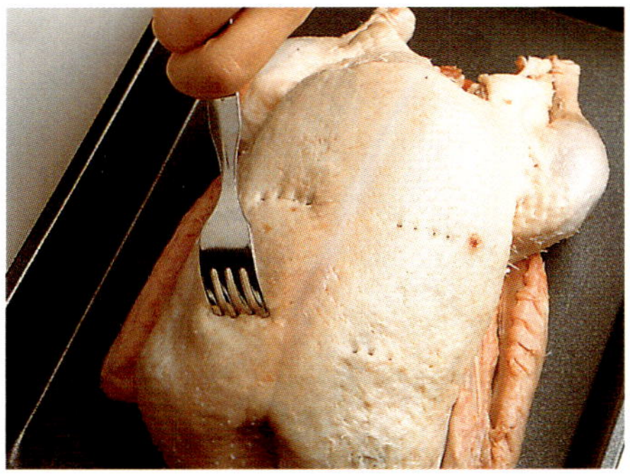

1 Den Ofen auf 200 °C/Gasstufe 6 vorheizen. Die Ente in eine Bratenform legen und die Haut gut einstechen.

2 Die Sojasauce mit Orangensaft vermischen und über die Ente gießen. 20 Minuten garen.

3 Die Kartoffelstücke in eine Schüssel geben und den Honig gut unterrühren. Die Ente aus dem Ofen nehmen, die Kartoffeln um das Fleisch herum anordnen.

4 35 Minuten braten, dann aus dem Ofen nehmen. Die Kartoffeln im Bratensaft wenden, damit sie gleichmäßig garen und die Ente wenden. Wieder in den Ofen geben und weitere 30 Minuten braten.

5 Die Ente aus dem Ofen nehmen und vorsichtig das Fett abschöpfen, den Bratensaft in der Form lassen.

6 Die Sesamsamen über die Kartoffeln streuen, würzen, die Ente nochmals wenden und weitere 10 Minuten garen. Aus dem Ofen nehmen und warm stellen. Die Ente einige Minuten ruhen lassen.

7 Das überschüssige Fett abgießen und den Bratensaft auf dem Herd einige Minuten köcheln. Den Bratensaft zu der zerteilten Ente und den Kartoffeln servieren.

Fischgerichte

Da Fisch in sehr kurzer Zeit gar ist, werden für viele Rezepte in diesem Kapitel vorgekochte oder sehr dünn geschnittene Kartoffeln verwendet. Probieren Sie zur Abwechslung Janssons Versuchung, ein klassisches schwedisches Gericht aus Streichholz-Kartoffeln, Sardellenfilets und Zwiebeln. Da Fisch sehr leicht zerfällt, lässt er sich hervorragend mit Kartoffelpüree zu Fisch-Pies verarbeiten.

RÄUCHERLACHS-QUICHE MIT KARTOFFELTEIG

DIE ZUTATEN FÜR DIESE LEICHTE, DOCH SEHR SCHMACKHAFTE QUICHE LASSEN SICH AUSGEZEICHNET MIT DEM LOCKEREN KARTOFFELTEIG KOMBINIEREN.

FÜR SECHS PERSONEN

ZUTATEN

Für den Teig
- 115 g mehligkochende Spätkartoffeln, gewürfelt
- 225 g Mehl, gesiebt
- 115 g Butter, gewürfelt
- ½ Ei, verquirlt
- 2 TL kaltes Wasser

Für die Füllung
- 275 g Räucherlachs
- 6 Eier, verquirlt
- 150 ml Vollmilch
- 300 ml Crème double
- 2–3 EL frisch gehackter Dill
- 2 EL Kapern, gehackt
- Salz und schwarzer Pfeffer
- Salatblätter und Dill zum Garnieren

1 Die Kartoffeln in einem großen Topf in schwach gesalzenem Wasser 15 Minuten weich kochen. Abseihen und wieder in den Topf geben. Die Kartoffeln zu einem glatten Püree zerstampfen und völlig abkühlen lassen.

VARIANTEN

Man kann aus diesen Zutaten auch sechs kleine Quiches machen, wenn man eine Vorspeise oder ein leichtes Mahl zubereiten möchte. Die Quiches werden wie oben beschrieben zubereitet, doch muß die Garzeit um etwa 15 Minuten reduziert werden. Noch pikanter wird das Gericht, wenn man es mit frisch geriebenem Parmesan überbackt.

2 Mehl und Butter mit den Händen in einer Schüssel verreiben. Mit den Kartoffeln und dem Ei zu einem Teig kneten, bei Bedarf kaltes Wasser hinzufügen.

3 Den Teig auf einer bemehlten Fläche ausrollen und eine runde Quicheform mit 23 cm Durchmesser damit auslegen. 1 Stunde kalt stellen.

4 Den Ofen auf 200 °C/Gasstufe 6 vorheizen. Ein Backblech im Ofen vorwärmen. Den Räucherlachs in kleine Stücke schneiden und beiseite stellen.

5 Für die Füllung Eier, Milch und Crème double verquirlen. Dill und Kapern einrühren und mit Pfeffer abschmecken. Den Lachs unterrühren.

6 Den Teig aus dem Kühlschrank nehmen, mit einer Gabel einstechen und mit der Füllung belegen. Auf einem Backblech 35–45 Minuten backen. Warm, mit frischem Dill garniert und mit Salat anrichten.

KOCHTIPS

Damit der Teig auch wirklich gar wird, ist es nötig, das Backblech vorzuwärmen. Für diese Quiche kann man auch Stücke vom frischen oder abgetautenLachs verwenden, die viel preiswerter sind.

KABELJAU-PIE MIT TOMATEN UND BASILIKUM

Frischer und geräucherter Fisch kombiniert mit den Aromen von Tomaten und Basilikum schmecken köstlich. Mit grünem Salat ist der Pie ein ideales Hauptgericht.

FÜR ACHT PERSONEN

ZUTATEN
- 1 kg geräucherter Kabeljau
- 1 kg frischer Kabeljau
- 900 ml Milch
- 1,2 Liter Wasser
- 2 Zweige Basilikum
- 1 Zweig Zitronenthymian
- 150 g Butter
- 1 Zwiebel, gehackt
- 75 g Mehl
- 2 EL frisch gehacktes Basilikum
- 4 feste Tomaten, geschält und gehackt
- 12 mittelgroße mehligkochende Kartoffeln
- Salz und schwarzer Pfeffer
- zerstoßene Pfefferkörner zum Garnieren
- Salatblätter zum Anrichten

1 Den Fisch mit 600 ml Milch, Wasser und den Kräutern in eine Bratform geben. Zum Kochen bringen und 3–4 Minuten köcheln lassen. Den Fisch in der Flüssigkeit etwa 20 Minuten auskühlen lassen. Abseihen und die Garflüssigkeit für die Sauce beiseite stellen. Den Fisch zerteilen, dabei Haut und Gräten entfernen.

2 75 g Butter in einem großen Topf zerlassen und die Zwiebel darin 5 Minuten glasig dünsten. Mit Mehl bestäuben und mit der Hälfte des gehackten Basilikums bestreuen. Langsam die Garflüssigkeit einrühren und bei Bedarf mit etwas Milch verdünnen, wenn die Sauce zu dick wird. Unter ständigem Rühren eine glatte, recht dünne Sauce zubereiten. Zum Kochen bringen, mit Salz und Pfeffer abschmecken und das restliche Basilikum hinzufügen.

3 Vom Herd nehmen und Fisch und Tomaten einrühren. Die Mischung in eine feuerfeste Form füllen.

4 Den Ofen auf 180 °C/Gasstufe 4 vorheizen. Die Kartoffeln weich kochen, abseihen und mit der restlichen Butter und der Milch pürieren. Abschmecken, über die Fischmasse gießen und mit einer Gabel ein Muster einritzen. Der Pie kann nun eingefroren oder fertiggestellt werden. 30 Minuten backen. Mit den zerstoßenen Pfefferkörnern bestreuen und heiß mit Salat anrichten.

KLASSISCHER FISCH-PIE

Ursprünglich wurde der Pie aus frisch gefangenem Fisch zubereitet. Heute können wir die Fischsorte wählen, die besonders gut schmeckt oder preiswert im Angebot ist.

FÜR VIER PERSONEN

ZUTATEN
- Butter zum Ausfetten
- 450 g Fisch wie Kabeljau oder Lachs und geschälte Garnelen
- fein geriebene Schale von 1 Zitrone
- 450 g mehligkochende Kartoffeln
- 25 g Butter
- Salz und schwarzer Pfeffer
- 1 Ei, verquirlt

Für die Sauce
- 15 g Butter
- 1 EL Mehl
- ⅔ Tasse Milch
- 3 EL frisch gehackte Petersilie

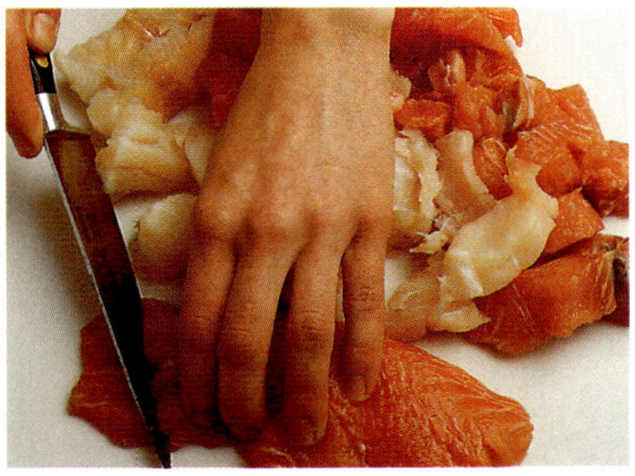

1 Den Ofen auf 220 °C/Gasstufe 7 vorheizen. Eine feuerfeste Form ausfetten und beiseite stellen. Den Fisch in mundgerechte Stücke zerteilen und würzen. Mit der Zitronenschale bestreuen und in die vorbereitete Form legen. Die Kartoffelauflage zubereiten.

2 Die Kartoffeln schälen und schneiden und in Salzwasser weich kochen.

3 Inzwischen für die Sauce die Butter in einem Topf zerlassen, das Mehl einrühren und einige Minuten unter Rühren kochen. Vom Herd nehmen und langsam die Milch einrühren. Wieder auf den Herd stellen und bei geringer Hitze unter ständigem Rühren köcheln, bis die Sauce eindickt und glatt ist. Mit Petersilie bestreuen und abschmecken. Über die Fischmasse gießen.

4 Die Kartoffeln abseihen und mit der Butter zerstampfen.

5 Das Püree auf die Fischmasse streichen oder spritzen. Mit dem verquirlten Ei bestreichen, 45 Minuten überbacken, bis die Auflage bräunt. Heiß servieren.

KOCHTIP

Gefrorenen Fisch erst auftauen, da das Wasser den Pie verdirbt.

THUNFISCH-MASCARPONE-AUFLAUF

Dieser Auflauf ist ideal für ein Abendessen mit Freunden. Der Geschmack von gegrilltem Thunfisch passt hervorragend zu der süssen italienischen Kräutersauce.

FÜR VIER PERSONEN

ZUTATEN

- 4 Thunfischsteaks, je 175 g
- 400 g Tomaten aus der Dose, abgetropft
- 2 Knoblauchzehen, zerdrückt
- 2 EL frisch gehacktes Basilikum
- 250 g Mascarpone
- 3 große Kartoffeln
- 25 g Butter, gewürfelt
- Salz und schwarzer Pfeffer

VARIANTE

Wenn man den Thunfisch wegläßt, kann man aus diesem Hauptgericht eine attraktive Beilage zaubern.

1 Den Ofen auf 200 °C/Gasstufe 6 vorheizen. Eine Grillpfanne auf dem Herd erhitzen und die Fischsteaks auf jeder Seite 2 Minuten braten. Mit etwas Pfeffer würzen. Beiseite stellen und die Sauce zubereiten.

2 Tomaten, Knoblauch, Basilikum und Mascarpone in einer Schüssel vermischen und abschmecken.

3 Die Hälfte der Kartoffeln reiben, die andere würfeln. In 2 Töpfen in Salzwasser 3 Minuten blanchieren, abseihen.

4 Eine feuerfeste Form ausfetten. Ein wenig Sauce hineingeben und einen Teil der geriebenen Kartoffeln darauf verteilen. Thunfisch, Sauce und geriebene Kartoffeln darüberlegen. Mit Butterflöckchen und Kartoffelscheiben besetzen und 30 Minuten überbacken.

KARTOFFELAUFLAUF MIT MUSCHELN

Die cremige Struktur und der würzige Geschmack der geräucherten Muscheln verbinden sich hervorragend mit saurer Sahne und Schnittlauch. Auch Austern schmecken köstlich.

FÜR VIER PERSONEN

ZUTATEN

- 2 große Spätkartoffeln, halbiert
- Butter zum Ausfetten
- 2 Schalotten, fein gewürfelt
- 170 g geräucherte Muscheln aus der Dose
- 1 Bund Schnittlauch, gehackt
- 300 ml saure Sahne
- 175 g Hartkäse, gerieben
- Salz und schwarzer Pfeffer
- Gemüse Ihrer Wahl zum Anrichten

KOCHTIP

Will man dieses Gericht bei einer Party servieren, kann man mit einer 5 cm großen Form Törtchen ausstechen und auf einem Salatbett servieren.

1 Den Ofen auf 180 °C/Gasstufe 4 vorheizen. Die Kartoffeln in einem großen Topf in schwach gesalzenem Wasser 15 Minuten weich kochen. Abseihen und etwas auskühlen lassen. Danach in gleichmäßige 3 mm dicke Scheiben schneiden.

2 Eine Kasserolle mit 1,2 Liter Volumen ausfetten und einige Kartoffelscheiben auf den Boden des Topfes legen. Mit Schalotten bestreuen und kräftig würzen.

3 Das Öl der Muscheln in eine Schüssel gießen. Die Muscheln in Scheiben schneiden und in das Öl geben. Schnittlauch, saure Sahne und die Hälfte des Käses einrühren. Etwas Sauce über die Kartoffeln gießen.

4 Kartoffeln, Schalotten und Sauce abwechselnd einschichten. Mit einer Schicht Kartoffeln abschließen und mit dem restlichen Käse bestreuen.

5 30–45 Minuten überbacken. Aus dem Ofen nehmen und heiß mit Gemüse Ihrer Wahl anrichten.

KARTOFFELAUFLAUF MIT RÄUCHERFISCH

Geräucherter Schellfisch hat ein sehr salziges Aroma. Auf dem Markt gibt es gefärbte Sorten mit starkem Gelbton, in Natur ist der Fisch eher cremefarben.

FÜR VIER PERSONEN

ZUTATEN
- 450 g geräucherter Schellfisch
- 475 ml Magermilch
- 2 Lorbeerblätter
- 1 Zwiebel, geviertelt
- 4 Gewürznelken
- 450 g Frühkartoffeln
- Butter zum Ausfetten
- 2 EL Maismehl
- 4 EL Crème double
- 2 EL frisch gehackter Kerbel
- Salz und schwarzer Pfeffer
- Gemüse Ihrer Wahl zum Anrichten

VARIANTEN
Man kann für dieses Rezept auch zur Hälfte geräucherten und zur Hälfte frischen Schellfisch verwenden. Beide Fische wie in Schritt 1 beschrieben garen. Der Pie wird noch nahrhafter, wenn man geschälte Garnelen hinzufügt.

KOCHTIP
Da der Fisch beim Kochen Flüssigkeit absondert, sollte die Sauce anfangs dickflüssig sein.

1 Den Ofen auf 200 °C/Gasstufe 6 vorheizen. Den Schellfisch in eine tiefe Bratpfanne legen, mit Milch übergießen und die Lorbeerblätter hinzufügen.

2 Die Nelken in die Zwiebel stecken. Zu dem Fisch in die Pfanne geben. Zugedeckt etwa 10 Minuten köcheln lassen, bis der Fisch zerfällt.

3 Den Fisch mit einem Bratenwender aus der Pfanne heben und auskühlen lassen. Die Flüssigkeit in einen Topf gießen und beiseite stellen.

4 Die Kartoffeln mit der Schale in feine Scheiben schneiden.

5 Die Kartoffeln in einem großen Topf in schwach gesalzenem Wasser 5 Minuten blanchieren und abseihen.

6 Eine feuerfeste Form mit 1,2 Liter Volumen ausfetten. Den Fisch mit Messer und Gabel zerteilen.

7 Die Milch in dem Topf nochmals erhitzen. Das Maismehl mit etwas Wasser glatt rühren, Crème double und Kerbel hinzufügen. In die Milch gießen und unter Rühren eindicken lassen.

8 Ein Drittel der Kartoffeln in die ausgefettete Form legen und mit Pfeffer würzen. Die Hälfte des Fischs darüber legen. Die Zutaten abwechselnd aufschichten, mit Kartoffeln abschließen.

9 Die Sauce über den Auflauf gießen, so daß sie einsickert. Mit Folie abdekken und 30 Minuten garen. Die Folie entfernen und nochmals 10 Minuten überbacken, bis die Oberfläche bräunt. Mit gemischtem Gemüse Ihrer Wahl anrichten.

KARTOFFEL-MUSCHEL-AUFLAUF

DIESER UNGEWÖHNLICHE AUFLAUF KOMBINIERT EINIGE DER BESTEN AROMEN ITALIENS: TOMATEN, KNOBLAUCH, BASILIKUM UND NATÜRLICH SAFTIGE MUSCHELN.

FÜR ZWEI BIS DREI PERSONEN

ZUTATEN

- 750 g große Miesmuscheln in der Schale
- 225 g kleine festkochende Kartoffeln
- 75 ml Olivenöl
- 2 Knoblauchzehen, fein gehackt
- 8 frische Basilikumblätter, zerzupft
- 2 mittelgroße Tomaten, geschält und in dünne Scheiben geschnitten
- 3 EL Semmelbrösel
- schwarzer Pfeffer
- Basilikumblätter zum Garnieren

1 Die Miesmuscheln entbarten, säubern und mehrmals in frisches kaltes Wasser legen. Zerbrochene und offene Muscheln entfernen.

2 Die Muscheln in einen Topf geben, mit 1 Tasse Wasser aufgießen und bei mittlerer Hitze garen. Aus dem Topf nehmen, sobald sich die Schalen öffnen. Leere Schalenhälften entfernen, die Muscheln in der anderen Hälfte lassen. Geschlossene Muscheln entfernen. Die Garflüssigkeit durch Küchenkrepp abseihen und für den letzten Schritt beiseite stellen.

3 Die Kartoffeln in einem großen Topf bißfest kochen. Abseihen und auskühlen lassen. Danach schälen und in Scheiben schneiden.

4 Den Ofen auf 180 °C/Gasstufe 4 vorheizen. 2 EL Olivenöl in einer flachen, feuerfesten Form verteilen. Mit einer Kartoffelschicht belegen, die Muscheln in der Schale hinzufügen. Mit Knoblauch und Basilikum bestreuen. Eine Schicht Tomaten darüber legen.

5 Semmelbrösel, schwarzer Pfeffer, die Garflüssigkeit und das restliche Olivenöl darüber geben. 20 Minuten garen, bis die Tomaten weich und die Semmelbrösel goldbraun sind. Mit Basilikum garnieren und heiß direkt in der Backform servieren.

KABELJAUFILET IM KARTOFFELMANTEL

Kabeljaufilets lassen sich hervorragend backen. Ihr mildes Aroma wird von den Kräutern veredelt, und die Garsäfte durchziehen die Kartoffeln.

FÜR VIER PERSONEN

ZUTATEN
- 2 große Kartoffeln, in Scheiben geschnitten
- 600 ml Fischfond
- 900 g Kabeljaufilet, enthäutet und geviertelt
- 1 kleines Bund Dill
- 1 kleine Stange Porree, geraspelt
- 50 g Butter
- Olivenöl zum Beträufeln
- Salz und schwarzer Pfeffer

Für die Sauce
- 150 ml Sahne
- gehackter Dill zum Garnieren

KOCHTIP
Je dicker das Kabeljaufilet ist, desto länger muß es garen.

1 Den Ofen auf 200 °C/Gasstufe 6 vorheizen. Die Kartoffeln in Wasser oder Fischfond 7–10 Minuten weich kochen. Abseihen und den Fond beiseite stellen.

2 Die Fischfilets würzen. Die Kartoffeln in 4 Portionen teilen und jeweils in einer beschichteten und ausgefetteten Bratenform fächerförmig anordnen.

3 Die Kartoffeln würzen und mit etwas Dill bestreuen. Ein wenig Dill für die Sauce aufheben. Den Porree darüber streuen und ein wenig für die Sauce aufheben. Mit Butterflocken besetzen.

4 Den Fisch auf die Kartoffeln legen. Den restlichen Porree und die Kartoffelscheiben darauf legen und mit Olivenöl beträufeln. Nicht zugedeckt 15–20 Minuten im Ofen garen.

5 Inzwischen für die Sauce den Fond in einem Topf 10 Minuten bei großer Hitze kochen, bis er um zwei Drittel reduziert ist. Die Sahne und den restlichen Dill einrühren. 5 Minuten kochen, bis die Sauce dicker wird.

6 Den Fisch aus dem Ofen nehmen und mit Dill garnieren. Die einzelnen Portionen auf Tellern anrichten und mit der Sauce servieren.

JANSSONS VERSUCHUNG

Eines der berühmtesten schwedischen Gerichte. Die Kartoffeln werden mit Sardellenfilets und Zwiebeln geschichtet und mit Sahne überbacken.

FÜR SECHS PERSONEN

ZUTATEN
- 1 kg festkochende Kartoffeln
- 2 sehr große Zwiebeln
- 2–3 Dosen Sardellenfilets
- schwarzer Pfeffer
- 150 ml Sahne
- 25 g Butter, gewürfelt
- etwas Butter zum Ausfetten
- 150 ml Crème double

KOCHTIP
Möchte man einzelne Portionen zubereiten, häuft man alle Zutaten außer der Crème double in großen Quadraten auf einer gebutterte Folie auf. Die Kanten heben und verschließen. 40 Minuten backen und dann nach Rezept fertigstellen.

1 Den Ofen auf 220 °C/Gasstufe 7 vorheizen. Die Kartoffeln schälen und stifteln. Die Zwiebeln in Ringe schneiden.

2 Eine Kasserolle mit 1,75 Liter Volumen ausfetten. Die Hälfte der Kartoffeln und Zwiebeln hinein geben. Die Sardellenfilets in einer Schüssel abtropfen, das Öl aufheben und die Filets über die Kartoffeln legen. Dann die restlichen Kartoffeln und Zwiebeln einschichten.

3 Das Öl der Sardellenfilets mit der Sahne verquirlen und die Mischung gleichmäßig über die Kartoffeln gießen. Mit Butterflöckchen besetzen.

4 Die Kartoffeln gut mit Folie abdecken und 1 Stunde im Ofen backen. Aus dem Ofen nehmen und abschmecken. Die Crème double über das Gericht gießen und sofort servieren.

INDONESISCHE GARNELEN MIT KARTOFFELSCHEIBEN

Diese erfrischende Kombination aus Garnelen und dünn geschnittenen Kartoffeln in indonesischer Sataysauce ist überraschend üppig und sättigend.

FÜR VIER PERSONEN

ZUTATEN
- 2 große festkochende Spätkartoffeln, geschält und halbiert
- 120 ml Pflanzenöl
- 1 Bund Frühlingszwiebeln, in feine Scheiben geschnitten
- 2 rote Chilis, entkernt und gewürfelt
- 450 g geschälte Garnelen, gekocht
- 45 ml Erdnußbutter
- 200 ml Kokosmilch
- 1 EL dunkle Sojasauce
- 1 Bund frisch gehackter Koriander
- Salz

KOCHTIP
Man kann auch frische, rohe Königsgarnelen ohne Schale verwenden.

1 Die Kartoffeln in leicht gesalzenem Wasser 15 Minuten weich kochen. Abseihen und auskühlen lassen, dann in 3 mm dicke Scheiben schneiden. Das Öl in einer Bratpfanne erhitzen und die Kartoffeln 10 Minuten sautieren, bis sie bräunen. Gelegentlich wenden. Auf Küchenkrepp abtropfen und warm stellen.

2 Fast das ganze Öl aus der Pfanne gießen. Frühlingszwiebeln und die Hälfte der Chilis 1 Minute garen. Die Garnelen einige Sekunden anbraten.

3 Erdnußbutter, Kokosmilch, Sojasauce und die restlichen Chilis vermischen. Die Sauce zu den Garnelen geben und 1–2 Minuten garen, bis die Mischung sehr heiß ist.

4 Eine große ovale Platte leicht ausfetten und die Kartoffeln gleichmäßig darauf verteilen. Die Garnelenmasse darüber geben, bis die Kartoffeln fast ganz bedeckt sind. Mit Koriander garnieren und sofort servieren.

ENGLISCHE FISH AND CHIPS

In England kommt man an paniertem Kabeljau mit frischen Pommes frites nicht vorbei. Die Panade muss leicht und knusprig, aber nicht zu fett sein, und der Fisch sollte im Mund zergehen. Mit etwas Zitronensaft beträufelt wird das Gericht noch schmackhafter. Das Geheimnis guter Fish and Chips liegt in frischem, reinem Öl. Das Öl muss auf die richtige Temperatur erhitzt werden, bevor man die Pommes frites zubereitet und nochmals, bevor man den Fisch fritiert. Das Gericht ganz frisch und sehr heiss servieren.

FÜR VIER PERSONEN

ZUTATEN
- 450 g Kartoffeln
- Pflanzenöl zum Fritieren
- 4 Kabeljaufilets, je 175 g, gehäutet und entgrätet

Für die Panade
- 75 g Mehl
- 1 Eigelb
- 2 TL Öl
- Salz
- Zitronenscheiben zum Garnieren

1 Die Kartoffeln in 5 mm dicke Scheiben schneiden und daraus 5 mm dicke Pommes frites zubereiten.

2 Das Öl in einer Friteuse auf 180 °C erhitzen. Die Pomes frites darin 3 Minuten fritieren, herausnehmen und gut abtropfen. Beiseite stellen.

3 Für die Panade das Mehl in eine Schüssel geben und die restlichen Zutaten mit 1 Prise Salz hinzufügen. Zu einer glatten Masse verrühren. Beiseite stellen.

4 Die Pommes frites nochmals 5 Minuten fritieren, bis sie knusprig sind. Auf Küchenkrepp abtropfen und salzen. Im Ofen bei geringer Hitze warm stellen und den Fisch panieren.

VARIANTE

Traditionell wird Kabeljau für Fish and Chips verwendet, doch eignen sich auch Schellfisch oder Seelachs, der auch unter dem Namen Köhler bekannt ist. Sein Rückgrat läßt sich vor dem Kochen nicht entfernen, da er sonst auseinanderfällt, doch kann es leicht entfernt werden, sobald der Fisch gegart ist.

5 Den Fisch in die Panade tauchen und gleichmäßig damit bedecken. Überschüssige Panade abtropfen.

6 Den Fisch in das Öl legen und 5 Minuten fritieren. Auf Küchenkrepp abtropfen. Mit Zitronenscheiben und Pommes frites servieren.

KOCHTIP

Frischer Fisch hat eine feinere Struktur und einen besseren Geschmack als tiefgefrorene Produkte. Muß man gefrorenen Fisch verwenden, sollte man ihn erst auftauen und sorgfältig abtrocknen, bevor man ihn in die Panade taucht.

KARIBISCHE KREBSTÖRTCHEN

Aus Krebsfleisch lassen sich köstliche Fischtörtchen zubereiten, wie dieses schmackhafte Gericht beweist. Mit einem Tomaten-Dip serviert, werden daraus auch attraktive Party-Häppchen.

FÜR ETWA 15 TÖRTCHEN

ZUTATEN
- 225 g weißes Krebsfleisch (frisch, eingefroren oder aus der Dose)
- 115 g mehligkochende Kartoffeln, gekocht und püriert
- 2 EL frisches Kräutersalz
- ½ TL milder Senf
- ½ TL schwarzer Pfeffer
- ½ frische Pfefferschote, fein gehackt
- 1 TL frischer Oregano
- 1 Ei, verquirlt
- Mehl zum Bestreuen
- Pflanzenöl zum Braten
- Zitronenscheiben und Korianderzweige zum Garnieren
- frische Pfefferschoten zum Garnieren

Für den Tomaten-Dip
- 15 g Butter oder Margarine
- ½ Zwiebel, fein gehackt
- 2 Tomaten aus der Dose, gehackt
- 1 Knoblauchzehe, zerdrückt
- 150 ml Wasser
- 1–2 TL Malzessig
- 1 EL frisch gehackter Koriander
- ½ frisch gehackte Pfefferschote

1 Für die Krebstörtchen Krebsfleisch, Kartoffeln, Kräutersalz, Senf, Pfefferschote, Oregano und Ei in einer großen Schüssel vermischen. Die Masse mindestens 30 Minuten kalt stellen.

2 Inzwischen den Tomaten-Dip zubereiten. Butter oder Margarine in einem kleinen Topf bei mittlerer Hitze zerlassen.

3 Zwiebel, Tomaten und Knoblauch hinzufügen und 5 Minuten sautieren, bis die Zwiebel weich ist. Wasser, Essig, Koriander und Pfefferschote hinzufügen. Zum Kochen bringen und 10 Minuten bei geringer Hitze köcheln lassen.

4 Die Mischung zu einem feinen Püree mixen. In eine Schüssel füllen und nach Wunsch warm oder kalt stellen

5 Mit einem Löffel Bällchen aus der Krebsmasse formen und bemehlen. Etwas Öl in einer Pfanne erhitzen und die Törtchen 2–3 Minuten auf jeder Seite braten. Auf Küchenkrepp abtropfen und im Ofen bei niedriger Hitze warm stellen. Den Rest zubereiten.

6 Mit Zitronenscheiben, Korianderzweigen und ganzen Chilischoten garnieren und mit dem Tomaten-Dip servieren.

SARDINEN-LAUCH-KARTOFFEL-TÖRTCHEN

Dieses Gericht enthält einige einfache Zutaten, die sicher auch in Ihrem Vorratsschrank zu finden sind. Sardinen in Tomatensauce verleihen den Törtchen den würzigen Geschmack.

FÜR SECHS PERSONEN

ZUTATEN
- 225 g Kartoffeln, gewürfelt
- 425 g Sardinen in Tomatensauce aus der Dose, entgrätet und zerteilt
- 1 kleine Stange Porree, fein gewürfelt
- 1 TL Zitronensaft
- Salz und schwarzer Pfeffer

Für die Panade
- 1 Ei, verquirlt
- 75 g frische Semmelbrösel
- Pflanzenöl zum Braten
- Salatblätter, Gurkenscheiben und Zitronenspalten zum Garnieren
- Mayonnaise zum Servieren

1 Die Kartoffeln in schwach gesalzenem Wasser 10 Minuten weich kochen. Abseihen, zerstampfen und abkühlen.

2 Sardinen in Tomatensauce, Porree und Zitronensaft hinzufügen. Mit Salz und Pfeffer würzen und zu einer glatten Masse verrühren. 30 Minuten kalt stellen.

3 Die Mischung in sechs Teile teilen und Törtchen formen. Jedes Törtchen in verquirltem Ei wenden und einbröseln.

4 Das Öl erhitzen und die Törtchen auf jeder Seite 5 Minuten braten. Auf Küchenkrepp abtropfen, mit Salatblättern, Gurkenstreifen und Zitronenspalten garnieren. Mit Mayonnaise servieren.

THUNFISCHTÖRTCHEN MIT MAIS

EIN GERICHT FÜR DIE JÜNGEREN FAMILIENMITGLIEDER, DIE DEN SÜSSEN GESCHMACK VON MAIS BESONDERS LIEBEN. VIELLEICHT HELFEN DIE KINDER SOGAR, DIE FISCHTÖRTCHEN ZU FORMEN.

FÜR VIER PERSONEN

ZUTATEN

- 300 g Kartoffelpüree
- 200 g Thunfisch in Öl aus der Dose, abgetropft
- 115 g Mais aus der Dose oder tiefgefroren
- 2 EL frisch gehackte Petersilie
- 50 g Semmelbrösel
- Salz und schwarzer Pfeffer
- gegrillte Cocktailtomaten und Salatkartoffeln zum Servieren

VARIANTEN

Anstatt des Thunfischs eignen sich auch Sardinen, Lachs oder geräucherte Makrele. Wenn man in großer Eile ist, kann man auch vorgefertigtes Püree verwenden.

1 Den Ofen vorheizen. Die zerstampften Kartoffeln in eine große Schüssel geben und Thunfisch, Mais und gehackte Petersilie unterrühren.

2 Die Mischung mit Salz und Pfeffer abschmecken und gut verrühren. Acht Törtchen formen.

3 Die Fischtörtchen in den Bröseln wenden und auf ein Backblech legen.

4 Die Törtchen im Ofen auf der obersten Schiene auf beiden Seiten goldbraun backen. Einmal wenden. Heiß mit gegrillten Cocktailtomaten und kleinen Salatkartoffeln servieren.

GARNELENTÖRTCHEN MIT SÜSSKARTOFFELN UND KÜRBIS

DIESES UNGEWÖHNLICHE ASIATISCHE GERICHT SCHMECKT MIT FISCH- ODER SOJASAUCE KÖSTLICH. MIT NUDELN ODER GEBRATENEM REIS SERVIERT WIRD DARAUS EINE LEICHTE HAUPTMAHLZEIT.

FÜR VIER PERSONEN

ZUTATEN

- 200 g Mehl
- ½ TL Salz
- ½ TL Trockenhefe
- 175 ml warmes Wasser
- 1 Ei, verquirlt
- 200 g frische Garnelenschwänze, geschält
- 225 g Kürbis, geschält, entkernt und gerieben
- 150 g Süßkartoffeln, gerieben
- 2 Frühlingszwiebeln, gehackt
- 50 g Wasserkastanien, gehackt
- ½ TL Chilisauce
- 1 Knoblauchzehe, zerdrückt
- Saft von ½ Limette
- Pflanzenöl zum Fritieren
- Limettenspalten zum Servieren

1 Mehl und Salz in einer großen Schüssel vermischen und in der Mitte eine Vertiefung machen. In einem anderen Gefäß die Hefe in Wasser glatt rühren und in die Vertiefung der Mehl-Salz-Mischung geben. Das Ei hinzufügen und gehen lassen, bis sich Blasen bilden. Zu einem glatten Teig verrühren.

2 Die Garnelen in einem Topf mit Wasser bedecken, zum Kochen bringen und 10 Minuten köcheln lassen. Abseihen, mit kaltem Wasser abspülen, nochmals abseihen. Die Garnelen grob hacken und mit dem Kürbis und der geriebenen Süßkartoffel in eine Schüssel geben.

3 Frühlingszwiebeln, Wasserkastanien, Chilisauce, Knoblauch und Limettensaft unterrühren. In den Teig geben und gut vermischen.

4 In einer großen Pfanne 1 cm Öl hoch stark erhitzen. Die Teigmasse löffelweise hineingeben, dazwischen Platz freilassen und auf beiden Seiten goldbraun braten. Auf Küchenkrepp abtropfen und mit Limettenspalten, Fisch- oder Sojasauce servieren.

SÜSSKARTOFFEL-FISCH-RÖLLCHEN

Die Süsse der Kartoffeln kontrastiert perfekt mit der Säure der Zitronensauce, die über die Fischröllchen gegossen wird.

FÜR VIER PERSONEN

ZUTATEN
- 2 große Süßkartoffeln
- 450 g Kabeljaufilet
- 300 ml Milch
- 300 ml Wasser
- 2 EL frisch gehackte Petersilie
- Schale und Saft von 1 Zitrone
- 2 Eier, verquirlt

Für die Panade
- 175 g Semmelbrösel
- 1 TL Siebengewürz-Pulver
- Pflanzenöl zum Fritieren

Für die Sauce
- 50 g Butter
- 150 ml Sahne
- 1 EL frisch gehackter Dill
- Schale und Saft von 1 Zitrone

1 Die Süßkartoffeln säubern und in der Schale in schwach gesalzenem Wasser 45 Minuten sehr weich kochen. Abseihen und auskühlen lassen.

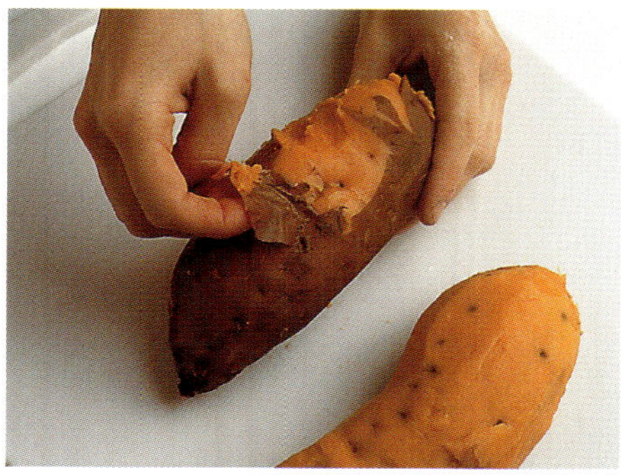

2 Die ausgekühlten Kartoffeln schälen und pürieren.

3 Das Kabeljaufilet in eine große Pfanne legen und mit Milch und Wasser übergießen. Zugedeckt 10 Minuten dünsten, bis der Fisch zerfällt.

4 Abseihen, die Milch abgießen und den Fisch häuten und entgräten.

5 Den zerkleinerten Fisch in einer großen Schüssel mit den Kartoffeln vermischen, Petersilie, die Hälfte der Zitronenschale und des -saftes und 1 Ei untermischen. 30 Minuten kalt stellen.

KOCHTIP

Die Mischung muß gut gekühlt sein, bevor man sie weiter verarbeitet, da die Röllchen sonst zerfallen.

6 Die Masse teilen und zu 8 Röllchen formen. In das verquirlte Ei tauchen, die Semmelbrösel mit dem Gewürzpulver vermischen und die Fischröllchen in den Semmelbröseln wenden.

7 Öl erhitzen und die Röllchen 7 Minuten braten, bis sie gleichmäßig braun sind. Aus der Pfanne nehmen, auf Küchenkrepp abtropfen und warm stellen.

8 Für die Sauce die Butter in einem kleinen Topf zerlassen und den restlichen Zitronensaft sowie die Schale unterrühren. Einige Sekunden aufkochen lassen.

9 Vom Herd nehmen und Sahne und Dill einrühren. Gut verquirlen, damit die Mischung nicht gerinnt. Die Sauce zu den Fischröllchen servieren.

Vegetarische Gerichte

Neue, interessante Füllungen verleihen den klassischen Ofenkartoffeln ein neues Image. Man kann mit Kartoffeln eine Pizza belegen, einen Käseauflauf verfeinern oder einen Eintopf mit Knoblauchgeschmack sättigender gestalten. Viele Länder kennen klassische Gerichte mit Kartoffeln. Für den griechischen Tomatenauflauf gart man die Kartoffelstücke langsam mit reifen Tomaten und Knoblauch. Einfach köstlich!

KARTOFFEL-KOHL-RISSOLEN

Ursprünglich wurden die Rissolen am Montag aus den Kartoffel- und Kohlresten vom Sonntagsmenü gemacht. Dieses wunderbar leichte Gericht ist rasch zubereitet. Man kann die Rissolen auch mit Rührei, Tomaten und Pilzen zum Brunch servieren.

FÜR VIER PERSONEN

ZUTATEN
- 450 g Kartoffelpüree
- 225 g gedämpfter oder gekochter Weißkohl, gehackt
- 1 Ei, verquirlt
- 115 g Hartkäse, gerieben
- frisch geriebene Muskatnuß
- Mehl zum Bestäuben
- Pflanzenöl zum Braten
- Salz und schwarzer Pfeffer
- Salat zum Servieren

KOCHTIP
Möchte man das Käsearoma verstärken, kann man auch einen Blauschimmelkäse wie Gorgonzola verwenden.

1 Kartoffelpüree mit Weißkohl, Ei, Käse, Muskatnuß und Gewürzen vermischen. Die Masse teilen und acht kleine Röllchen formen.

2 Nach Möglichkeit etwa 1 Stunde kalt stellen, damit die Rissolen beim Braten nicht zerfallen. Mit Mehl bestäuben.

3 Eine Pfanne mit 1 cm Öl hoch anfüllen und stark erhitzen. Vorsichtig die Rissolen in das Öl gleiten lassen und auf jeder Seite etwa 3 Minuten goldgelb und knusprig braten.

4 Aus der Pfanne haben, auf Küchenkrepp abtropfen und heiß mit frischem Blattsalat servieren.

KARTOFFEL-MOZZARELLA-KNOBLAUCH-PIZZA

Frühkartoffeln, geräucherter Mozzarella und Knoblauch machen diese Pizza zu einem Erlebnis. Noch nahrhafter wird sie mit geräuchter Schweinewurst oder Rinderschinken.

FÜR ZWEI BIS DREI PERSONEN

ZUTATEN
- 350 g kleine Frühkartoffeln
- 3 EL Olivenöl
- 2 Knoblauchzehen, zerdrückt
- 1 Pizzaboden, 25–30 cm Durchmesser
- 1 rote Zwiebel, in dünne Scheiben geschnitten
- 150 g geräucherter Mozzarella, gerieben
- 2 TL frisch gehackter Rosmarin oder Salbei
- Salz und schwarzer Pfeffer
- 2 EL frisch geriebener Parmesan zum Garnieren

1 Den Ofen auf 220 °C/Gasstufe 7 vorheizen. Die Kartoffeln 5 Minuten in Salzwasser kochen, abseihen, schälen und in dünne Scheiben schneiden.

2 2 EL Öl in einer Pfanne erhitzen. Kartoffelscheiben und Knoblauch 5–8 Minuten weich garen, dabei häufig umrühren.

3 Den Pizzaboden mit dem restlichen Öl bepinseln. Die Zwiebel darüber streuen und die Kartoffeln darauf legen.

4 Mit Mozzarella, Rosmarin oder Salbei und viel schwarzem Pfeffer bestreuen. 15–20 Minuten goldbraun überbacken. Aus dem Ofen nehmen, mit Parmesan und schwarzem Pfeffer bestreuen.

OFENKARTOFFELN MIT DREI FÜLLUNGEN

Die Kartoffeln werden in der Schale gebacken, bis sie außen knusprig und innen zart sind. Sie schmecken bereits ohne Beilage wunderbar, doch kann man sie mit diesen delikaten, einfachen Füllungen noch zusätzlich verfeinern.

FÜR VIER PERSONEN

ZUTATEN
- 4 mittelgroße Ofenkartoffeln
- Olivenöl
- Meersalz
- Füllung nach Wahl (siehe unten)

KOCHTIP
Man sollte gleich große Kartoffeln mit unbeschädigter Schale wählen und sie gründlich säubern. Sind sie zu früh gar, nimmt man sie aus dem Ofen und schlägt sie bis zum Servieren in ein vorgewärmtes Tuch ein.

1 Den Ofen auf 200 °C/Gasstufe 6 vorheizen. In die Kartoffeln ein Kreuz ritzen und mit Olivenöl einreiben.

2 Die Kartoffeln auf ein Backblech legen und 45–60 Minuten im Ofen garen, bis sie innen weich sind. Oder in der Mikrowelle nach Gebrauchsanweisung zubereiten.

3 Die Kartoffeln entlang der eingeritzten Linie aufschneiden und öffnen. Würzen und füllen.

PFANNENGERÜHRTES GEMÜSE
- 3 EL Sonnenblumenöl
- 2 Stangen Porree, geschnitten
- 2 Möhren, gestiftelt
- 1 Zucchini, in Scheiben geschnitten
- 115 g Babymaiskolben aus der Dose, halbiert
- 115 g Pilze, in Scheiben geschnitten
- 3 EL Sojasauce
- 2 EL trockener Sherry
- 1 EL Sesamöl
- Sesamsamen zum Garnieren

1 Das Öl im Wok oder einer großen Pfanne stark erhitzen.Porree, Möhren, Zucchini und Babymais hinzufügen und unter Rühren 2 Minuten braten, dann die Pilze hinzufügen und eine weitere Minute rühren. Sojasauce, Sherry und Sesamöl vermischen und über das Gemüse gießen. Zum Kochen bringen und mit Sesamsamen bestreuen.

ROTES BOHNENCHILI
- 425 g rote Bohnen aus der Dose, abgetropft
- 200 g magerer Frisch- oder Hüttenkäse
- 2 EL milde Chilisauce
- 1 TL gemahlener Kreuzkümmel

1 Die Bohnen in einem Topf oder in der Mikrowelle erhitzen, Käse, Chilisauce und Kreuzkümmel einrühren.

2 Mit zusätzlicher Chilisauce servieren.

KÄSE-MAIS-FÜLLUNG
- 425 g Mais aus der Dose, püriert
- 115 g Hartkäse, gerieben
- 1 TL getrocknete Kräuter
- frische Petersilie zum Garnieren

1 Den Mais vorsichtig mit dem Käse und den getrockneten Kräutern erhitzen und gut verrühren.

2 Die Kartoffeln mit der Masse füllen und mit frischen Petersilienzweigen garnieren.

TRUFFADE

Dieses wärmende Gericht aus Kartoffeln und Käse wird solange gebacken, bis der Käse schmilzt. In ihrem Herkunftsland Frankreich wird die Truffade mit Tomme- oder Cantal-Käse, zwei würzige Sorten Bergkäse, zubereitet.

FÜR VIER BIS SECHS PERSONEN

ZUTATEN

- etwas Sonnenblumenöl oder Butter
- 1 große Zwiebel, in dünne Scheiben geschnitten
- 675 g Kartoffeln, in sehr dünne Scheiben geschnitten
- 150 g geriebener Bergkäse wie Tomme oder Cantal
- frisch geriebene Muskatnuß
- Salz und schwarzer Pfeffer
- Salatblätter zum Anrichten

VARIANTE

In Frankreich wird auch eine nicht vegetarische Version dieses Gerichts zubereitet, für die gewürfelter, durchwachsener Speck und gehackter, nicht geriebener Käse verwendet wird. Die Zutaten werden langsam in einer Pfanne auf dem Herd gegart.

1 Den Ofen auf 180 °C/Gasstufe 4 vorheizen. Eine flache Back- oder Bratenform leicht mit Öl oder zerlassener Butter ausfetten.

2 Eine Schicht Zwiebeln auf dem Boden der Form verteilen, Kartoffeln darüber schichten und mit Käse bestreuen. Mit einer Schicht Kartoffeln abschließen.

3 Die Oberfläche mit Öl oder zerlassener Butter bestreichen und mit Muskatnuß, Salz und Pfeffer würzen.

4 Das Gericht mit einer Schicht Käse garnieren. Im Ofen 1 Stunde und 5 Minuten überbacken, bis das Gemüse weich und die Oberfläche goldbraun ist. Etwa 5 Minuten auskühlen lassen und mit Salatblättern anrichten.

KARTOFFEL-TOMATEN-AUFLAUF

Dieses einfache, herzhafte Gericht aus Süditalien schmeckt am besten mit frischen Tomaten, kann aber auch mit Tomaten aus der Dose zubereitet werden.

FÜR SECHS PERSONEN

ZUTATEN

- 2 große rote oder gelbe Zwiebeln, in dünne Scheiben geschnitten
- 1 kg Kartoffeln, in dünne Scheiben geschnitten
- 450 g Tomaten, in Scheiben geschnitten
- 90 ml Olivenöl
- 115 g Parmesan, frisch gerieben
- frische Basilikumblätter
- 50 ml Wasser
- Salz und frischer Pfeffer

1 Den Ofen auf 180 °C/Gasstufe 4 vorheizen. Eine große Backform kräftig mit Öl ausfetten.

2 Die Form mit einer Schicht Zwiebeln belegen und abwechselnd die Kartoffeln mit den Tomaten einfüllen, damit das Gericht hübsch bunt wird. Mit etwas Öl beträufeln und mit etwas Käse bestreuen. Mit Salz und schwarzem Pfeffer würzen.

3 Das Gemüse weiterhin so aufschichten, bis alle Zutaten verbraucht sind. Mit einer Schicht Tomaten und Kartoffeln enden. Die Basilikumblätter zerzupfen, über das Gemüse streuen und einige für die Garnierung aufheben. Mit dem restlichen Käse und dem Öl bestreuen.

4 Wasser über das Gericht gießen. Im Ofen 1 Stunde backen, bis das Gemüse weich ist.

5 Gegen Ende der Garzeit nachsehen. Wenn die Oberfläche zu rasch bräunt, mit Folie oder Backpapier abdecken oder ein flaches Backblech darüber stellen. Das Gericht mit frischem Basilikum garnieren und heiß servieren.

TÜRKISCHER KARTOFFELEINTOPF

Dieser Eintopf ist ideal, wenn viele Personen verköstigt werden sollen. Er ist leicht würzig und enthält viel Knoblauch – wer könnte da widerstehen?

FÜR VIER PERSONEN

ZUTATEN
- 60 ml Olivenöl
- 1 große Zwiebel, gehackt
- 2 kleine bis mittelgroße Auberginen, klein gewürfelt
- 4 Zucchini, klein gewürfelt
- 1 grüne Paprika, entkernt, gehackt
- 1 rote oder gelbe Paprika, entkernt und gehackt
- 115 g Erbsen
- 115 g grüne Bohnen
- 450 g Frühkartoffeln, gewürfelt
- ½ TL Zimt
- ½ TL Kreuzkümmel, gemahlen
- 1 TL Paprikapulver
- 4–5 Tomaten, gehäutet
- 400 g Tomaten aus der Dose, gehackt
- 2 EL frisch gehackte Petersilie
- 3–4 Knoblauchzehen, zerdrückt
- 350 ml Gemüsefond
- Salz und schwarzer Pfeffer
- schwarze Oliven zum Garnieren
- frische Petersilie zum Garnieren

1 Den Ofen auf 190 °C/Gasstufe 5 vorheizen. 3 EL Öl in einer schweren Pfanne erhitzen und die Zwiebel darin goldbraun braten. Die Auberginen etwa 3 Minuten sautieren, dann Zucchini, grüne und rote oder gelbe Paprika, Erbsen, Bohnen, Kartoffeln und die Gewürze hinzufügen.

2 3 Minuten unter Rühren garen. In eine flache feuerfeste Form geben.

3 Die frischen Tomaten halbieren, entkernen und hacken und mit Tomaten aus der Dose, Petersilie, Knoblauch und dem restlichen Olivenöl in einer Schüssel vermischen.

4 Den Fond über die Gemüsemasse gießen. Die Tomatenmischung löffelweise darüber verteilen.

5 Das Gericht zugedeckt 30–45 Minuten im Ofen backen, bis das Gemüse weich ist. Mit schwarzen Oliven und Petersilie garnieren und heiß servieren.

KARTOFFELGNOCCHI

Gnocchi sind kleine italienische Klösschen aus Kartoffelpüree und Mehl oder Griess. Allerdings muss man beim Teig aufpassen, damit die Gnocchi nicht zu fest werden.

4 Den Teig vierteln. Auf einer leicht bemehlten Fläche Röllchen mit etwa 2 cm Durchmesser formen. Die Röllchen in etwa 2 cm lange Stücke schneiden.

FÜR VIER BIS SECHS PERSONEN

ZUTATEN
- 1 kg festkochende Kartoffeln
- 250–300 g Mehl, vielleicht auch etwas mehr, je nach Bedarf
- 1 Ei
- 1 Prise frisch geriebene Muskatnuß
- 25 g Butter
- Salz
- frische Basilikumblätter zum Garnieren
- Parmesan zum Garnieren

KOCHTIP
Gnocchi schmecken auch köstlich mit einer Sauce wie der Bolognese.

1 Die Kartoffeln in einem großen Topf in der Schale weich kochen, ohne daß sie aber zerfallen. Abseihen und noch heiß schälen.

2 Eine Arbeitsfläche bemehlen. Die heißen Kartoffeln durch die Kartoffelpresse direkt auf das Mehl drücken. Mit der Hälfte des restlichen Mehls bestäuben und vermischen. Das Ei einrühren.

3 1 Prise Muskatnuß in den Teig einkneten. Bei Bedarf mehr Mehl hinzufügen. Ist der Teig glatt und nicht mehr feucht, kann er ausgerollt werden.

5 Eine Gabel mit den Zinken seitlich auf das Brett halten. Die Gnocchi mit den Zinken auf einer Seite leicht einritzen, auf der anderen Seite mit dem Daumen eine Vertiefung machen.

6 In einem großen Topf Salzwasser zum Kochen bringen und die Hälfte der Gnocchi darin garen.

7 Die Gnocchi sind nach 3–4 Minuten gar, sobald sie aufsteigen. Mit einer Schaumkelle aus dem Wasser heben, gut abtropfen und in eine vorgewärmte Servierschüssel legen. Zugedeckt warm halten und die restlichen Gnocchi zubereiten. Die fertigen Gnocchi in Butter schwenken, mit Parmesan und frischem Basilikum garnieren und sofort servieren.

KÜRBISGNOCCHI MIT PFIFFERLING-PETERSILIEN-SAUCE

DIE ITALIENER LIEBEN KÜRBISSE UND MISCHEN SIE HÄUFIG IN IHRE GNOCCHI ODER PASTA, DA SIE DEN GERICHTEN EINEN SÜSSLICHEN GESCHMACK VERLEIHEN. DIESE GNOCCHI SCHMECKEN ALS HAUPTGERICHT EBENSO KÖSTLICH WIE ALS BEILAGE ZU FLEISCH ODER WILD.

FÜR VIER PERSONEN

ZUTATEN

450 g mehligkochende Kartoffeln
450 g Kürbis, geschält, entkernt und gehackt
2 Eigelb
200 g Mehl oder mehr, wenn nötig
1 Prise Piment
¼ TL Zimt
1 Prise frisch geriebene Muskatnuß
fein geriebene Schale von ½ Orange
Salz und schwarzer Pfeffer

Für die Sauce

2 EL Olivenöl
1 Schalotte, fein gehackt
175 g frische Pfifferlinge, in Scheiben geschnitten, oder 15 g getrocknete Pfifferlinge, 20 Minuten eingeweicht
2 TL Mandelbutter
150 ml Crème fraîche
etwas Milch oder Wasser
5 EL frisch gehackte Petersilie
50 g frisch geriebener Parmesan

1 Die Kartoffeln in einem großen Topf 20 Minuten in Salzwasser kochen. Abseihen und beiseite stellen.

2 Den Kürbis in einer Schüssel 8 Minuten auf höchster Stufe in der Mikrowelle garen. Oder den Kürbis in Folie wickeln und bei 180°C/Gasstufe 4 im Ofen 30 Minuten garen. Gut abtropfen.

3 Kürbis und Kartoffeln durch eine Kartoffelpresse in eine Schüssel drükken. Eigelb, Mehl, Gewürze und Orangenschale hinzufügen und zu einem glatten Teig verrühren. Ist die Mischung zu weich, noch etwas Mehl hinzufügen.

4 In einem großen Topf Salzwasser zum Kochen bringen. Inzwischen eine saubere Arbeitsfläche bemehlen und den Gnocchiteig in einen Spritzbeutel mit 1 cm großer Tülle füllen.

VARIANTE

Diese Gnocchi werden mit einem selbstgemachten Tomatensugo zu einem vegetarischen Hauptgericht. Das Gericht schmeckt noch besser, wenn man es zu einem Ratatouille aus Zucchini, Paprika und Auberginen serviert, die bei geringer Hitze mit Tomaten, viel Knoblauch und sehr gutem, kaltgepreßtem Olivenöl gegart werden.

5 Die Masse in einer 15 cm langen Rolle auf die Arbeitsfläche streichen. Im Mehl wenden und in 2,5 cm lange Stücke schneiden. So fortfahren, bis der Teig aufgebraucht ist. Die Gnocchi leicht mit den Gabelzinken einritzen und 3–4 Minuten in Salzwasser kochen, bis sie aufsteigen und gar sind.

6 Inzwischen für die Sauce das Öl in einer beschichteten Pfanne erhitzen und die Schalotte darin weich garen. Die Pfifferlinge hinzufügen, kurz braten und die Mandelbutter einrühren, bis sie schmilzt. Die Crème fraîche einrühren, kurz köcheln und bei Bedarf mit etwas Milch oder Wasser aufgießen. Mit Petersilie bestreuen und abschmecken.

7 Die Gnocchi mit einer Schaumkelle aus dem Wasser heben, gut abtropfen und in Schüsseln legen. Die Sauce darüber gießen, mit geriebenem Parmesan bestreuen und sofort servieren.

KOCHTIPS

Die Gnocchi können bis zu 8 Stunden im voraus vorbereitet werden. Mandelbutter ist in Reformkostläden erhältlich.

KARTOFFELKÜCHLEIN MIT ZIEGENKÄSE

Diese Kartoffelküchlein mit Kräutern werden mit würzigem Ziegenkäse überbacken. Dazu serviert man knackigen Salat.

FÜR ZWEI BIS VIER PERSONEN

ZUTATEN

- 450 g mehligkochende Kartoffeln
- 2 TL frisch gehackter Thymian
- 1 Knoblauchzehe, zerdrückt
- 2 Frühlingszwiebeln (mit den grünen Teilen), fein gehackt
- 2 EL Olivenöl
- 50 g Butter
- 130 g fester Ziegenkäse
- Salz und schwarzer Pfeffer
- Salatblätter wie Endiviensalat, Radicchio oder Feldsalat, mit Walnußdressing zubereitet
- Thymianzweige zum Garnieren

KOCHTIP
Diese Kartoffelküchlein sind auch attraktive Party-Snacks. Dafür macht man sie nur halb so groß und serviert sie warm auf einer großen Platte.

1 Die Kartoffeln grob reiben. Mit den Händen möglichst viel Flüssigkeit ausdrücken, dann mit dem gehackten Thymian, dem Knoblauch und den Frühlingszwiebeln verrühren und würzen.

2 Die Hälfte des Öls und der Butter in einer beschichteten Pfanne erhitzen. Die Kartoffelmasse löffelweise hineingeben, mit einem Spachtel flachstreichen und jeweils 2 Küchlein 3–4 Minuten auf beiden Seiten goldgelb backen.

3 Die Kartoffelküchlein auf Küchenkrepp abtropfen und im Ofen bei geringer Hitze warm stellen. Das restliche Öl und die Butter erhitzen und nochmals 2 Küchlein wie beschrieben backen.

4 Den Käse in feine Scheiben schneiden und auf die Küchlein legen. Im Ofen auf der obersten Schiene überbacken, bis der Käse bräunt. Auf Tellern mit den Salatblättern anrichten und mit Thymian garnieren.

GRATIN AUS FRÜHKARTOFFELN, WILDPILZEN, BEAUFORT UND NÜSSEN

Eine besonders einfache und köstliche Methode, Pilze zuzubereiten. Man kann das Gericht wie in der Schweiz mit Frühkartoffeln und Gewürzgurken servieren.

FÜR VIER PERSONEN

ZUTATEN

- 900 g kleine Frühkartoffeln
- 50 g Butter oder 60 ml Olivenöl
- 350 g Wildpilze, in dünne Scheiben geschnitten
- 175 g Beaufort oder Fontina, in dünne Scheiben geschnitten
- 50 g Walnußstücke, geröstet
- Salz und schwarzer Pfeffer
- 12 Gewürzgurken und grüner Salat zum Anrichten

1 Die Kartoffeln 20 Minuten in Salzwasser weich kochen. Abseihen, wieder in den Topf geben, etwas Butter oder Öl hinzufügen und zugedeckt warm stellen.

2 Die restliche Butter oder das Öl in einer Pfanne bei mittlerer Hitze erwärmen und die Pilze garen, bis die Flüssigkeit entweicht. Dann die Temperatur erhöhen und garen, bis die Flüssigkeit verdampft ist. Würzen.

3 Inzwischen den Ofen vorheizen. Den Käse auf die Pilze legen, die Pfanne in den Ofen stellen und überbacken, bis der Käse goldbraun ist. Das Gratin mit Nüssen bestreuen und sofort mit den Kartoffeln und den Gewürzgurken anrichten. Dazu einen gemischten grünen Salat reichen.

WÜRZIGER KARTOFFELSTRUDEL

Eine köstliche Gemüsemasse in einer würzigen, cremigen Sauce, umgeben von knusprigem Strudelteig. Mit Chutneys oder Joghurtsauce servieren.

FÜR VIER PERSONEN

ZUTATEN
- 1 Zwiebel, gehackt
- 2 Möhren, grob gerieben
- 1 Zucchini, gehackt
- 350 g festkochende Kartoffeln, fein gehackt
- 65 g Butter
- 2 TL milde Currypaste
- ½ TL getrockneter Thymian
- 150 ml Wasser
- 1 Ei, verquirlt
- 2 EL Sahne
- 50 g Hartkäse, gerieben
- 8 Blätter Strudelteig, aufgetaut
- Sesamsamen zum Bestreuen
- Salz und schwarzer Pfeffer

1 In einer großen Pfanne die Hälfte der Butter zerlassen und Möhren, Zucchini und Kartoffeln 5 Minuten unter häufigem Rühren gleichmäßig garen. Die Currypaste einrühren. Das Gemüse nochmals 1 Minute garen.

2 Thymian, Wasser und Gewürze hinzufügen. Zum Kochen bringen und bei geringer Hitze 10 Minuten köcheln, bis das Gemüse weich ist.

3 Vom Herd nehmen und auskühlen lassen. Die Mischung in eine große Schüssel geben und Ei, Sahne und Käse unterrühren. Auskühlen lassen, bis man den Teig damit füllen kann.

4 Die restliche Butter zerlassen, 4 Teigblätter leicht überlappend in einem großen Viereck auflegen und mit etwas zerlassener Butter bepinseln. Die restlichen Teigblätter darüber legen und nochmals bepinseln.

5 Den Ofen auf 190 °C/Gasstufe 5 vorheizen. Die Füllung auf eine Seite der Teigblätter geben und die Teigblätter einrollen. Einen Ring formen und auf das Backblech legen. Mit Butter bepinseln und mit Sesam bestreuen.

6 Den Strudel 25 Minuten goldbraun und knusprig backen. 5 Minuten abkühlen lassen und in Stücke schneiden.

KARTOFFEL-PAPRIKA-TORTILLA

Die Tortilla ist ein traditionelles spanisches Omelett, das am besten kalt in grossen Stücken serviert wird. So ist sie ideal für Picknicks. Als Käse eignet sich besonders ein spanischer Hartkäse wie Mahón, ein Ziegenkäse oder auch ein Gruyère.

FÜR VIER PERSONEN

ZUTATEN

- 2 mittelgroße festkochende Kartoffeln
- 3 EL Olivenöl oder mehr, wenn nötig
- 1 große Zwiebel, in dünne Scheiben geschnitten
- 2 Knoblauchzehen, zerdrückt
- 1 rote und 1 grüne Paprika, entkernt und in Scheiben geschnitten
- 6 Eier, verquirlt
- 115 g Hartkäse, gerieben
- Salz und schwarzer Pfeffer

VARIANTE

Anstatt der roten und grünen Paprika kann man jedes leicht gekochte und in Scheiben geschnittene Gemüse wie Pilze, Zucchini und Broccoli verwenden. Eine gute Alternative zu den Kartoffeln sind gekochte Pasta oder brauner Reis.

1 Die Kartoffeln etwa 10 Minuten vorkochen, abseihen und etwas auskühlen lassen. In dicke Scheiben schneiden und den Ofen vorheizen.

2 In einer beschichteten Pfanne das Öl bei mittlerer Hitze erwärmen. Zwiebel, Knoblauch und Paprika 5 Minuten weich garen.

3 Die Kartoffeln hinzufügen und unter gelegentlichem Rühren garen, bis sie weich sind.

4 Die Hälfte der Eimasse darüber gießen, mit der Hälfte des Käses bestreuen und die restlichen Eier darüber gießen. Würzen und mit einer Käseschicht abschließen. Bei niedriger Hitze ohne Rühren braten, dabei die Pfanne halb bedecken, damit die Eier stocken.

5 Die Tortilla kurz im Ofen überbacken, damit die Oberfläche fest wird. In der Pfanne auskühlen lassen und bei Raumtemperatur in Stücke geschnitten servieren.

KARTOFFELN MIT CHILIBOHNEN

Dieses amerikanische Gericht mit chinesischen Gewürzen vereint die Aromen von Ost und West. Vor allem die Sauce schmeckt köstlich!

FÜR VIER PERSONEN

ZUTATEN

- 4 mittelgroße festkochende Kartoffeln, in Stücke geschnitten
- 2 EL Sonnenblumenöl
- 3 Frühlingszwiebeln, in Scheiben geschnitten
- 1 große frische Chilischote, entkernt und in Scheiben geschnitten
- 2 Knoblauchzehen, zerdrückt
- 400 g rote Bohnen aus der Dose, abgetropft
- 2 EL Sojasauce
- 1 EL Sesamöl
- 1 EL Sesamsamen zum Garnieren
- gehackter frischer Koriander oder Petersilie zum Garnieren
- Salz und schwarzer Pfeffer

1 Die Kartoffeln bißfest kochen, abseihen und beiseite stellen.

2 Das Öl in einer großen Pfanne oder einem Wok bei mittlerer Hitze erwärmen. Frühlingszwiebeln und Chili 1 Minute unter Rühren anbraten, dann den Knoblauch hinzufügen und einige Sekunden rühren.

3 Die Kartoffeln unterrühren, dann die Bohnen und schließlich die Sojasauce und das Sesamöl hinzufügen.

4 Abschmecken und das Gemüse weiter garen, bis es heiß ist. Mit Sesamsamen bestreuen, mit Koriander oder Petersilie garnieren und heiß servieren.

GRIECHISCHER TOMATEN-KARTOFFEL-AUFLAUF

In Griechenland wird dieses Gericht traditionell auf dem Herd gekocht. Wir überbacken es im Ofen, damit es ein stärkeres Aroma annimmt.

FÜR VIER PERSONEN

ZUTATEN

- 120 ml Olivenöl
- 1 große Zwiebel, fein gehackt
- 3 Knoblauchzehen, zerdrückt
- 4 große reife Tomaten, geschält, entkernt und gehackt
- 1 kg festkochende Kartoffeln, in einheitlicher Größe
- Salz und schwarzer Pfeffer
- Petersilie zum Garnieren

KOCHTIP
Die Kartoffeln müssen vollständig mit Öl bedeckt sein, damit sie gleichmäßig gar werden.

1 Den Ofen auf 180 °C/Gasstufe 4 vorheizen. Das Öl in einer ofenfesten Kasserolle erhitzen. Zwiebel und Knoblauch 5 Minuten weich garen, bis sie leicht zu bräunen beginnen.

2 Die Tomaten hinzufügen, würzen und 1 Minute braten. Die Kartoffeln in Stücke schneiden, in die Kasserolle geben und 10 Minuten garen. Nochmals würzen und gut zudecken.

3 Die zugedeckte Kasserolle auf die mittlere Schiene im Ofen stellen und 45–60 Minuten backen. Mit Petersilie garniert servieren.

CHILI-KÄSE-TORTILLA MIT FRISCHER TOMATENSALSA

Dieses Gericht, das warm oder kalt serviert werden kann, erinnert an eine Kartoffelquiche ohne Teig. Man kann die spanische Salsa auch ohne Chili zubereiten.

FÜR VIER PERSONEN

ZUTATEN
- 3 EL Sonnenblumen- oder Olivenöl
- 1 kleine Zwiebel, in dünne Scheiben geschnitten
- 2–3 grüne Jalapeño-Chilischoten, entkernt und in Scheiben geschnitten
- 200 g gekochte Kartoffeln, in dünne Scheiben geschnitten
- 120 g Hartkäse, gerieben (etwa Queso Manchego)
- 6 Eier, verquirlt
- Salz und schwarzer Pfeffer
- frische Kräuter zum Garnieren

Für die Salsa
- 500 g frische Tomaten, geschält, entkernt und fein gehackt
- 1 frische grüne milde Chilischote, entkernt und fein gehackt
- 2 Knoblauchzehen, zerdrückt
- 3 EL frisch gehackter Koriander
- Saft von 1 Limette
- ½ TL Salz

1 Für die Salsa die Tomaten in einer Schüssel mit gehacktem Chili, Knoblauch, Koriander, Limettensaft und Salz gut vermischen und beiseite stellen.

2 1 EL Öl in einer großen Omelettpfanne erhitzen und Zwiebel und Chilis 5 Minuten unter Rühren weich garen. Die Kartoffeln hinzufügen und 5 Minuten braten, bis sie leicht gebräunt sind, aber nicht zerfallen.

3 Mit einem Bratenwender das Gemüse auf einen vorgewärmten Teller geben. Die Pfanne mit Küchenkrepp auswischen und das restliche Öl erhitzen. Das Gemüse wieder in die Pfanne geben, mit Käse bestreuen und würzen.

4 Die verquirlten Eier darüber gießen, so daß sie unter das Gemüse fließen. Die Tortilla bei geringer Hitze ohne Rühren braten. Heiß oder kalt in Stücke geschnitten mit frischen Kräutern garniert servieren. Die Salsa dazu reichen.

FRITTATA MIT KARTOFFELN UND PAPRIKA

Die italienische Frittata, ein grosses flaches Omelett, ist mit Kartoffeln und vielen Kräutern gefüllt. Frische Minze schmeckt bei diesem Gericht besser als getrocknete.

FÜR DREI BIS VIER PERSONEN

ZUTATEN
- 450 g kleine Frühkartoffeln
- 6 Eier
- 2 EL frisch gehackte Minze
- 2 EL Olivenöl
- 1 Zwiebel, gehackt
- 2 Knoblauchzehen, zerdrückt
- 2 rote Paprika, entkernt und grob gehackt
- Salz und schwarzer Pfeffer
- Minzzweige zum Garnieren

1 Die Kartoffeln in der Schale in Salzwasser bißfest kochen. Abseihen, etwas auskühlen lassen und in dicke Scheiben schneiden.

2 Eier, Minze und Gewürze in einer Schüssel vermischen und beiseite stellen. Das Öl in einer Pfanne erhitzen.

3 Zwiebel, Knoblauch, Paprikas und Kartoffeln in die Pfanne geben, 5 Minuten braten, gelegentlich umrühren.

4 Die Eiermasse über das Gemüse gießen und vorsichtig verrühren.

5 Die Mischung in die Mitte der Pfanne schieben, damit die Eier unter das Gemüse rinnen können. Inzwischen den Ofen vorheizen.

6 Wenn die Frittata etwas gestockt ist, die Pfanne in den heißen Ofen stellen und das Gericht überbacken, bis die Oberfläche leicht gebräunt ist.

7 Heiß oder kalt servieren. Die Stücke auf einem Servierteller übereinander legen und mit Minzzweigen garnieren.

KARTOFFELN MIT BLAUSCHIMMELKÄSE

Kleine Frühkartoffeln in einer Sauce aus cremigem Blauschimmelkäse und knusprigen Nüssen sind eine köstliche Beilage zu gebratenem Fleisch. Man kann die Kartoffeln aber auch als Hauptgericht mit grünem Salat servieren.

FÜR VIER PERSONEN

ZUTATEN
- 450 g kleine Frühkartoffeln
- 1 kleine Sellerieknolle, in Scheiben geschnitten
- 1 kleine rote Zwiebel, in Scheiben geschnitten
- 115 g Blauschimmelkäse, püriert
- 150 ml Sahne
- 50 g Walnußstücke
- 2 EL frisch gehackte Petersilie
- Salz und schwarzer Pfeffer

KOCHTIP
Man kann verschiedene Blauschimmelkäse wie Roquefort oder Gorgonzola verwenden. Anstatt der Walnüsse eignen sich auch Haselnüsse.

1 Die Kartoffeln in der Schale 15 Minuten weich kochen. In den letzten fünf Minuten die Selleriescheiben und die Zwiebel in den Topf geben und mitkochen.

2 Das Gemüse gut abseihen und in eine flache Servierschüssel geben.

3 In einem kleinen Topf langsam den Käse in die Sahne rühren, bis er schmilzt. Die Mischung soll dabei aber nicht kochen.

4 Die Sauce abschmecken und gleichmäßig über das Gemüse in der Form verteilen. Mit Walnußstücken und frischer Petersilie bestreuen. Heiß in der Form servieren.

RACLETTE MIT FRÜHKARTOFFELN

Ursprünglich stammt dieses Gericht aus Frankreich und der Schweiz. Der Raclette-Käse wird sehr cremig, hat einen warmen Goldton und würzigen süsslichen Geschmack.

FÜR VIER PERSONEN

ZUTATEN

Für die Marinade
- 2 rote Zwiebeln, in Scheiben geschnitten
- 1 TL Zucker
- 90 ml Rotweinessig
- ½ TL Salz
- 1 kräftige Prise getrockneter Dill

Für die Kartoffeln
- 500 g Frühkartoffeln, halbiert, wenn sie groß sind
- 250 g Raclette-Käse, in Scheiben geschnitten
- Salz und schwarzer Pfeffer

1 Für die Marinade die Zwiebeln in eine Glasschüssel geben, mit kochendem Wasser übergießen, zudecken und abkühlen lassen.

2 Inzwischen Zucker, Essig, Salz und Dill in einem kleinen Topf erhitzen, bis sich der Zucker auflöst, und abkühlen.

3 Die Zwiebeln abseihen und wieder in die Schüssel geben, mit dem Essig übergießen und mindestens 1 Stunde, möglichst über Nacht marinieren.

4 Die Kartoffeln in der Schale weich kochen, abseihen und in eine Bratenform geben. Den Ofen vorheizen, die Kartoffeln würzen und mit dem Käse belegen. Das Gericht im Ofen auf der obersten Schiene backen, bis der Käse schmilzt. Den Essig von den marinierten Zwiebeln abgießen und die Zwiebeln zu den Kartoffeln servieren.

KOCHTIP
Die Zubereitungszeit für dieses Gericht wird kürzer, wenn man vorgeschnittenen Raclette-Käse verwendet. Er ist in größeren Supermärkten erhältlich.

GEMÜSETERRINE

Für dieses Gericht legt man eine Backform mit Spinat aus und schichtet das Gemüse und die Kräuter ein. Die Terrine wird heiss oder warm mit Salat serviert.

FÜR SECHS PERSONEN

ZUTATEN
- 3 rote Paprika, halbiert
- 450 g festkochende Spätkartoffeln
- 115 g Spinatblätter, geputzt
- 25 g Butter
- 1 Prise geriebene Muskatnuß
- 115 g Hartkäse, gerieben
- 1 mittelgroße Zucchini, längs in Scheiben geschnitten und blanchiert
- Salz und schwarzer Pfeffer

1 Den Ofen auf 180 °C/Gasstufe 4 vorheizen. Die ganzen Paprikas in eine Bratenform geben und 30–45 Minuten grillen, bis die Haut schwarz ist. In Plastik wickeln und auskühlen lassen. Die Paprikas schälen und entkernen. Die Kartoffeln halbieren und 10–15 Minuten kochen.

2 Den Spinat einige Sekunden in kochendem Wasser blanchieren. Abseihen und auf Küchenkrepp abtropfen. Boden und Seiten einer Auflaufform mit leicht überlappenden Spinatblättern auslegen.

3 Die Kartoffeln in dünne Scheiben schneiden und ein Drittel auf den Spinat legen. Mit etwas Butter besetzen und mit Salz, Pfeffer und Muskatnuß würzen. Mit etwas Käse bestreuen.

4 Die Hälfte der geschälten Paprikahälften darüber legen. Mit etwas Käse bestreuen und eine Schicht Zucchini darüber legen. Ein weiteres Drittel Kartoffeln mit den restlichen Paprikahälften und etwas Käse darauf schichten und würzen. Mit einer Schicht Kartoffeln abschließen, mit dem restlichen Käse bestreuen. Die Spinatblätter darüber geben und mit Folie abdecken.

5 Die Auflaufform in eine Bratenform stellen, die zur Hälfte mit kochendem Wasser gefüllt ist. 45–60 Minuten überbacken. Aus dem Ofen nehmen, die Auflaufform herausnehmen und die Terrine in Stücken mit Salat servieren.

KARTOFFELAUFLAUF MIT FETA UND OLIVEN

DÜNNE KARTOFFELSCHEIBEN WERDEN MIT GRIECHISCHEM FETA UND SCHWARZEN UND GRÜNEN OLIVEN MIT OLIVENÖL ZUBEREITET. ZU DIESEM GERICHT PASST HERVORRAGEND GETOASTETES PITABROT.

FÜR VIER PERSONEN

ZUTATEN

- 900 g Spätkartoffeln
- 150 ml Olivenöl
- 1 Rosmarinzweig
- 275 g Feta, zerbröselt
- 115 g schwarze und grüne Oliven, entkernt
- 300 ml heißer Gemüsefond
- Salz und schwarzer Pfeffer

KOCHTIP

Für dieses Gericht sollte man auf alle Fälle griechischen Feta verwenden, der eine völlig andere Struktur hat als beispielsweise deutscher oder dänischer Schafkäse.

1 Den Ofen auf 200 °C/Gasstufe 6 vorheizen. Die Kartoffeln 15 Minuten in reichlich Wasser kochen, abseihen und leicht abkühlen lassen. Schälen und in dünne Scheiben schneiden.

2 Eine rechteckige feuerfeste Form mit 1,5 Liter Volumen mit Olivenöl ausfetten.

3 Die Kartoffeln einschichten und mit Rosmarin, Käse und Oliven bestreuen. Mit etwas Olivenöl beträufeln und den Fond darüber gießen. Das Gericht mit Salz und viel schwarzem Pfeffer würzen.

4 Mit Folie abdecken, damit die Kartoffeln nicht zu stark bräunen, und 35 Minuten im Ofen überbacken. Heiß direkt in der Form servieren.

Brot und Gebäck

In vielen Ländern werden Kartoffeln auch verwendet, um Brot und Gebäck zuzubereiten. Wer Kartoffelbrötchen mit Kräutern versucht, wird überrascht sein, wie zart und köstlich sie sind. Einen wunderbaren Kontrast bildet eine heisse Suppe mit Brötchen aus Süsskartoffeln und Honig, die mit Kreuzkümmel gewürzt werden.

KARTOFFELBROT MIT KÄSE UND ZWIEBELN

Dieser Brotzopf mit einem knusprigen Belag aus Käse und Zwiebeln schmeckt noch besser, wenn man ihn nicht in Scheiben, sondern in Stücken serviert. So kann man bei jedem Bissen die köstliche Kruste geniessen. Das Brot ist warm besonders gut.

FÜR EINEN LAIB MIT 900 GRAMM

ZUTATEN
- 225 g mehligkochende Kartoffeln
- 350 g Mehl
- 1½ TL Trockenhefe
- 25 g Butter, gewürfelt
- 50 g grüne oder schwarze Oliven, entkernt

Für die Auflage
- 2 EL Olivenöl
- 1 Zwiebel, in Ringe geschnitten
- 50 g Hartkäse, gerieben
- Salz und schwarzer Pfeffer

1 Die Kartoffeln schneiden und in einem großen Topf 15–20 Minuten in reichlich Salzwasser weich kochen.

2 Inzwischen das Mehl in eine Schüssel sieben, Hefe und etwas Salz hinzufügen. Die Butter einbröseln. Die Kartoffeln abseihen und gut zerstampfen. Mit 300 ml lauwarmem Wasser zu der Mehlmischung geben.

3 Die Mischung mit einem Messer vermengen und auf eine bemehlte Arbeitsfläche häufen. Etwa 5 Minuten kneten. Den Teig wieder in eine Schüssel geben und mit einem feuchten Tuch abdecken. 1 Stunde auf doppelte Größe aufgehen lassen. Auf eine bemehlte Arbeitsfläche schlagen, um Luftbläschen zu entfernen und die Oliven sorgfältig einkneten. Den Teig in drei gleichgroße Stücke schneiden.

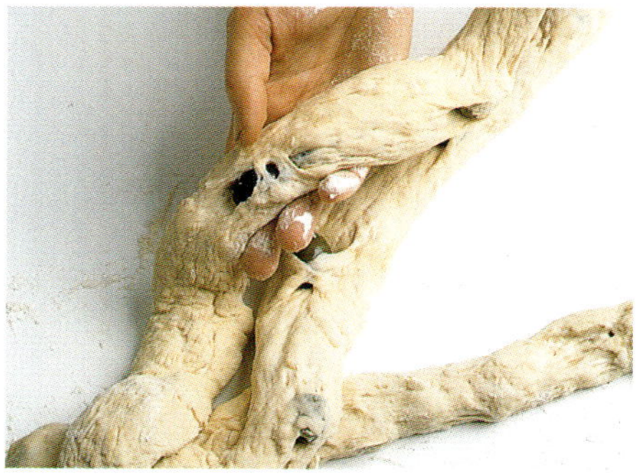

4 Jedes Stück zu einer langen, dicken Rolle formen. Die Rollen zu einem Zopf flechten (siehe Kochtip), das Brot auf ein ausgefettetes Backblech legen und mit einem feuchten Tuch abdecken. 30 Minuten auf doppelte Größe aufgehen lassen.

KOCHTIP
Um den Teig zu einem schönen Zopf zu flechten, legt man die drei Rollen nebeneinander und flechtet den Teig erst von einem Ende zur Mitte, dann vom anderen. So entsteht ein gleichmäßiger, schöner Zopf.

5 Inzwischen den Ofen auf 220 °C/Gasstufe 7 vorheizen. Für den Belag das Öl in einer Pfanne erhitzen und die Zwiebel 10 Minuten goldbraun braten.

6 Die Zwiebel aus der Pfanne nehmen und auf Küchenkrepp abtropfen.

7 Die Zwiebel und den geriebenen Käse auf das Brot streuen und im Ofen 20 Minuten backen.

SÜSSKARTOFFEL-HONIG-BRÖTCHEN

Die süssen Brötchen schmecken besonders köstlich zu einer kräftigen Suppe.

FÜR ZWÖLF BRÖTCHEN

ZUTATEN
- 1 große Süßkartoffel
- 225 g Mehl
- 1 TL Trockenhefe
- 1 Prise geriebene Muskatnuß
- 1 Prise Kreuzkümmel
- 1 TL Honig
- 200 ml lauwarme Milch
- Öl zum Ausfetten

1 Die Kartoffeln 45 Minuten sehr weich kochen. Den Ofen auf 220 °C/Gasstufe 7 vorheizen.

2 Inzwischen das Mehl in eine große Schüssel sieben und Hefe, gemahlene Muskatnuß und Kreuzkümmel gut untermengen.

3 Honig und Milch verrühren. Die Kartoffeln abseihen, schälen und pürieren. Mit der Honigmilch zu der Mehlmasse geben.

4 Die Masse vermengen und 5 Minuten auf einer bemehlten Fläche kneten. Den Teig in eine Schüssel legen, mit einem feuchten Tuch bedecken und 30 Minuten aufgehen lassen.

5 Den Teig auf eine bemehlte Arbeitsfläche schlagen, um Luftbläschen zu entfernen. Anschließend in 12 Stücke teilen und zu Bällchen formen.

6 Die Brötchen auf ein gefettetes Backblech legen, mit einem feuchten Tuch abdecken und an einem warmen Ort 30 Minuten auf doppelte Größe aufgehen lassen.

7 10 Minuten backen. Aus dem Ofen nehmen und vor dem Servieren mit Kreuzkümmel bestreuen.

KOCHTIP
Da dieser Teig sehr klebrig ist, sollte man die Arbeitsfläche gut bemehlen.

SÜSSKARTOFFELBROT MIT ZIMT UND WALNÜSSEN

Ein schmackhaftes Brot, das zu würzigem Speck köstlich schmeckt.

3 Die Kartoffel abseihen, in kaltes Wasser legen und schälen. Mit einer Gabel zerdrücken und mit den Nüssen in die Mehlmischung geben.

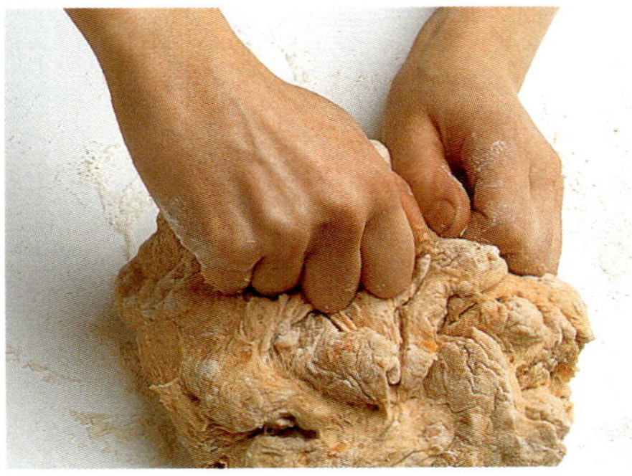

4 In der Mitte eine Vertiefung machen und die Milch hineingießen. Die Mischung mit einem Messer verrühren und 5 Minuten kneten.

FÜR EINEN LAIB MIT 900 GRAMM

ZUTATEN
- 1 mittelgroße Süßkartoffel
- 1 TL gemahlener Zimt
- 450 g Mehl
- 1 TL Trockenhefe
- 50 g Walnußkerne
- 300 ml warme Milch
- Salz und schwarzer Pfeffer
- Öl zum Ausfetten

KOCHTIP

Besonders knusprig wird das Brot, wenn man es nach dem Backen aus der Backform nimmt, umdreht und mit der Unterseite nach oben nochmals 5 Minuten im Ofen backt.

1 Die Kartoffel in der Schale 45 Minuten sehr weich kochen.

2 Inzwischen Zimt, Mehl und Hefe in einer großen Schüssel mischen.

5 Den Teig wieder in die Schüssel geben und mit einem feuchten Tuch abdecken. 1 Stunde auf doppelte Größe aufgehen lassen. Nochmals einige Minuten kneten. Ist der Teig zu klebrig, mehr Mehl hinzufügen. Zu einer Kugel formen und das Brot in eine ausgefettete, mit Backpapier belegte Kastenform geben. Mit einem feuchten Tuch bedecken und an einem warmen Ort 1 Stunde auf doppelte Größe aufgehen lassen.

6 Den Ofen auf 200 °C/Gasstufe 6 vorheizen. Das Brot auf der mittleren Schiene 25 Minuten backen, aus dem Ofen nehmen und auf den Boden klopfen. Klingt es hohl, ist es fertig.

KARTOFFELBROT MIT KARAMELISIERTEN ZWIEBELN UND ROSMARIN

Der Rosmarin und die Zwiebeln verleihen diesem Brot ein mediterranes Aroma. Es schmeckt köstlich, wenn es warm zu einer Gemüsesuppe serviert wird.

FÜR EINEN LAIB MIT 900 GRAMM

ZUTATEN

- 450 g Mehl
- 1 TL Trockenhefe
- 1 Prise Salz für den Teig
- 15 g Butter
- 325 ml warme Milch
- 1 EL Olivenöl
- 2 Zwiebeln, in Ringe geschnitten
- 115 g Spätkartoffeln, gerieben
- 1 Rosmarinzweig, gehackt
- ½ TL Meersalz
- Öl zum Ausfetten und Anrichten

1 Das Mehl in eine große Schüssel sieben, eine Vertiefung in der Mitte machen und die Hefe und 1 Prise Salz einrühren. Die Butter in den Teig einbröseln und langsam die lauwarme Milch unterrühren.

2 Die Masse mit einem Messer vermengen und mit den Fingern kneten, sobald die Flüssigkeit verrührt ist.

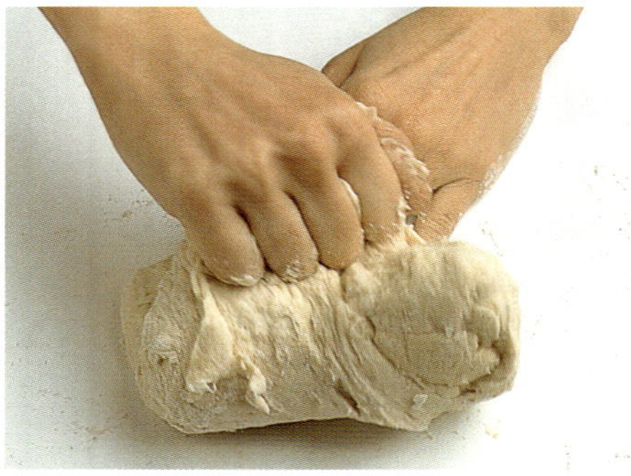

3 Den Teig auf einer bemehlten Fläche 5 Minuten kneten, bis er glatt ist. Das Brot wieder in eine saubere Schüssel geben und mit einem feuchten Tuch abdecken. An einem warmen Ort 45 Minuten auf doppelte Größe aufgehen lassen.

4 Inzwischen das Öl in einer Pfanne erhitzen und die Zwiebeln bei geringer Hitze 20 Minuten unter Rühren goldbraun und sehr weich braten. Beiseite stellen.

5 In einem Topf schwach gesalzenes Wasser zum Kochen bringen und die geriebenen Kartoffeln 5 Minuten sehr weich garen. Abseihen und in kaltes Wasser geben.

VARIANTE

Das Brot schmeckt pikanter, wenn man sonnengetrocknete Tomaten (abgetropft und gehackt) und entkernte schwarze Oliven zu den Zwiebeln mischt. Frischer Thymian verleiht ein zartes Kräuteraroma.

6 Den Teig aus der Schüssel nehmen und auf einer leicht bemehlten Fläche ausrollen. Die Kartoffeln abseihen und mit etwas Rosmarin und der Hälfte der Zwiebeln auf eine Teighälfte geben. Vorsichtig zu einer Rolle formen.

7 Den Teig in eine ausgefettete Form von 23 cm x 23 cm Größe geben. Mit den Handflächen gut in die Form drücken. Die restlichen Kartoffeln und Zwiebeln mit dem Rosmarin und dem Meersalz auf den Teig streuen.

8 Wieder mit einem feuchten Tuch abdecken und 20 Minuten aufgehen lassen.

9 Inzwischen den Ofen auf 220 °C/ Gasstufe 7 vorheizen. Das Brot 15–20 Minuten backen und warm mit etwas Olivenöl beträufelt servieren.

KOCHTIP

Sollen die Zwiebeln nicht zu knusprig werden, deckt man das Brot nach 10 Minuten ab, damit die Oberfläche nicht zu stark bräunt. Die Kartoffeln sollten möglichst grob gerieben werden, damit sie beim Blanchieren nicht zu klebrig werden.

RUSSISCHES KARTOFFELBROT

Kartoffeln zählen in Russland zu den Grundnahrungsmitteln und werden oft bei Brotteigen anstatt des Mehls verwendet. Daraus entstehen saftige Brote, die mit Butter köstlich schmecken. Dieses einfach zubereitete Brot ist sehr lange haltbar.

FÜR 1 LAIB

ZUTATEN
- Butter zum Ausfetten
- 225 g mehligkochende Kartoffeln, gewürfelt
- 1 TL Trockenhefe
- 350 g Weizenmehl
- 115 g Vollkornmehl
- etwas Mehl zum Bemehlen
- ½ TL Kümmelsamen, zerstoßen
- 2 TL Salz
- 25 g Butter, gewürfelt

1 Ein Backblech leicht ausfetten. Die Kartoffeln weich kochen, gut abseihen und eine kleine Tasse mit Kochwasser aufheben. Die Kartoffeln zerstampfen, durch ein Sieb drücken und auskühlen lassen.

2 Hefe, Weizen- und Vollkornmehl, Kümmelsamen und Salz in einer großen Schüssel mischen und die Butter einbröseln.

3 Das Kartoffelwasser und das Kartoffelpüree mischen und langsam in die Mehlmischung einrühren, bis ein weicher Teig entsteht.

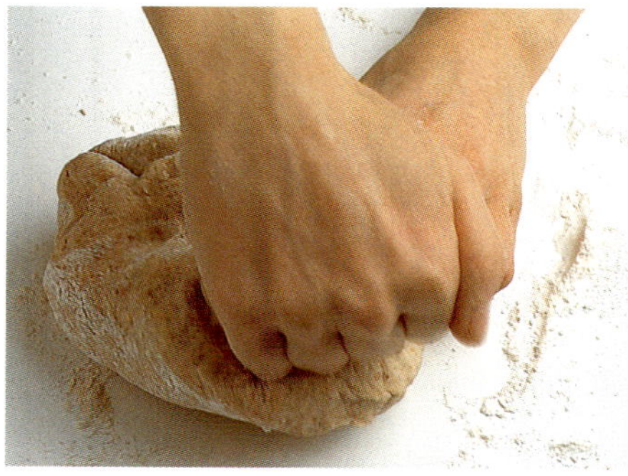

4 Auf eine leicht bemehlte Arbeitsfläche legen und 8–10 Minuten zu einem glatten Teig kneten.

5 Den Teig in eine große, leicht ausgefettete Schüssel legen, mit einer leicht befetteten Frischhaltefolie abdecken und an einem warmen Ort 1 Stunde zu doppelter Größe aufgehen lassen.

VARIANTE
Anstatt der Kümmelsamen kann man auch 115 g geriebenen Hartkäse oder zerbröselten Blauschimmelkäse in den Teig einkneten, bevor man ihn zu einem Brotlaib formt.

6 Auf eine leicht bemehlte Arbeitsfläche legen und vorsichtig kneten. Zu einem ovalen Laib mit 18 cm Länge formen. Auf das vorbereitete Backblech legen und mit etwas Vollkornmehl bestäuben.

7 Mit befetteter Folie abdecken und an einem warmen Ort 30 Minuten zu doppelter Größe aufgehen lassen.

8 Inzwischen den Ofen auf 200 °C/ Gasstufe 6 vorheizen. Mit einem scharfen Messer 3–4 diagonale Schnitte in die Oberfläche ritzen.

9 Das Brot 30–35 Minuten backen, bis es goldbraun ist und hohl klingt, wenn man auf die Unterseite klopft. Auf einem Gitterrost auskühlen lassen.

KARTOFFELBROT

DIESE VARIANTE DES KLASSISCHEN DEUTSCHEN REZEPTES WIRD MIT WEISSEM MEHL UND MEHLIGEN KARTOFFELN ZUBEREITET.

FÜR EINEN LAIB MIT 450 GRAMM

ZUTATEN

- Butter zum Ausfetten
- 225 g Mehl
- 2 TL Backpulver
- 1 TL Salz
- 175 g mehligkochende Kartoffeln, gekocht und zerstampft
- 1 EL Pflanzenöl
- Paprikapulver zum Bestäuben
- Senfbutter zum Servieren

KOCHTIP

Das Brot schmeckt am besten warm mit reichlich Senfbutter.

1 Den Ofen auf 230 °C/Gasstufe 8 vorheizen. Eine Kastenform ausfetten.

2 Das Mehl in eine große Schüssel sieben und mit Backpulver und Salz mischen.

3 Die zerstampften Kartoffeln hinzufügen und sorgfältig unterrühren.

4 Das Öl und 1 kleine Tasse lauwarmes Wasser einrühren. Den Teig in die Form legen und mit Paprikapulver bestäuben. 25 Minuten backen und auf einem Gitterrost auskühlen lassen. In dicke Scheiben schneiden und mit Senfbutter servieren.

WÜRZIGES KARTOFFELBROT MIT PREISELBEEREN

Eine interessante Kombination aus Preiselbeeren, Speck und Kartoffeln. Die Preiselbeeren verleihen dem Brot einen sattroten Farbton.

FÜR EINEN LAIB MIT 450 GRAMM

ZUTATEN
- 450 g Mehl
- 1 TL Trockenhefe
- 1 TL Salz
- 25 g Butter, gewürfelt
- 325 ml lauwarmes Wasser
- 75 g frische oder gefrorene Preiselbeeren, aufgetaut
- Öl zum Ausfetten
- 225 g mehligkochende Kartoffeln, halbiert
- 6 Scheiben durchwachsener Speck ohne Rand, gehackt
- 2 EL Honig
- Salz und schwarzer Pfeffer

1 Das Mehl in eine Schüssel sieben und Hefe und 1 TL Salz einrühren. Die Butter in die Masse einbröseln. In der Mitte eine Vertiefung machen und das Wasser einrühren.

2 Die Mischung mit einem Messer verrühren und auf eine bemehlte Arbeitsfläche geben. Den Teig 5 Minuten kneten, in eine Schüssel legen und mit einem feuchten Tuch abdecken. 1 Stunde aufgehen lassen.

KOCHTIP
Sind keine frischen oder gefrorenen Preiselbeeren erhältlich, kann man auch Maiskörner verwenden.

3 Den Teig nochmals einige Minuten kneten. Die Preiselbeeren gut unterrühren und den Teig zu einem Viereck ausrollen. In eine ausgefettete Backform von 23 cm x 23 cm Größe geben. Den Teig in die Ecken drücken und mit einem feuchten Tuch abdecken. An einem warmen Ort 30 Minuten aufgehen lassen.

4 Den Ofen auf 220 °C/Gasstufe 7 vorheizen. Inzwischen die Kartoffeln in reichlich Salzwasser 15 Minuten weich kochen. Abseihen, etwas auskühlen lassen und in dünne Scheiben schneiden.

5 Kartoffeln und Speck auf dem Teig verteilen, würzen und mit Honig beträufeln. 25 Minuten backen, dabei nach 20 Minuten mit Folie abdecken, damit die Oberfläche nicht verbrennt.

6 Das Brot aus dem Ofen nehmen und auf einen Gitterrost legen. Nochmals 5 Minuten backen, damit die Unterseite knusprig wird. Auskühlen lassen.

KÄSE-KARTOFFEL-KRINGEL

Ein kompletter Imbiss, bei dem der Käse bereits in das Brot eingebacken ist. Die Kringel schmecken hervorragend mit Räucherlachs und Zitrone.

FÜR ZWÖLF KRINGEL

ZUTATEN
- 225 g Kartoffeln, gewürfelt
- 225 g Mehl
- 1 TL Trockenhefe
- 150 ml lauwarmes Wasser
- 175 g Hartkäse, fein gerieben
- 2 TL Olivenöl zum Ausfetten der Form
- Salz

1 Die Kartoffeln in einem großen Topf in reichlich Salzwasser 20 Minuten weich kochen. Abseihen und wieder in den Topf geben. Zu einem glatten Püree zerstampfen und abkühlen lassen.

2 Inzwischen das Mehl in eine große Schüssel sieben und Hefe sowie eine kräftige Prise Salz unterrühren. Die Kartoffeln hinzufügen und verrühren, bis die Mischung bröselig wird.

3 In der Mitte eine Vertiefung machen und das lauwarme Wasser hineingießen. Die Mischung erst mit einem Messer verrühren, dann 5 Minuten mit den Händen auf einer gut bemehlten Fläche kneten. Den Teig in die Schüssel legen, mit einem feuchten Tuch abdecken und an einem warmen Platz 1 Stunde aufgehen lassen.

4 Den Teig auf die bemehlte Arbeitsfläche schlagen, um Luftbläschen zu entfernen. Einige Sekunden kneten.

5 Den Teig in 12 Stücke teilen und zu Bällchen formen.

6 Den Käse auf ein Backblech streuen und die Teigbällchen darin wenden.

7 Die Käsebällchen auf eine trockene Arbeitsfläche legen, zu je einer Wurst formen, diese zwirbeln und an den Enden zu Kringeln schließen. Diese auf ein ausgefettetes Backblech legen.

8 Die Kringel mit einem feuchten Tuch abdecken und an einem warmen Platz 30 Minuten aufgehen lassen. Den Ofen auf 220 °C/Gasstufe 7 vorheizen und die Kringel 10–15 Minuten backen.

VARIANTE

Für dieses Rezept eignet sich jeder würzige Hartkäse. Man kann auch geräucherten Käse oder Hartkäse mit Kräutern verwenden. Besonders üppig wird die Füllung, wenn man knusprig gebratenen Schinken oder gut durchwachsenen Speck mit Avocadostücken oder Eiermayonnaise hinzufügt.

KOCHTIP

Diese Brotkringel bleiben bis zu drei Tage frisch und weich, wenn man sie in einem luftdicht abgeschlossenen Brotkasten aufbewahrt.

SÜSSKARTOFFEL-BRÖTCHEN

Dies ist die etwas abgeänderte Form der berühmten englischen Scones. Die Süsskartoffel verleiht den Brötchen einen zartorangen Farbton, und sie sind innen flaumig weich.

2 In einer eigenen Schüssel das Süßkartoffelpüree mit Milch und zerlassener Butter oder Margarine gut verrühren.

3 Das Mehl zu den Süßkartoffeln geben und zu einem Teig verarbeiten. Auf eine leicht bemehlte Arbeitsfläche legen und zu einem glatten Teig kneten.

FÜR ETWA 24 BRÖTCHEN

ZUTATEN
- Butter zum Ausfetten
- 150 g Mehl
- 4 TL Backpulver
- 1 TL Salz
- 1 EL brauner Zucker
- 150 g Süßkartoffeln, zerstampft
- 150 ml Milch
- 50 g Butter oder Margarine, zerlassen

1 Den Ofen auf 230 °C/Gasstufe 8 vorheizen. Ein Backblech ausfetten. Mehl, Backpulver und Salz in eine Form sieben. Den Zucker unterrühren.

4 Den Teig zu einer 1 cm dicken Platte ausrollen. Mit einer Ausstechform (4 cm Durchmesser) Plätzchen ausstechen.

5 Die Plätzchen auf das Backblech legen und 15 Minuten backen, bis sie aufgegangen und goldbraun sind.

IRISCHE KARTOFFELKÜCHLEIN

Diese Kartoffelküchlein schmecken heiss mit Butter und Marmelade ebenso köstlich wie mit Speck, wenn man ein herzhaftes Frühstück möchte.

FÜR 6 KÜCHLEIN

ZUTATEN
- 225 g mehligkochende Kartoffeln, in Stücke geschnitten
- 115 g Mehl
- ½ TL Salz
- ½ TL Backpulver
- 50 g Butter, gewürfelt
- 1½ EL Milch
- Speck zum Anrichten
- Butter zum Ausfetten

1 Die Kartoffeln in einem Topf in reichlich Wasser weich kochen.

2 Die Kartoffeln abseihen und wieder in den Topf geben. Bei starker Hitze 1 Minute mit einem Kochlöffel rühren, bis die Kartoffeln völlig trocken sind. Die Kartoffeln sorgfältig zu einem glatten Püree zerstampfen.

3 Mehl, Salz und Backpulver in eine Schüssel sieben. Die Butter mit den Fingern einarbeiten, bis die Masse die Konsistenz von feinen Böseln hat.

4 Das Kartoffelpüree mit einer Gabel gründlich unterrühren. In der Mitte eine Vertiefung machen, die Milch hineingießen. Zu einem glatten Teig verrühren.

5 Auf eine leicht bemehlte Arbeitsfläche legen und 5 Minuten zu einem glatten Teig kneten. Den Teig 5 mm dick ausrollen, in Hälften teilen und je 3 Keile schneiden.

6 Erst die Speckscheiben braten und im Ofen bei geringer Hitze warm stellen, bis die Kartoffelküchlein fertig sind.

7 Eine Bratpfanne mit etwas Butter ausfetten und stark erhitzen. Die Kartoffelküchlein darin 3–4 Minuten auf beiden Seiten goldbraun braten. Heiß mit den gebratenen Speckscheiben anrichten.

KARTOFFELKÜCHLEIN MIT DILL

Kartoffelküchlein mit Dill schmecken köstlich und können warm mit Butter serviert werden. Möchte man daraus ein leichtes Mahl bereiten, kann man sie mit Lachs oder Makrele belegen.

FÜR ETWA 10 KÜCHLEIN

ZUTATEN
- Öl zum Ausfetten
- 225 g Mehl
- 1 Prise Backpulver
- 40 g weiche Butter
- 1 Prise Salz
- 1 EL frischer Dill, fein gehackt
- 175 g Kartoffelpüree
- 2–3 EL Milch

KOCHTIP
Anstatt des Dills kann man auch andere Kräuter nach Belieben verwenden. Alternativen wären frische Petersilie oder frisches Basilikum.

1 Den Ofen auf 230 °C/Gasstufe 8 vorheizen. Ein Backblech ausfetten, das Mehl in eine Schüssel sieben und die Butter einbröseln. Salz und Dill unterrühren.

2 Kartoffelpüree und Milch nach Bedarf unterrühren, bis ein glatter Teig entsteht.

3 Den Teig auf eine gut bemehlte Arbeitsfläche geben und dünn ausrollen. Mit einer Ausstechform (7,5 cm Durchmesser) runde Plätzchen ausstechen.

4 Die Küchlein auf das vorbereitete Backblech legen und etwa 20–25 Minuten backen, bis sie goldbraun und aufgegangen sind. Warm servieren.

WÜRZIGE KARTOFFELKÜCHLEIN

Diese leichten Kartoffelküchlein mit mildem Senf- und Käsearoma schmecken köstlich, wenn sie zu einer herzhaften Zwischenmahlzeit mit Rührei und Tomaten serviert werden.

FÜR 16 KÜCHLEIN

ZUTATEN
- 175 g mehligkochende Kartoffeln, gewürfelt
- 115 g Mehl
- 1 Prise Backpulver
- 1 TL Senfpulver
- 1 Ei, verquirlt
- 25 g Hartkäse, gerieben
- 150 ml Milch
- Öl zum Braten und Ausfetten
- Salz und schwarzer Pfeffer
- Butter zum Servieren

KOCHTIP
Für dieses Rezept sollte man eine glatte, keine gerillte Bratpfanne verwenden, da die Küchlein recht dünn und klein sind.

1 Die Kartoffeln in reichlich Salzwasser 20 Minuten weich kochen. Abseihen und gut zerstampfen.

2 Die zerstampften Kartoffeln in eine große Schüssel geben und Mehl, Senfpulver, Ei, Käse und Milch unterrühren.

3 Die Mischung gut verrühren und würzen.

4 Etwas Öl in einer Pfanne erhitzen. Die Masse löffelweise hineingeben und 1–2 Minuten braten. Wenden und auf der anderen Seite braten. Warm mit Butter servieren.

SÜSSKARTOFFEL-MUFFINS MIT ROSINEN

Muffins dürfen in Amerika schon seit vielen Jahren bei keinem Frühstück fehlen. Bei diesem Rezept beleben die Süßkartoffeln Farbe und Geschmack der Muffins.

FÜR 12 MUFFINS

ZUTATEN

- 1 große Süßkartoffel
- 350 g Mehl
- 1 EL Backpulver
- 1 Ei, verquirlt
- 225 g Butter, zerlassen
- 250 ml Milch
- 50 g Rosinen
- 50 g Zucker
- Salz
- 12 Muffinformen aus Papier
- Puderzucker zum Bestäuben

1 Die Süßkartoffel in reichlich Wasser 45 Minuten sehr weich kochen. Abseihen, etwas auskühlen lassen und schälen. In einer großen Schüssel gründlich zerstampfen.

2 Inzwischen den Ofen auf 220 °C/Gasstufe 7 vorheizen. Mehl und Backpulver auf die Kartoffelmasse geben und mit 1 Prise Salz mischen. Das Ei verquirlen.

3 Butter und Milch verrühren und in die Schüssel geben. Zucker und Rosinen hinzufügen und alle Zutaten gut vermischen.

4 Die Masse in die Papierförmchen füllen und in eine Muffinform stellen.

5 25 Minuten goldbraun backen, mit Puderzucker bestreuen und warm servieren.

DREI-KRÄUTER-KARTOFFELBRÖTCHEN

Diese köstlichen Kartoffelbrötchen schmecken warm mit Butter oder auseinandergeschnitten und mit Schinken und Parmesan gefüllt einfach wunderbar.

FÜR 12 BRÖTCHEN

ZUTATEN
- 225 g Mehl
- 1 TL Backpulver
- 1 Prise Salz
- 50 g Butter, gewürfelt
- 250 g Kartoffeln, gerieben
- 1 EL Petersilie, gehackt
- 1 EL Basilikum, gehackt
- 1 EL Oregano, gehackt
- 150 ml Milch
- Öl zum Ausfetten

1 Den Ofen auf 180 °C/Gasstufe 4 vorheizen. Mehl und Backpulver in eine Schüssel sieben. 1 Prise Salz hinzufügen. Die Butter mit den Fingern einbröseln. Die geriebenen Kartoffeln in einer Schüssel mit 1 knappen Tasse kochendem Wasser übergießen.

2 Kartoffeln, Kräuter und Milch in die Mehlmasse einrühren.

3 Die Mischung zu einem glatten Teig kneten. Auf eine bemehlte Fläche legen und einige Minuten kneten, bis der Teig sehr weich und geschmeidig ist.

KOCHTIP

Die Masse darf nicht zu stark gewürzt werden, da das Backpulver die fertigen Brötchen salziger machen könnte und das Salz so den Geschmack der Kräuter übertünchen würde.

4 Den Teig auf einer bemehlten Arbeitsfläche 1,5 cm dick ausrollen und mit einer Form (7,5 cm Durchmesser) runde Plätzchen ausstechen. So lange fortfahren, bis der Teig aufgebraucht ist. Die Brötchen auf ein ausgefettetes Backblech legen und mit etwas Milch bepinseln.

5 15–20 Minuten backen und warm servieren. Die Brötchen können mit Butter oder einer Füllung serviert werden.

SCHOKOLADEN-KARTOFFEL-KUCHEN

Ein sehr üppiger, saftiger Schokoladenkuchen mit einer dünnen Schokoladenglasur. Man sollte für diesen Kuchen Schokolade von guter Qualität verwenden.

FÜR EINEN KUCHEN (23 CM DURCHMESSER)

ZUTATEN
- Öl zum Ausfetten
- 200 g Zucker
- 300 g Butter
- 4 Eier, getrennt
- 275 g Bitterschokolade
- 75 g gemahlene Mandeln
- 165 g Kartoffelpüree
- 225 g Mehl mit 1 Prise Backpulver
- 1 TL Zimt
- 3 EL Milch
- weiße und dunkle Schokoladenraspeln, Schlagsahne zum Garnieren und Servieren

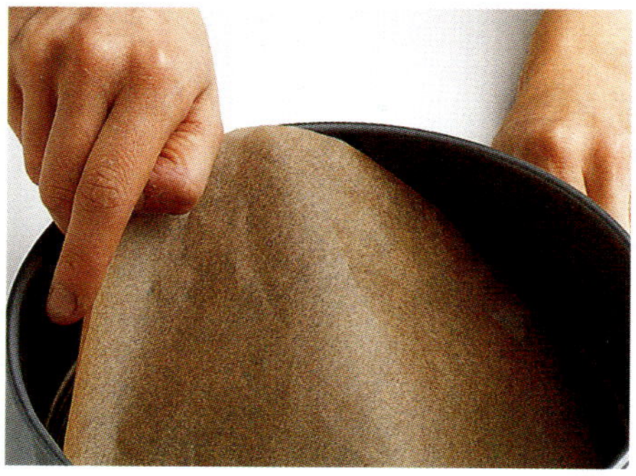

1 Den Ofen auf 180 °C/Gasstufe 4 vorheizen. Eine Backform mit 23 cm Durchmesser ausfetten und den Boden mit Backpapier auslegen.

2 In einer großen Schüssel den Zucker mit 225 g Butter mischen, dann die Eigelb einzeln einrühren und solange rühren, bis eine glatte, cremige Masse entsteht.

3 175 g Schokolade fein hacken oder reiben und mit den Mandeln in die Eimasse rühren. Das Kartoffelpüree dazu geben.

4 Mehl und Zimt mischen und mit der Milch unter die Teigmasse heben.

KOCHTIP

Die Schokolade läßt sich in der Mikrowelle sehr gut in einer Plastikschüssel schmelzen. Vorsicht bei Glasschüsseln, da die Schokolade leicht anbrennt. Man schmilzt die Schokolade 1 Minute auf hoher Stufe und stellt dann auf kleinerer Stufe nochmals 1 Minute ein. Nach der Halbzeit prüfen, ob die Schokolade bereits geschmolzen ist.

5 Die Eiweiß zu Schnee schlagen und unter den Teig heben.

6 Den Teig in die vorbereitete Form füllen und in der Mitte eine leichte Vertiefung machen, damit die Oberfläche beim Backen regelmäßig bleibt. 1¼ Stunden im Ofen backen. Den Kuchen in der Form ein wenig abkühlen lassen, dann auf ein Kuchengitter stürzen und abkühlen lassen.

7 Inzwischen die restliche Schokolade in einer feuerfesten Form zerkleinern und im heißen Wasserbad schmelzen. Die restliche Butter in kleinen Stücken hinzufügen und gut rühren, bis die Mischung glatt ist.

8 Das Backpapier ablösen und die Oberfläche des Kuchens glätten. Die Schokoladenglasur darüber gießen und fest werden lassen. Mit weißen und dunklen Schokoladenraspeln garnieren und mit Schlagsahne servieren.

REGISTER

DANKSAGUNGEN

Von den vielen Menschen und Organisationen, die geduldig auf die Fragen antworteten, die Alex Barker und die Herausgeber über Telefon, Fax und E-mail gestellt haben, gebührt besonderer Dank:
Three Countries Potatoes, (David Chappel aus Newport, Norman Hosking aus Penzance, Morrice Innes aus Aberdeenshire und Andrew McQueen aus Shrewsbury) – besonders für die Bereitstellung der Kartoffeln für die Fotos; Alan Wilson (Agronom und Kartoffelspezialist bei Waitrose) und *The Story of the Potato* von Alan Wilson hg. von Alan Wilson;
Alan Romans – und seinem *Guide to Seed Potato Varieties* hg. von der Henry Doubleday Research Organisation, Ryton Organic Gardens, Coventry CV8 3LG, G.B.;
David Turnbull und Stuart Carnegie von der schottischen Landwirtschaftbehörde;
Nicola Bark von Vegfed, Huddart Parker Building, Post Office Square, P.O. Box 10232, Wellington, Neuseeland, Tel.: 644472 3795, Fax: 644471 2861 www.vegfed.co.nz;
Lori Wing, The Potato Association of America, University of Maine, 5715 Coburn Hall, #6 Orono, ME 04469 5715;
Kathleen Haynes @asrr.arsusda.gov, Dr. Alvin Reeves REEVES@MAINE.MAINE.EDU;
Carl Duivenvoorden, New Brunswick Agriexport Inc., 850 Lincoln Road P.O. Box 1101, Station »A«, Fredericton, New Brunswick, Kanada E3B 5C2, Tel.: 506 453 2890, Fax: 506 453 7170;
Peter Boswall, Prince Edward Island Agriculture & Forestry, P.O. Box 1600, Charlottetown, Prince Edward Island, Kanada CIA 7N3, Tel.: 902 368 5600, Fax: 902 368 5729; An Bord Glas, 8–11 Lower Baggot Street, Dublin 2; Dr. F. Ezeta und Christine Graves, Internationales Kartoffelzentrum, Lima, Peru; The British Potato Council, 4300 Nash Court, John Smith Drive, Oxford Business Park, South, Oxford OX4 2RT; Phil Harlock von Covent Garden Supply Co., A24–29 New Covent Garden Market, London SW8 5LR; Colin Randel, Mr. Fothergill's Seeds, Kentford, Newmarket, Suffolk CB8 7QB, Tel.: 01638 751 161, Fax: 01638 751 624.
Und den vielen anderen Firmen, Landwirten, Herstellern und Experten aus aller Welt, die Antwort auf meine zahllosen Fragen wußten.

Für die Fotos der Kartoffelbeispiele: Glens of Antrim Potatoes, Red Bay, Cushendall, Co. Antrim, BT44 0SH, Nordirland; ASDA; J. Sainsbury plc; Waitrose

Für die Unterstützung bei den Fotos: David Mellor, 4 Sloane Square, London SW1; Divertimenti, 139–141 Fulham Road, London SW3 6SD; Elizabeth David Cookshop, Covent Garden, London WC2; Kenwood Ltd., New Lane, Havant, Hampshire PO9 2NH; Magimix U.K. Ltd., 115A High Street, Godalming, Surrey GU7 1AQ

Für das Design, die Arrangements und die tagelangen telefonischen Recherchen – Stephanie England – Danke.

Nützliche Literatur:
Beschreibende Sortenliste Kartoffeln 1999, hg. vom BSA (Bundessortenamt)
The Netherlands Catalogue of Potato Varieties 1997, hg. von NIVAA
The Potato Variety Handbook hg. von NIAB (The National Institute of Agricultural Botany) Huntingdon Road, Cambridge CB3 OLE OK
Potato Varieties in Canada 1997, hg. vom Landwirtschaftsministerium in New Brunswick, Kanada
Classification of Potato Varieties in der Referenzsammlung in East Craigs, Edinburgh, von Douglas M. Macdonald, hg. vom schottischen Ministerium für Landwirtschaft und Fischerei
Atlantic Canada Potato Guide hg. vom Koordinationskomitee der Landwirtschaftsbehörde der Atlantikprovinzen, New Brunswick, Kanada
EC Common Catalogue Vol. 40, (Pflanzensorten und Samen Gazette) von The Stationery Office Ltd., 51 Nine Elms, London SW8 4DR
North American Potato Varieties Handbooks hg. von der amerikanischen Kartoffelvereinigung

Bildnachweise:
Alle Fotos von Steve Moss (Kartoffeln und Techniken), Sam Stowell (Rezepte) und Walt Chrynwski (amerikanische Kartoffeln) außer: S. 6 (oben und unten), S. 7 (oben), S. 8 E.T. Archive; S. 7 (unten) Illustrated London News; S. 9 (unten) The British Potato Council; S. 10 (Mitte und unten) Internationales Kartoffelzentrum, Peru